Avaliação de sistemas de qualidade

O selo DIALÓGICA da Editora InterSaberes faz referência às publicações que privilegiam uma linguagem na qual o autor dialoga com o leitor por meio de recursos textuais e visuais, o que torna o conteúdo muito mais dinâmico. São livros que criam um ambiente de interação com o leitor – seu universo cultural, social e de elaboração de conhecimentos –, possibilitando um real processo de interlocução para que a comunicação se efetive.

Avaliação de sistemas de qualidade

Daiane Maria de Genaro Chiroli

Sumário

Dedicatória	6
Apresentação	8
Como aproveitar ao máximo este livro	11

Contextualização histórica dos sistemas de gestão da qualidade — 15

- Consequências da globalização da economia — 17
- Introdução aos sistemas de gestão da qualidade — 19
- Pensando sobre qualidade — 20
- Melhoria dos métodos de gestão — 34

Estrutura de um sistema de gestão da qualidade — 51

- Gestão estratégica da qualidade — 53
- O pontapé inicial: estruturar o sistema de gestão — 56
- Política da qualidade — 59
- Metas estratégicas da qualidade — 62
- Sistema de medição de desempenho — 68
- Melhoria do desempenho organizacional — 75
- Indicadores de desempenho — 80

Princípios da qualidade — 97

- Princípios de gestão — 99

Normas de gestão
129

- ISO 9001 — **131**
- ISO 14001 — **149**
- OHSAS 18001 — **158**
- Integração dos sistemas de gestão — **167**

Uma abordagem sobre os órgãos responsáveis pelas normas de gestão e sobre a prática da auditoria da qualidade
189

- Certificação e órgãos legisladores, reguladores, normativos e fiscalizadores das normas — **191**
- Auditoria da qualidade — **198**

Sistema de avaliação da qualidade
217

- Avaliando a qualidade — **219**
- Planejando a avaliação da qualidade — **221**
- Técnicas e ferramentas de avaliação da qualidade — **226**

- Para concluir... — **277**
- Referências — **281**
- Anexo — **296**
- Respostas — **297**
- Sobre a autora — **302**

Dedicatória

Dedico este livro ao meu esposo, Márcio,
e aos meus maiores pedaços,
minhas filhas Esther e Elis.

Ele é a nossa Rocha, suas obras são todas perfeitas, e seus caminhos todos, justos. Deus é fiel, e jamais comete erros. Deus é bom, sábio e justo!
(Bíblia. Deuteronômio, 2016, 32: 4).

Apresentação

Prezado leitor, é com muita satisfação que apresentamos este livro sobre sistemas de avaliação da qualidade.

Nesta obra, tratamos de conceitos que demonstram a importância de um sistema em cujo projeto todos os envolvidos estão focados na qualidade. Fazemos referência a *projeto* pelo fato de que um sistema pode ser formado tanto por um conjunto de processos de manufatura como por processos de serviços. Também mencionamos *processos*, pois, para compreender uma organização, é preciso enxergá-la como um conjunto de processos, cada qual com sua peculiaridade, os quais devem ser analisados e ter suas características medidas.

Dentro desse contexto, inserem-se o sistema e a avaliação da qualidade. Um sistema é um conjunto de processos que devem atender à qualidade almejada pelo cliente. Para tanto, tais processos necessitam ser integrados, eficientes e eficazes. Porém, como conseguir tamanha proeza?

Nossa resposta: com um sistema de gestão da qualidade. No entanto, você pode se questionar: Mas, o que é um sistema de gestão da qualidade? Por que as empresas continuamente buscam seguir um modelo de gestão? Por que o engenheiro precisa conhecer ou desenvolver esse modelo de gestão?

A nosso ver, nenhum empresário contrata um engenheiro em sua empresa se ele não der resultados; e a única forma de demonstrar resultados é mensurando-os. Isso nos faz lembrar de uma explicação do grande guru da qualidade, William Edwards Deming (1992, p. 113):

> Não se gerencia o que não se mede;
> não se mede o que não se define;
> não se define o que não se entende;
> não há sucesso no que não se gerencia.

Dessa forma, para obter bons resultados no sistema de gestão, é fundamental que sejam definidas todas as variáveis dentro desse ambiente tão complexo que é uma organização, permitindo, assim, ao gestor do projeto interagir com os colaboradores, compreender os processos – identificando quais são os mais importantes –, além de mensurar, avaliar e possibilitar melhorias.

Na realidade, esse é um desafio diário a ser enfrentado pelos gestores, pois, além de buscar o envolvimento com todos os *stakeholders* da organização, identificando suas restrições e necessidades, o gestor/engenheiro deve demonstrar que é econômico, eficiente, eficaz e efetivo. Para tal, o planejamento é a receita para o sucesso, cujos ingredientes são o cerne do resultado esperado. Nessa receita, o modo de preparo deve ser conjugado por uma série de metodologias que podem ser utilizadas para que os gestores possam considerar a organização de forma mais sistêmica, contribuindo para uma maior valorização da relação entre todos os envolvidos no negócio (fornecedores, clientes, público interno, governo, entre outros) e dando atenção não só aos aspectos financeiros, mas também aos sociais, ambientais e culturais que permeiam a organização.

Além do planejamento, essa organização deve ser hierarquizada e bem organizada, para que nela sejam desenvolvidas estratégias que permitam uma gestão saudável. Assim, um sistema de gestão da qualidade é uma estrutura formalizada para controlar a rotina da empresa, analisando continuamente sua política da qualidade, seus procedimentos e seus processos.

Cabe ao gestor/engenheiro de processos/de produção fazer as engrenagens do sistema da empresa funcionarem dentro de uma estrutura coerente. Como resultado, tem-se uma cultura participativa, voltada para a inovação e a melhoria contínua.

Em linhas gerais, apresentamos uma visão geral do que é tratado neste livro, subdividido em seis capítulos. No Capítulo 1, fazemos uma contextualização histórica de sistema de gestão da qualidade com foco nas normas ISO de sistemas de garantia da qualidade.

Apresentamos, no Capítulo 2, a estrutura de um sistema de gestão da qualidade, com enfoque na organização da qualidade, em que os seguintes elementos são essenciais: política da qualidade, objetivos da qualidade e indicadores e metas de melhoria da eficácia do sistema de gestão.

No Capítulo 3, enfatizamos os princípios de gestão e da qualidade, os quais auxiliam na determinação de caminhos para se alcançar as melhorias organizacionais.

Abordamos, no Capítulo 4, os conceitos que regem as normas NBR ISO 9001 (Gestão da qualidade), NBR ISO 14001 (Gestão ambiental) e OHSAS 18001 (Gestão da saúde e segurança do trabalho).

Para a implantação dessas normas, faz-se necessário conhecer seus órgãos legisladores, reguladores, normativos e fiscalizadores, bem como realizar uma auditoria da qualidade. Esses são os temas do Capítulo 5.

Por fim, no Capítulo 6, evidenciamos algumas técnicas e ferramentas da qualidade.

Então, caro leitor, esperamos que este livro possa nortear seus estudos em direção ao aprendizado. Sugerimos que realize as atividades desenvolvidas para agregar conhecimento, bem como que faça as leituras indicadas nos textos de apoio.

Desejamos a você um ótimo estudo e deixamos uma frase para que reflita:

> "Quem tem um porquê enfrenta qualquer como"
> (Nietzsche, citado por Viktor Frankl)

Como aproveitar ao máximo este livro

Este livro traz alguns recursos que visam enriquecer seu aprendizado, facilitar a compreensão dos conteúdos e tornar a leitura mais dinâmica. São ferramentas projetadas de acordo com a natureza dos temas que vamos examinar. Veja a seguir como esses recursos se encontram distribuídos no projeto gráfico da obra.

Conteúdos do capítulo:
Logo na abertura do capítulo, você fica conhecendo os conteúdos que nele serão abordados.

Após o estudo deste capítulo, você será capaz de:
Você também é informado a respeito das competências que irá desenvolver e dos conhecimentos que irá adquirir com o estudo do capítulo.

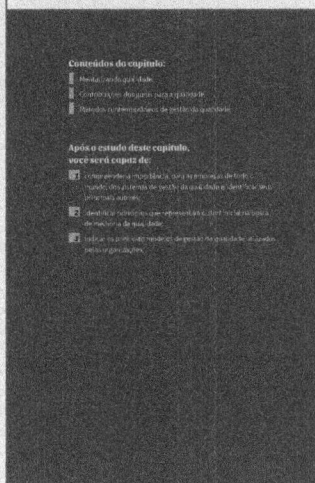

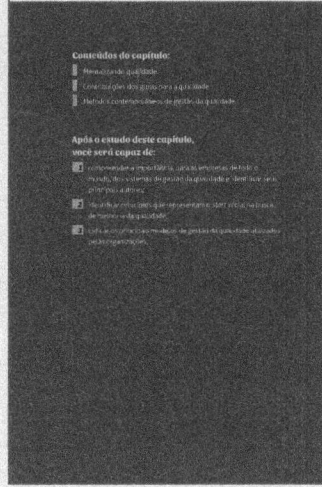

Estudo de caso

Esta seção traz ao seu conhecimento situações que vão aproximar os conteúdos estudados de sua prática profissional.

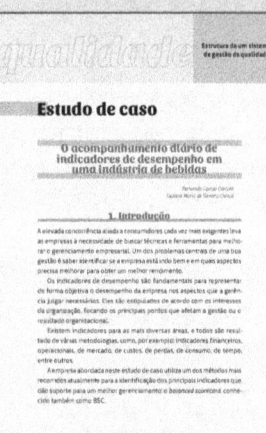

Síntese

Você dispõe, ao final do capítulo, de uma síntese que traz os principais conceitos nele abordados.

Questões para revisão

Com estas atividades, você tem a possibilidade de rever os principais conceitos analisados. Ao final do livro, a autora disponibiliza as respostas às questões, a fim de que você possa verificar como está sua aprendizagem.

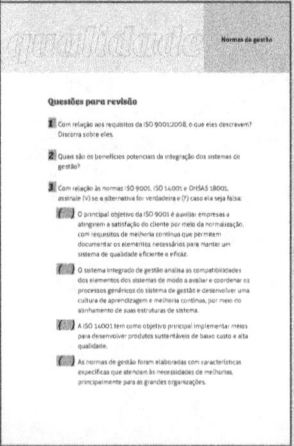

Questões para reflexão

Nesta seção, a proposta é levá-lo a refletir criticamente sobre alguns assuntos e trocar ideias e experiências com seus pares.

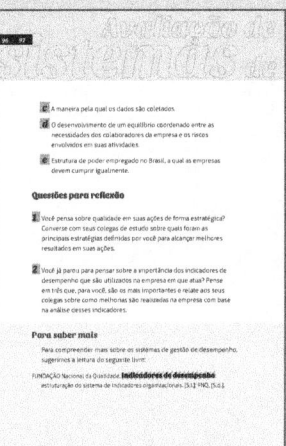

Para saber mais

Você pode consultar as obras indicadas nesta seção para aprofundar sua aprendizagem.

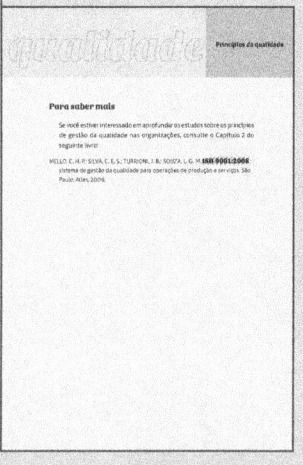

1
Contextualização histórica dos sistemas de gestão da qualidade

Conteúdos do capítulo:

- Mentalizando qualidade.
- Contribuições dos gurus para a qualidade.
- Métodos contemporâneos de gestão da qualidade.

Após o estudo deste capítulo, você será capaz de:

1. compreender a importância, para as empresas de todo o mundo, dos sistemas de gestão da qualidade e identificar seus principais autores;
2. identificar princípios que representam o *start* inicial na busca de melhoria da qualidade;
3. indicar os principais modelos de gestão da qualidade utilizados pelas organizações.

Contextualização histórica dos sistemas de gestão da qualidade

A qualidade é um assunto remoto e, ao mesmo tempo, contemporâneo. *Remoto*, pois o ser humano sempre desejou algo e deixou transparecer seus anseios sobre produtos e serviços, mas, devido à falta de informação e de opções, acostumou-se a se conformar com o que lhe era ofertado. Contemporâneo, pois empresas que atualmente não apresentam uma preocupação com a qualidade estão cada vez mais perdendo o mercado, haja vista que hoje em dia os consumidores estão mais conscientes e exigentes de seus direitos devido, principalmente, ao acesso aos meios de comunicação. Assim sendo, tudo exige qualidade! E existem vários meios para executá-la. Com esse enfoque, buscamos neste capítulo abordar a qualidade e sua importância para o gerenciamento das organizações, sem deixar de dar destaque aos estudos de vários pesquisadores do assunto que tanto contribuíram para a valorização desse tema tão relevante para as organizações. A qualidade, porém, é um aspecto que beneficia não apenas as empresas, mas toda a economia de um país.

1.1 Consequências da globalização da economia

Antes de apresentarmos o histórico dos sistemas de gestão da qualidade, é interessante que você reflita brevemente sobre a influência da globalização na economia mundial. Para isso, primeiramente, procure imaginar-se vivendo sob outras circunstâncias. Pense nas seguintes situações:

1 Você precisa fabricar as ferramentas e os utensílios necessários para sua sobrevivência.

2 O comércio não existe, mesmo o de troca ou escambo.

3 Há existência plena de monopólio, em que somente alguns poucos produtos podem ser comercializados.

4 Nas ruas, há apenas carros na cor preta.

5 Não é possível escolher entre um produto e outro.

6 Não existem especificações das dimensões necessárias a uma peça para que ela seja utilizada na fabricação de uma máquina.

7 Você paga sempre mais caro pelo mesmo produto, o qual apresenta cada vez mais defeitos.

Você consegue se imaginar inserido nesses contextos? Acreditamos que quem vivenciou essas situações talvez tenha enfrentado dificuldades ou grandes problemas. Na realidade, é difícil nos imaginar vivendo dessa forma. Porém, essas situações fazem parte do passado. No mundo em que vivemos atualmente, esse cenário é muito diferente, pois estamos na era da tecnologia, da gestão do conhecimento organizacional.

Todos os dias ouvimos falar em inovação, informatização, competitividade, concorrência, abertura de novos mercados, entrada de novos produtos, melhoria da qualidade etc., enfim, na tão falada **globalização** e no que ela ocasiona ao mercado, tanto nacional quanto internacionalmente.

A globalização da economia tem acarretado inúmeras consequências, que são sentidas por países, regiões, organizações e pessoas. Uma de suas maiores influências é o ingresso de um número maior de concorrentes no mercado, exigindo das empresas dos mais diversos setores novas formas de gestão para atingir os resultados esperados. Essa total revolução no cenário econômico leva essas empresas a tomarem atitudes diferentes e dinâmicas diante da realidade em que vivem: ou elas mudam, ou o concorrente acaba com elas.

Contextualização histórica dos sistemas de gestão da qualidade

Em decorrência dessa realidade desafiadora e altamente competitiva, o sistema de gestão da qualidade desempenha um papel fundamental dentro das empresas, ou seja, possibilita que elas ajam de acordo com as mudanças mercadológicas, diferenciando-se dos concorrentes e estabelecendo estratégias que possibilitem vislumbrar um crescimento futuro. Para compreender tais ações, é importante que você conheça todo esse histórico, ou seja, um passado que foi e é tão importante para a consolidação do cenário atual.

1.2 Introdução aos sistemas de gestão da qualidade

Não há como falar em gestão sem antes mencionar a evolução da qualidade em si. Você já deve ter observado que muitos consumidores, em vez de se referirem a um produto pelo nome, costumam chamá-lo pela marca que estão habituados a comprar. Isso ocorre porque tais consumidores já foram conquistados pela qualidade da marca e dificilmente aceitam trocá-la.

Outra situação muito comum que você já deve ter visto ou vivenciado é a compra de um produto de baixa qualidade que não funciona ou se estraga com facilidade. Muitas pessoas passam por situações assim e a atitude mais comum desses consumidores é deixar de adquirir a marca que não satisfaz os requisitos de qualidade exigidos.

Esses exemplos servem para demonstrar que as empresas, para serem cada vez mais competitivas, devem olhar para o cliente, entender o que ele deseja e compreender o que é qualidade, tanto para o cliente interno como para o externo. As empresas precisam prezar pela qualidade, para não perderem seus clientes.

1.3 Pensando sobre qualidade

Mesmo que exista uma série de definições de *qualidade*, principalmente no quesito de adequação ao uso, podemos afirmar que o conceito desse termo evoluiu. **Qualidade** significa muito mais do que a integridade de um produto manufaturado. Trata-se de um conceito complexo e muito mais abrangente, pois representa uma filosofia, um sistema de metodologias e práticas e um compromisso com a excelência de negócios que abrange todas as áreas, os indivíduos e as questões de uma organização.

Desse modo, é necessário olharmos para as três gerações da empresa, ou seja, passado, presente e futuro. Conhecer o passado nos permite compreender os erros cometidos, além de nos ajudar a entender o presente com base nesses erros passados e nas ações executadas, com o intuito de projetar melhorias no futuro. Uma frase muito conhecida de Confúcio diz: "Se queres conhecer o passado, examina o presente que é o resultado; se queres conhecer o futuro, examina o presente que é a causa" (UOL, 2016).

Ao refletirmos sobre o passado, deparamo-nos com a primeira forma de produção organizada: o artesanato, representado por uma produção de caráter familiar, realizado na casa do artesão junto com a família. Todas as etapas da produção eram realizadas em suas oficinas (também chamadas de *manufaturas*), desde o preparo da matéria-prima até o produto final. O trabalho era realizado do início ao fim pela mesma pessoa, ou seja, não havia divisão do trabalho nem especialização. Em alguns casos, o artesão trabalhava junto com um ajudante, que não recebia um salário e ainda pagava uma taxa para a utilização das ferramentas. Conforme esses ajudantes aprendiam o trabalho, eles se tornavam novos artesãos.

Nesse período, a produção artesanal era controlada pelas corporações de ofício, que funcionavam praticamente como os sindicatos hoje em dia. Havia as corporações de artesãos, de padeiros, de marceneiros

Contextualização histórica dos sistemas de gestão da qualidade

etc. A manufatura predominou ao longo da Idade Moderna, resultando da ampliação do mercado consumidor com o desenvolvimento do comércio monetário. A partir desse momento, ocorreu um aumento na produtividade do trabalho, devido à divisão social da produção, em que cada trabalhador realizava uma etapa na confecção de um produto. A ampliação do mercado consumidor teve uma relação direta com o alargamento do comércio. Esse período pode ser caracterizado como a **primeira era da qualidade**, na qual artesãos inspecionavam o trabalho de seus funcionários para garantir que as exigências de seus clientes fossem atendidas.

O processo de inspecionar era satisfatório enquanto o volume de fabricação era baixo; porém, com o aumento da produção, evidenciada principalmente devido à Revolução Industrial, surgiu a necessidade de melhorar esse método de controle da qualidade, tornando-o mais eficaz.

1.3.1 Taylor também contribuiu com a qualidade?

Embora muitas obras enfoquem a importância do Japão no aprimoramento dos conceitos de qualidade, destacamos a figura de Frederick W. Taylor. No ano de 1911, ele publicou o livro *Principles of scientific management* (*Princípios da administração científica*). Nele, o autor abordou meios estatísticos que analisam a produtividade do trabalhador e indicam modos de melhorá-la. Dos diversos conceitos introduzidos por ele, é importante evidenciar os seguintes:

Definição de funções e especialização dos colaboradores – Com base nessa análise é feita a alocação de tarefas a serem realizadas em condições normais (inspeção é apenas uma das tarefas).

Análise do processo – Trata-se de um estudo metódico de tempos e movimentos com foco na melhoria da produtividade.

Controle da qualidade (por inspeção do produto final) – Formalização da função de inspetor, funcionário não envolvido diretamente no processo produtivo.

A Revolução Industrial representou uma transformação radical na vida de toda a humanidade, pois desde então os lucros passaram a ser necessários à sobrevivência de toda a população. Alguns dos estudiosos que contribuíram para a evolução dos sistemas de produção, bem como para a elaboração de princípios da administração científica, foram: Frederick W. Taylor, Henri Fayol, Frank Gilbreth, Henry Gantt, Henry Ford. Eles auxiliaram na criação das condições para que a chamada *produção em massa* se estabelecesse de forma mais global, possibilitando maior progresso na área de gestão de operações (Corrêa; Corrêa, 2009).

Agora, respondendo ao questionamento proposto no título desta seção, podemos afirmar que Taylor contribuiu, sim, com a qualidade, mas indiretamente. Sua abordagem foi primordial para as mudanças na indústria, pois proporcionou aumentos notáveis na produtividade. No entanto, essa ênfase na produtividade impactou na qualidade, cujos problemas precisavam ser resolvidos pelo inspetor no final do processo. Com base na análise desses problemas, surgiu um novo olhar para os métodos industriais.

Desse modo, vários teóricos (analistas da qualidade) atuaram influenciando positivamente na área da qualidade, entre os quais se destacaram: Shewhart, Deming, Juran, Feigenbaum, Crosby e Ishikawa, entre outros.

Contextualização histórica dos sistemas de gestão da qualidade

1.3.2 Contribuições de Shewhart

Walter Shewhart, por volta dos anos de 1920, ao identificar dificuldades em seu trabalho, introduziu o controle da qualidade como uma função proativa enraizada no processo, ao invés de ser dependente estritamente de medidas reativas resultantes da inspeção, como propunha Taylor.

Para tanto, Shewhart estudou os processos e evidenciou a produção de dados. Um **processo** é um conjunto de três ações: entradas, processamento e saídas. O esquema apresentado na Figura 1.1 exemplifica um processo.

Figura 1.1 – Ações de um processo

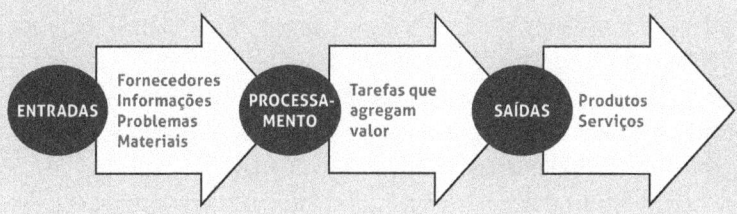

Podemos definir processo como a transformação, a agregação de valor de um conjunto de entradas (*inputs*) em saídas adequadas (*outputs*), ou uma sequência coordenada de atividades, com o objetivo de produzir um dado resultado. Essas saídas podem ser de dois tipos: de *performance* e concomitantes. As saídas de *performance* resultam dos objetivos ligados diretamente ao processo; já as saídas concomitantes são aquelas que não atenderam aos objetivos do sistema. Para que esse processo possa ser bem executado, são necessários vários envolvidos, visto que, em uma organização, ora as atividades envolvem o cliente, ora envolvem o fornecedor. Por isso, o processo deve ser mapeado de forma a conduzir a um melhor ponto de vista gerencial, bem como a determinar padrões para tais atividades. O gestor deve observar se os recursos humanos e materiais estão trabalhando de acordo com as leis e identificar os pontos críticos – ou gargalos – desse processo.

Os fornecedores, por sua vez, são aqueles que fornecem bens ou serviços. Já os clientes são os que consomem os bens ou serviços. O conceito de cadeia cliente-fornecedor deriva da mecânica sistêmica e caracteriza o fluxo de trabalho como direcionamento de entradas, processamentos e saídas. A agregação de valor consiste em uma série de atividades relacionadas e desenvolvidas pela organização a fim de satisfazer as necessidades dos usuários, desde as relações com os fornecedores e ciclos de produção até a fase da distribuição para o consumidor final. Nesse sentido, o conceito de cadeia de valor é especialmente ajustado para explicitar a integração da qualidade na estratégia empresarial. Cada elo dessa cadeia de atividades está interligado.

Shewhart identificou que a qualidade é importante em todas as etapas e em todos os processos, ou seja, não se aplica somente ao produto acabado. Assim, ele aplicou conhecimentos estatísticos para a gestão da qualidade (Shewhart; Deming, 1939). Além disso, o autor identificou que os processos apresentavam dois tipos de variabilidade: natural e aleatória, ambas advindas de causas especiais. Com base nisso, Shewhart desenvolveu as **cartas de controle**, que até os dias atuais são uma moderna ferramenta para verificar a variabilidade do processo e uma das principais técnicas do controle estatístico de processo (CEP). Outra importante contribuição de Shewhart foi a criação do ciclo PDCA (*plan, do, check, action*), que constitui a base dos modelos de sistema de gestão da qualidade.

Contextualização histórica dos sistemas de gestão da qualidade

O PDCA é composto de quatro etapas (Quadro 1.1) que permitem a busca pela melhoria contínua e pela garantia do funcionamento dos processos.

Quadro 1.1 – Etapas do ciclo PDCA

P (*plan*): planejar	Esse é um processo no qual os gestores devem despender o maior tempo possível, pois ótimos planejamentos resultam em excelentes resultados. Nesta etapa, são estabelecidas as diretrizes, ou seja, as metas a serem atingidas e os caminhos que devem ser seguidos para se respeitar a política da organização e atender as axigências dos clientes.
D (*do*): fazer	Nesta etapa ocorre o treinamento das pessoas e a execução das atividades que foram planejadas na etapa anterior. Também são coletados dados de extrema importância para as etapas seguintes.
C (*check*): checar	Nesta fase são examinados os efeitos do trabalho executado, monitorados de acordo com as políticas e os objetivos. Também é nesta etapa que são descritos os resultados.
A (*action*): agir	Esta fase consiste em agir de acordo com a análise dos dados da etapa anterior. Se houver sucesso na execução do planejamento, este é padronizado; caso contrário, volta-se à fase de planejamento e busca-se um novo método para a solução do problema. O ciclo é rodado novamente até que a solução seja encontrada e o processo, padronizado. Tais ações são realizadas com o intuito de promover a melhoria contínua dos processos.

Para uma melhor compreensão, o ciclo PDCA está ilustrado na Figura 1.2, a seguir.

Figura 1.2 – Esquema do ciclo PDCA

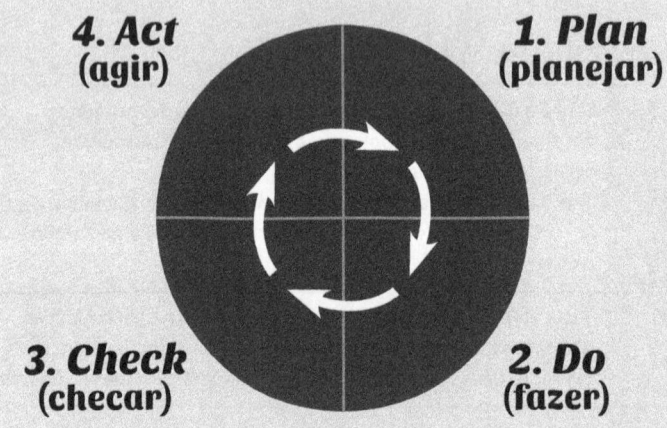

1.3.3 Contribuições de Deming

Embora o ciclo PDCA tenha sido criado por Shewhart, ele ficou conhecido como *ciclo de Deming*, pelo fato de esse autor ter inserido o conceito no Japão no período pós-Segunda Guerra Mundial, evidenciando a importância da gestão da qualidade dentro das organizações. William Deming, com seu raciocínio estatístico, auxiliou muitas empresas a enxergarem quais eram seus valores e princípios por meio de um planejamento de ações. Deming (1992) desenvolveu também uma série de teorias, incluindo a do "saber profundo como sistema", na qual descreve alguns pontos fundamentais para o sucesso de uma empresa:

Contextualização histórica dos sistemas de gestão da qualidade

- a visão geral de um sistema;
- os elementos da teoria da variabilidade, do conhecimento e da psicologia;
- as cinco doenças mortais da qualidade que contribuem para o processo de gestão de crises da qualidade;
- os 14 princípios de qualidade de Deming, os quais visam ao crescimento das organizações e à eliminação de erros. Tais princípios auxiliam os gestores a compreenderem o que realmente devem fazer para curar os males da organização.

O controle da qualidade total japonês surgiu com base nos ensinamentos sobre qualidade que Deming disseminou no país. Os 14 princípios de qualidade de Deming, por exemplo, servem como uma filosofia completa de gestão, além de se apresentarem como um modelo a ser aplicado a qualquer tamanho ou tipo de organização. Tais princípios são cultivados do mesmo modo em qualquer divisão de uma empresa. Resumidamente, eles estão indicados no Quadro 1.2.

Quadro 1.2 – Síntese dos 14 princípios de qualidade de Deming

1	Desenvolver constância de propósitos para a melhoria de produtos e serviços.
2	Adotar uma nova filosofia; não mais é possível conviver com níveis comumente aceitos de atraso, bem como com erros e defeitos de fabricação.
3	Cessar a dependência da inspeção em massa; em vez disso, exigir a qualidade em todas as etapas do processo.
4	Acabar com a prática de permissão orçamentária com base no preço.
5	Encontrar os problemas; trabalhar continuamente no sistema visando à melhoria contínua.

(continua)

(Quadro 1.2 – conclusão)

6	Instituir métodos modernos de treinamento no trabalho.
7	Instituir liderança e métodos modernos de supervisão dos trabalhadores da produção, pois isso os motiva na busca da melhoria contínua.
8	Eliminar o medo, para que todos possam trabalhar de forma eficaz para a empresa.
9	Quebrar as barreiras entre os departamentos.
10	Eliminar metas numéricas, cartazes e *slogans* que forcem a organização a atingir novos níveis de produtividade com os antigos métodos.
11	Reprimir padrões de trabalho que prescrevem cotas numéricas; em vez disso, definir objetivos.
12	Remover as barreiras que impeçam o trabalhador de se orgulhar do seu desempenho.
13	Instituir um vigoroso programa de educação e reciclagem.
14	Criar uma estrutura de gestão que engaje todos no processo de realizar a transformação, pois esta é competência de todos, que devem trabalhar em prol da promoção de melhorias contínuas na rotina da empresa.

Fonte: Adaptado de Deming, 1992, p. 18.

1.3.4 Contribuições de Juran

Outro teórico que contribuiu para a disseminação e evolução dos conceitos de qualidade não só no Japão, como também no resto do mundo, foi Joseph Juran. A principal contribuição desse autor foi a aplicação do princípio de Pareto e o conceito dos "poucos vitais e muitos triviais". Juran escreveu a

Contextualização histórica dos sistemas de gestão da qualidade

primeira obra de referência na gestão da qualidade, o *Quality control handbook*. O autor delineou uma sequência de passos para alcançar a melhoria da qualidade e descreveu três pontos fundamentais no processo gerencial da qualidade, conhecidos por *trilogia de Juran*, conceito muito usado como roteiro de planejamento da qualidade. A Figura 1.3 ilustra a trilogia de Juran.

Figura 1.3 – Trilogia de Juran

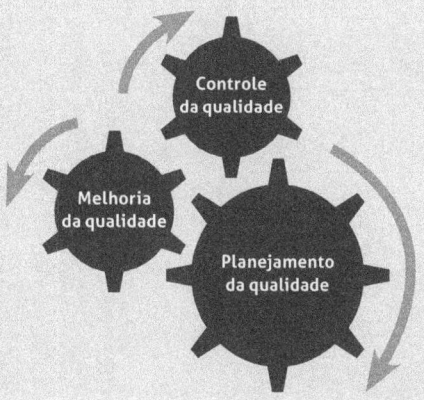

Como já mencionamos anteriormente, o planejamento é a base do sucesso do empresário, pois é por meio dele que as necessidades dos clientes são identificadas e os meios para satisfazê-las são projetados. O foco é na melhoria, pois não existem processos que não possam ser melhorados. Assim, a prática do controle do processo deve ser exercida. É importante diagnosticar o processo de modo a avaliar seu desempenho, comparando-o com as metas estabelecidas no planejamento e propondo mudanças e medidas corretivas, caso necessário.

Foi Juran quem descreveu a qualidade do ponto de vista do cliente, em que o grau de qualidade alcançado é proporcional ao número de funcionalidades que atendam às necessidades dos clientes, especialmente em *design*, disponibilidade, segurança, conformidade e utilização. Em vez de apenas se concentrar no cliente final, Juran defendia que cada pessoa ao longo da cadeia de clientes internos é tanto um fornecedor como um cliente, conceito que ele denominou de **função qualidade**.

Para descrever a função qualidade, Juran elaborou o espiral de progresso da qualidade (Figura 1.4), no qual se percebe o envolvimento e a relação entre todos os processos ao longo da cadeia produtiva.

Figura 1.4 – Espiral do progresso na qualidade

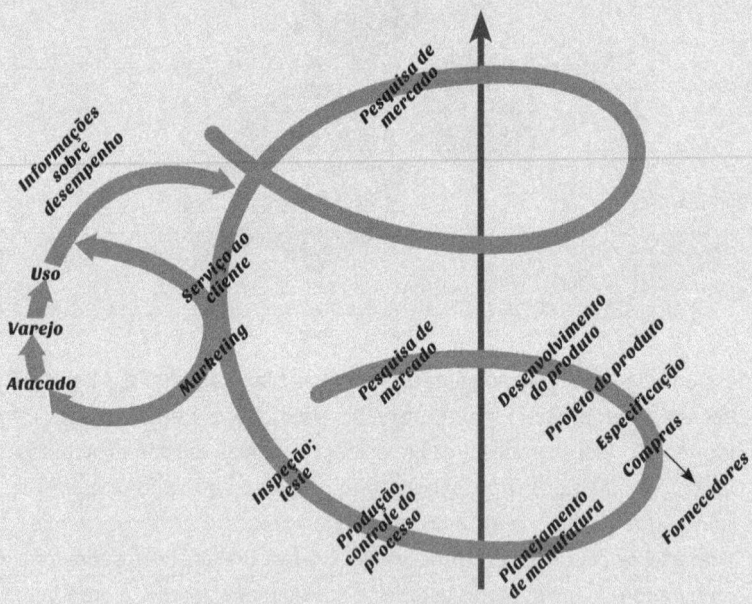

Fonte: Juran; Gryna, 1991, p. 16.

Contextualização histórica dos sistemas de gestão da qualidade

Ao analisarmos a função qualidade de Juran, atentamos para as ações que esse grande *guru*, como o chamamos aqui, descreveu para o processo de gestão da qualidade, dos quais se destacam: olhar para o público e determinar quem são os clientes e quais são suas necessidades; responder a essas necessidades; desenvolver um processo capaz de produzir o produto em condições de funcionamento; e, acima de tudo, encantar o cliente.

Com todas essas ações sendo aplicadas na indústria do Japão, esse país se destacou pela alta qualidade industrial (na década de 1970), principalmente de automóveis e produtos eletrônicos. O país exportava seus produtos melhores que os da concorrência e a preços mais baixos, proporcionando, assim, benefícios a consumidores de todo o mundo. Com isso, a nação oriental aumentou sua participação no mercado americano, causando um grande impacto econômico generalizado nos Estados Unidos.

1.3.5 Contribuições de Feigenbaum

Com o impacto econômico produzido pelo Japão na indústria americana, após a Segunda Guerra Mundial, os norte-americanos perceberam a urgência de superar a qualidade que era destaque no Japão. Os Estados Unidos desenvolveram não apenas métodos baseados em estatísticas, mas também novas abordagens que envolviam toda a organização. Esse enfoque ficou conhecido como **gestão da qualidade total**, ou *Total Quality Management* (TQM). Ao citarmos TQM, não há como deixarmos de resgatar o nome de Armand Feigenbaum, considerado o "pai" da gestão da qualidade total.

Feigenbaum definiu as bases do controle da qualidade, contribuindo com uma base conceitual e prática sobre esse assunto em seu livro *Controle da qualidade total*, de 1951, no qual enfatizou a abordagem de sistemas de qualidade e focou nos seus custos, separando-os em custos de prevenção, avaliação, falhas internas e externas.

1.3.6 Contribuições de Crosby

No final dos anos 1970 e início dos anos 1980, Philip B. Crosby emergiu como um líder da qualidade, com os conceitos "zero defeito" e "fazer certo da primeira vez". Crosby (1990) definiu os quatro absolutos da qualidade, sendo eles:

1. Qualidade é a conformidade com os requisitos dos clientes.
2. O sistema de qualidade vem da prevenção.
3. O padrão de desempenho é zero defeito.
4. A medição da qualidade é definida pelo custo da não conformidade.

Crosby também registrou os 14 passos para o desenvolvimento da qualidade nas organizações, conforme o Quadro 1.3.

Quadro 1.3 – Os 14 passos para o processo de desenvolvimento da qualidade, segundo Crosby

1	Comprometer-se com a qualidade.
2	Formar grupos de melhoria da qualidade.
3	Mensurar a qualidade.
4	Analisar os custos da qualidade.
5	Apresentar consistência.
6	Adotar ações corretivas.
7	Elaborar um planejamento "zero defeito".

(continua)

Contextualização histórica dos sistemas de gestão da qualidade

(Quadro 1.3 – conclusão)

8	Propor a educação do colaborador.
9	Implantar o dia do "zero defeito".
10	Estabelecer objetivos.
11	Praticar a remoção das causas de erros.
12	Manifestar reconhecimento pelos funcionários.
13	Promover conselhos de qualidade.
14	Fazer tudo de novo.

Fonte: Elaborado com base em Crosby, 1990.

As abordagens da qualidade nas organizações passaram por várias fases, denominadas *eras da qualidade*, com enfoque em inspeção, controle, garantia e gestão da qualidade (Garvin, 1988). No entanto, tais abordagens vêm evoluindo dia após dia; assim, e por meio das contribuições dos gurus citados neste capítulo, é possível ao gestor delinear ações que melhor se adaptem a cada organização.

Independentemente de qual seja sua função dentro da organização, é fundamental desenvolver um olhar crítico quanto à excelência pela qualidade. É importante que você considere a qualidade como sendo a meta principal, assim, várias ações podem ser realizadas e sempre melhoradas.

As ações realizadas por você no dia a dia da empresa trazem benefícios a todos, pois cada colaborador que age pensando em qualidade planta uma pequena semente na empresa. Se essa preocupação se tornar um hábito, pode até mesmo chegar a gerar um novo modelo a ser seguido na organização.

1.4 Melhoria dos métodos de gestão

A década de 1980 foi marcada por grandes transformações políticas e econômicas, bem como pelo extensivo uso da tecnologia, que foi e é determinante para novas formas de trabalho, para o desenvolvimento de novos produtos e para novas perspectivas no aparato tecnológico. Nesse cenário industrial, vários conceitos surgiram de modo a melhorar a qualidade dos produtos, tanto pela inovação na força de trabalho quanto nos métodos de gestão e nos equipamentos utilizados. Atualmente, graças aos avanços dessa década, existe uma série de modelos de gestão da qualidade.

A série de normas de gestão da qualidade ISO 9000, por exemplo, foi publicada no ano de 1987. O Programa de Qualidade Nacional Baldrige e o Malcolm Baldrige National Quality Award foram estabelecidos pelo Congresso norte-americano no mesmo ano – esse prêmio é promovido pelo Departamento de Comércio dos Estados Unidos com a colaboração da American Society for Quality (ASQ) e do National Institute of Standards and Technology (Nist).

Mas a história das normas dos sistemas de gestão da qualidade contemporâneos se iniciou no ano de 1959, quando o Departamento de Defesa dos EUA lançou um programa de gestão da qualidade sob a designação MIL-Q-9858. Esse programa foi usado principalmente por indústrias aeroespaciais.

No ano de 1979, a British Standards Institution (BSI) desenvolveu o primeiro padrão comercial para sistemas de qualidade, conhecido por *BS 5750*. Nesse mesmo ano, essa organização certificou pela primeira vez uma pequena fábrica de cimento na Inglaterra que cumpriu com os requisitos

Contextualização histórica dos sistemas de gestão da qualidade

da BS 5750. No entanto, esse padrão demorou a ser reconhecido pela comunidade internacional.

Foi no ano de 1987 que houve o lançamento dos padrões da série ISO 9000. A maioria dos elementos da BS 5750 foi incorporada ao padrão ISO 9001. A série de normas ISO 9000 primeiro ganhou popularidade na Europa, quando a União Europeia (UE), sob o título EN 29000, aprovou a ISO 9000. No fim dos anos de 1980, BS 5750 e ISO 9000 tinham alcançado o mercado dos Estados Unidos da América.

ISO é a sigla para *International Organization for Standardization*, ou seja, trata-se de uma organização voltada para promover padrões internacionais de qualidade. Essa organização foi criada em 1947 na cidade de Genebra, na Suíça, com o principal objetivo de auxiliar empresas a atingirem a satisfação do cliente por meio da normalização, com requisitos de melhoria contínua que lhes permitam documentar os elementos necessários para manter um sistema de qualidade eficiente e eficaz.

ISO é uma organização independente, não governamental, composta por membros de organismos nacionais de normalização de 162 países-membros (ISO, 2016), com 20 conselhos internacionais que trabalham na maioria das questões administrativas. Cada país-membro da ISO é representado por uma entidade. No Brasil, a Associação Brasileira de Normas Técnicas (ABNT) é responsável por traduzir e editar a família de normas ISO, e o órgão fiscalizador é o Instituto Nacional de Metrologia, Normalização e Qualidade Industrial (Inmetro).

Outra metodologia que pode ser reconhecida como um programa mais contemporâneo de gestão da qualidade é conhecida por *Seis Sigma*. Esse método foi desenvolvido entre o fim da década de 1980 e o início da década de 1990 por Bill Smith, engenheiro da empresa Motorola. O princípio fundamental dessa metodologia consiste no fato de que a causa fundamental dos defeitos é a variação nos processos de fabricação. Portanto, eliminar essa variação certamente – e estatisticamente – eliminaria os defeitos, o que, por sua vez, acarretaria em supressão dos custos associados a esses defeitos, gerando economia de dinheiro e aumentando a satisfação do cliente. Smith definiu que a variação deve ser medida em valores sigma ou valores limites e, em consenso com a Motorola, especificou esses limites em 3,4 defeitos por milhão de oportunidades.

As ferramentas e técnicas utilizadas por Bill Smith naquela época não eram tão inovadoras assim, pois ele utilizou várias características dos modelos anteriores. No entanto, o que ele desenvolveu foi uma estratégia coerente com os processos de produção da Motorola, com o objetivo de melhorá-los.

Smith utilizou como modelo de planejamento uma adaptação do ciclo PDCA, sendo conhecido por DMAIC (*define, measure, analyse, improve* e *control*), representando as etapas: definir, medir, analisar, melhorar e controlar.

O DMAIC parte do princípio de gestão de projetos, de modo a exercer um excelente controle de cada etapa vindoura, além de trabalhar com base no planejamento estratégico do projeto. Tal planejamento é detalhado em cada etapa do DMAIC, conforme descreveu Franz (2003):

1. **Definir: D** – Nesta etapa, devem estar claros os objetivos estratégicos do negócio, bem como o escopo, que engloba todo o trabalho a ser realizado para a conclusão do projeto (Carvalho; Rabechini Jr., 2011). Devem ser identificados os custos do projeto e seus ganhos financeiros, além dos recursos necessários para se alcançar os objetivos propostos. Também devem ser definidos os prazos do projeto e a equipe de trabalho. Após definidas as premissas necessárias para o bom andamento do projeto, é feito um registro para formalizá-lo e dada a aprovação para que ele seja iniciado.

Contextualização histórica dos sistemas de gestão da qualidade

2 Medir: M – Nesta etapa, com base nos objetivos traçados na definição do projeto, deve ser feito o plano de coleta de dados de modo a obter informações relevantes, de forma coordenada, do que está acontecendo. Isso equivale a dizer que é preciso ter bem claro o que deve ser medido e como deve ser medido. É necessário avaliar a confiabilidade dos dados por meio do uso de ferramentas estatísticas da qualidade – cabe aqui a avaliação dos sistemas de medição. Posteriormente, avalia-se a variabilidade do processo (fator central do Seis Sigma) para identificar meios de reduzir a variabilidade e, por fim, determinar o estado atual do processo por meio da identificação da quantidade de defeitos produzidos na empresa.

3 Analisar: A – Esta etapa consiste em um aprofundamento na análise dos dados de modo a obter informações relevantes aos objetivos de desempenho da organização. Busca-se, por meio de estratificação de informações, a identificação da causa raiz do problema, ou seja, onde os esforços devem ser conduzidos para a eliminação do problema.

4 Melhorar: M – Nesta etapa, visa-se identificar as soluções para a causa raiz do problema, ou seja, como proceder para eliminar o problema. Após identificadas as soluções, deve-se avaliar e selecionar quais são, entre elas, as melhores alternativas, visando minimizar riscos de erros potenciais. Posteriormente, faz-se preciso desenvolver um plano auxiliar que permita melhor implementação, sempre avaliando o fator econômico financeiro do projeto.

5 Controlar: C – O controle é fator essencial para garantir que os resultados alcançados se mantenham. Assim, esta etapa presume o estabelecimento dos meios para a manutenção das melhorias sobre o controle. Isso ocorre por meio do controle de processos, prevenindo, assim, a ocorrência de falhas e atuando no estabelecimento de padrões, tanto de documentação como de treinamentos de funcionários. Nesta etapa, também é preciso definir cronogramas para avaliar sempre esses resultados, inserindo programas de melhoria contínua na organização.

Com o uso do DMAIC, a empresa garante maior lucratividade por meio da redução da taxa de defeitos, do aumento da satisfação dos clientes e da motivação dos funcionários, uma vez que os processos se tornam mais simples e robustos.

Por meio de toda essa contextualização histórica do sistema de gestão da qualidade, é possível concluirmos que, independentemente do modelo a ser seguido, os sistemas de avaliação da qualidade devem permitir às empresas garantirem a qualidade de seus produtos. Para isso, elas devem verificar todos os seus processos, ou seja, ser capazes de alcançar os níveis de qualidade especificados em seus projetos e comprová-los por meio da satisfação do nível de qualidade desejado por seus clientes. Para conseguir tamanha proeza, o sistema de gestão da qualidade da empresa deve ser muito bem definido, conforme será abordado no capítulo seguinte.

qualidade

Contextualização histórica dos sistemas de gestão da qualidade

Estudo de caso

Uso do ciclo PDCA na melhoria da gestão de uma organização não governamental

Daiane Maria de Genaro Chiroli
André Vitor Ortega Giroto
Marcia Fernanda Pappa

1. Introdução

A necessidade de utilizar ferramentas de gestão para alcançar a excelência durante a gestão de uma empresa é de extrema importância, de modo que tal prática deve ocorrer em todos os tipos de organizações. Porém, muitas vezes, falta conhecimento técnico dos gestores em relação às ferramentas disponíveis. Com esse intuito, este estudo de caso objetivou utilizar o ciclo PDCA em uma organização do terceiro setor.

2. A Aiesec

A Aiesec surgiu após a Segunda Guerra Mundial, mais precisamente em 1948, fundada por estudantes de sete países europeus com o propósito de promover o intercâmbio de técnicas administrativas e de recursos humanos. No Brasil, presente desde 1970, tem 33 escritórios espalhados por todo o território nacional. Em Maringá, no estado do Paraná, está inserida dentro das dependências da Universidade Estadual de Maringá há 12 anos com a proposta de servir como uma plataforma de desenvolvimento para o potencial jovem, e já contou com mais de 700 membros desde então. Sendo assim, apresenta-se como uma organização voltada para os jovens descobrirem e desenvolverem seu potencial, incentivando-os a agir como agentes positivos de mudança na sociedade (Aiesec, 2016).

Os membros da Aiesec Maringá são divididos para a realização de trabalhos em sete áreas funcionais: Gestão de Talentos, Relações Corporativas, Finanças, *Marketing*, Gestão da Informação, Intercâmbio Universitário e Intercâmbio Corporativo.

3. Desenvolvimento

A fim de entender como a Aiesec Maringá é gerenciada, foram realizadas algumas reuniões com os líderes, as quais foram importantes para saber como a organização é gerida; posteriormente, discutiram-se alguns problemas enfrentados pela organização.

Nessas discussões, concluiu-se que a Aiesec utiliza o *Balanced Scorecard* (BSC), um sistema de gestão de desempenho empresarial. Para esse método, ter apenas indicadores financeiros não é fator suficiente para garantir a eficiência do negócio, pois tais indicadores só mostram os resultados dos investimentos e das atividades, não contemplando os impulsionadores de rentabilidade em longo prazo (Kaplan; Norton, 1997).

A empresa, baseada nas premissas do BSC, visa traduzir, numericamente, a visão em objetivos operacionais. Para tal, realiza anualmente o planejamento organizacional junto de todo o seu quadro de membros, com a proposta de analisar as metas descritas no planejamento em longo prazo. Esse planejamento é revisto semestralmente, de modo a garantir os reajustes necessários.

Como resultado do planejamento desdobrado, os diretores têm em mãos o seu plano de ação para o ano seguinte, e os integrantes garantem seus planos de ação definidos para o semestre subsequente. Esse plano de ação ainda é discutido individualmente entre as equipes, com o intuito de garantir a máxima coerência dentro das metas e ações definidas.

qualidade

Contextualização histórica dos sistemas de gestão da qualidade

Mensalmente, há uma reunião com todos os membros do escritório, na qual é apresentado o relatório de desempenho de cada área. Esse relatório consiste em uma análise funcional que mensura o percentual entre os indicadores cumpridos e os indicadores pelos quais determinada área é responsável.

Baseado nesse relatório, o gestor faz uma reunião com sua equipe e determina as modificações necessárias no planejamento. No entanto, essas reuniões ocorrem informalmente. O relatório de desempenho é ainda apresentado ao escritório trimestralmente, porém, a análise, nessa etapa, é realizada formalmente entre os diretores, e novas ações são tomadas com base nos indicadores que se encontraram abaixo do planejado.

Essa forma adotada pela empresa para sua gestão vem enfrentando alguns problemas, pelo fato de muitas práticas ficarem na informalidade, o que impacta na sinergia da equipe de trabalho.

De modo a formalizar as reuniões de análise de relatórios de desempenho, propôs-se ao presidente da Aiesec utilizar o diagrama de Ishikawa, por meio do método "*shake-down*", para identificar os problemas e tratá-los com os planos de ações específicos. Foi solicitado ao presidente da organização reunir-se com os demais diretores e eleger um indicador que havia apresentado problemas em relação às realizações propostas para o seu cumprimento no planejamento anual. Após essa reunião, ficou acordado que a análise de causa e efeito seria estudada com base no indicador "Número de vagas de intercâmbios fechadas", que representa um dos indicadores que mensura o fator crítico de sucesso "Aumentar as experiências de intercâmbio".

Esse indicador foi escolhido em vista de suas ações englobarem duas diretorias da organização. Assim, seria possível cumprir a proposta de divulgação da ferramenta para parte das diretorias, sendo elas: Relações Corporativas e Intercâmbio Corporativo. O cálculo desse indicador considera todos os intercâmbios realizados em empresas da região e é classificado como uma meta organizacional. O número de membros enviados para vagas no exterior e o número de posições de lideranças completas e de pessoas com experiência de liderança e intercâmbio realizado representam as diretrizes da empresa, sendo os demais indicadores ferramentas auxiliares para o cumprimento dos objetivos da organização.

Após a escolha do indicador, foi elaborada uma proposta de reuniões com os diretores, excluindo a membresia de cada uma das áreas, pois, após discussão, concluiu-se que para esse primeiro momento seria mais interessante manter o foco em relações interdepartamentais e construir um pensamento mais estratégico, proposta que seria desfocada com a presença dos membros, por conta da visão operacional e setorial deles. Houve, ainda, a presença do líder da equipe de auditoria local, presença justificada pela visão processual holística da organização e que agregou bastante conhecimento, principalmente para as análises interdepartamentais.

Para conduzir as reuniões de forma organizada e estruturada, primeiramente os participantes da organização receberam informações sobre o histórico da engenharia da qualidade, seus gurus, bem como sobre as ferramentas da qualidade com maior enfoque nas propostas deste trabalho, com exemplos de diagramas traçados, de propostas de trabalho, finalmente delimitando as expectativas de ambas as partes com o andamento das reuniões e os resultados a serem obtidos.

Houve duas reuniões utilizando o diagrama de Ishikawa para a análise da situação, cujo resultado foi muito satisfatório, pelo fato de ele ter gerado uma forte análise crítica em todos os aspectos, desde a ativa participação de todos os envolvidos até a busca por mais causas e pontos a analisar durante o tempo proposto entre as reuniões.

Por meio do método de solução de problemas proposto por Campos (1992), foi elaborado o plano de ação para a causa fundamental evidenciada pelo diagrama de Ishikawa. A organização já se adapta à proposta do ciclo PDCA, porém, esta se encontra ainda de maneira informal dentro dos processos da organização. A aplicação de cada etapa do ciclo pode ser visualizada no Quadro 1.4, a seguir.

Quadro 1.4 – Aplicação das etapas do ciclo PDCA na organização Aiesec

PDCA	FASE	PROCESSOS DA ORGANIZAÇÃO
P	1. Identificação do problema	Os indicadores estão abaixo da meta proposta.
P	2. Observação	São realizadas reuniões semanais entre todas as diretorias para análise interdepartamental dos problemas.
P	3. Análise	Reuniões departamentais são realizadas semanalmente para identificar as causas fundamentais de cada problema.
P	4. Plano de ação	Os planos de ação são traçados em momentos como planejamento e replanejamento da organização, assim como semanalmente em reuniões de time para suprir a deficiência encontrada.
D	5. Ação	As ações traçadas são acompanhadas por cada membro por meio de seu plano operacional e supervisionadas semanalmente pelos diretores nas reuniões departamentais.
C	6. Verificação	O desempenho de todas as ações é acompanhado trimestralmente por meio de reuniões de desempenho.
A	7. Padronização	Em todas as reuniões são revistos os planos de ação para identificar o que está sendo efetivo ou não e continua-se com as ações que trazem resultados positivos. As atas das reuniões são incluídas na plataforma virtual para conhecimento de todos.
A	8. Conclusão	Sob responsabilidade do time de Gestão da Informação, é executada uma forma de *brainstorming* pontual com base nas falhas e novas propostas são posteriormente acrescentadas à ata.

Para o presente trabalho, pode-se observar o desenvolvimento das fases 1 a 4, desde a identificação de um problema relatado pela organização, sua observação junto às diretorias responsáveis, até a análise pontual utilizando o diagrama de Ishikawa e o plano de ação.

Para formalizar esse plano de ação, utilizou-se o método 5W1H, que determina "quem" são os responsáveis em executar as ações, "como" eles farão para executá-la, "qual" é o "prazo" para a execução, bem como "por quê" e "onde" executá-la.

Quadro 1.5 – Plano de ação para causa fundamental

O quê (What)	Como (How)	Quem (Who)	Quando (When)
CORRETA DESCRIÇÃO DO CARGO	1. Revisão do documento	Diretor	Semestralmente
	2. Validação do documento junto ao seu executor e análise de melhorias.	Diretor e membro	Mensalmente
	3. Avaliação funcional para análise atual e situação proposta.	Diretor e time	Trimestralmente
	4. Análise da possibilidade de inclusão de cargos por demanda.	Diretor	Mensalmente
EFICAZ DIVULGAÇÃO	5. Utilização da plataforma virtual para divulgação da descrição.	Áreas + time de Gestão da Informação	OUT/2010
	6. Formalização, com o time de Gestão de talentos, das necessidades do time.	Áreas + Gestão de Talentos	MAR/2011
	7. Proposta de inversão no fluxo de divulgação dos cargos aos recém-selecionados.	Áreas + Gestão de Talentos e *Marketing*	MAR/2011

4. Considerações finais

Este estudo teve como proposta formalizar algumas ferramentas já utilizadas pela organização Aiesec, assim como apresentar novas propostas que pudessem auxiliar na busca pela excelência no desempenho da empresa. Tais ferramentas foram aplicadas com sucesso, pois, por meio da vasta literatura disponível que aborda a engenharia da qualidade como tema, pôde-se apresentar um conteúdo sólido para a alta gestão da organização, assim como outras ferramentas que podem vir a ser implementadas no futuro.

Esse sucesso ocorreu devido ao grande empenho dos gestores em conhecerem as ferramentas propostas e, com elas, alinharem as perspectivas que a organização tinha com a sustentabilidade de seu crescimento.

Com isso, foi possível propor a utilização do diagrama de Ishikawa para a delimitação dos problemas-chave que a organização encontrou e associá-lo ao ciclo PDCA para a manutenção contínua do sistema de gestão.

Essa formalização possivelmente traga resultados positivos não apenas na gestão atual, mas também nas seguintes, pois assim se inicia o desenvolvimento de um histórico em relação às decisões tomadas. Esse histórico é muito importante, tendo em vista a alta rotatividade do corpo executivo e, portanto, a massiva quantidade de informação organizacional gerada em cada ciclo, principalmente em termos de decisões estratégicas.

Outro ponto positivo que deve ser enunciado como resultado desse trabalho é o fomento da busca por novas perspectivas. A apresentação das ferramentas de gestão possibilitou demonstrar que a inserção da organização dentro das dependências da universidade só facilita essa busca, que literalmente circunda a empresa com suas facilidades e está presente no cotidiano dos seus membros.

Fonte: Adaptado de Chiroli; Giroto; Pappa, 2011.

Síntese

Este capítulo apresentou uma contextualização histórica dos sistemas de gestão da qualidade, objetivando que você compreenda o que eles representam para as empresas. Para a análise de tais sistemas, recorremos a alguns dos principais autores relacionados à área da qualidade.

O primeiro autor estudado foi Taylor. Embora para muitos estudiosos ele não tenha contribuído para a área de qualidade, foi ele quem deu o pontapé inicial para se compreender a variabilidade existente nos processos industriais. Posteriormente, isso possibilitou que grandes autores, ou gurus da qualidade, desenvolvessem inúmeras metodologias de gestão direcionadas à melhoria da qualidade.

Os teóricos de destaque trabalhados no capítulo foram: Shewhart, Deming, Juran, Feigenbaum e Crosby. No entanto, eles são apenas alguns entre tantos outros que disseminaram pelo mundo dos negócios a importância fundamental da gestão da qualidade. Atualmente, buscar a qualidade é uma necessidade ímpar para as empresas, a fim de que sobrevivam neste mar competitivo no qual, muitas vezes, por estarem despreparadas, elas afundam, deixando morrer o que no início era um sonho de sucesso.

Questões para revisão

1 Por que o conceito de qualidade é complexo e abrangente?

2 O que é um processo? Por que é preciso compreendê-lo para inserir a qualidade na empresa?

3 As contribuições para a área da qualidade foram disseminadas por vários gurus, dos quais, um dos mais importantes foi Deming, que definiu os 14 princípios que servem como uma filosofia completa

Contextualização histórica dos sistemas de gestão da qualidade

de gestão e um modelo a ser aplicado a qualquer tamanho ou tipo de organização. Assinale a seguir a alternativa que **não** faz parte da filosofia desse guru:

a Adotar uma nova filosofia, pois não mais é possível conviver com níveis comumente aceitos de atraso, bem como com erros e defeitos de fabricação.

b Instituir liderança, métodos modernos de supervisão dos trabalhadores da produção, pois isso motiva os colaboradores na busca da melhoria contínua.

c Adotar metas numéricas, cartazes e *slogans* que forcem a organização a novos níveis de produtividade.

d Criar uma estrutura de gestão que engaje todos no processo de realizar a transformação, pois a qualidade é competência de todos. Assim, os colaboradores em conjunto podem desenvolver uma melhoria contínua da rotina da empresa.

e Quebrar as barreiras entre os departamentos.

4 Assinale (V) para as asserções verdadeiras e (F) para as falsas:

( ) Juran desenvolveu um dos mais importantes métodos para a indústria na contemporaneidade: o estudo de tempos e movimentos com foco na melhoria da produtividade.

( ) Deming disseminou os conceitos de qualidade no Japão e foi quem apresentou a importância do uso do ciclo PDCA para o planejamento da qualidade.

( ) A ISO 9000 é uma metodologia de gestão voltada para promover padrões internacionais de qualidade.

( ) Os quatro absolutos de qualidade definidos por Crosby focam que: a qualidade é a conformidade com os requisitos dos clientes; o sistema de qualidade vem da correção; o padrão de desempenho é "zero defeito"; a medição da qualidade é definida pelo custo da conformidade.

A seguir, indique a alternativa que apresenta a sequência correta:

a V, V, F, F.

b F, F, V, V.

c V, F, V, F.

d F, V, V, F.

e V, V, V, F.

5 A globalização da economia acarretou inúmeras consequências sentidas por países, regiões, organizações e pessoas. Assinale a seguir a alternativa que apresenta uma das maiores influências da globalização:

a O ingresso de um número maior de concorrentes no mercado, exigindo das empresas dos mais diversos setores novas formas de gestão para atingir os resultados esperados.

b A alta valorização de moedas locais de países desenvolvidos e em desenvolvimento.

c A exploração maciça das riquezas naturais e sociais dos países.

Contextualização histórica dos sistemas de gestão da qualidade

d A influência das crenças e dos valores de famílias e empresas, que permitiram a abertura de novos mercados, fortemente influenciados pelas multinacionais.

e A definição de cargos e funções dentro das organizações, possibilitando, desse modo, a melhoria da qualidade.

Questões para reflexão

1 Na rotina de seu trabalho, você pensa sobre qualidade?

2 Quais conceitos e definições de qualidade você assegura às ações que realiza?

3 Quais são as suas contribuições para a qualidade na empresa em que você trabalha?

Para saber mais

Para melhor compreender o processo evolutivo da gestão da qualidade, é interessante realizar a leitura do seguinte texto:

GOMES, P. J. P. A evolução do conceito de qualidade: dos bens manufacturados aos serviços de informação. **Cadernos BAD**, n. 2, p. 6-18, 2004. Disponível em: <http://eprints.rclis.org/10401/>. Acesso em: 24 mar. 2016.

2

Estrutura de um sistema de gestão da qualidade

Conteúdos do capítulo:

- Gestão e estruturação do sistema de gestão da qualidade.
- Ciência da qualidade.
- Atuação na *performance* com enfoque na melhoria organizacional.
- Meios de controle da qualidade.

Após o estudo deste capítulo, você será capaz de:

1. compreender o que é gestão estratégica da qualidade e sua importância na arte de fazer negócios;
2. entender como se estrutura um sistema de gestão da qualidade;
3. desenvolver a lógica de identificar e utilizar mecanismos para avaliar um sistema de gestão da qualidade.

Estrutura de um sistema de gestão da qualidade

Há pouco tempo, muitas empresas, ao analisarem seus relatórios de gestão, inseriam em seus planejamentos futuros a gestão da qualidade como um diferencial de mercado. Em tempos atuais, a empresa que não tem um modelo de gestão da qualidade tende a desaparecer com o passar dos anos.

Desse modo, assim como os Estados Unidos precisaram utilizar e estabelecer melhorias para aprimorar o desempenho de suas empresas ante o Japão, as organizações de todo o mundo, em tempos recentes, devem adotar a gestão da qualidade como uma ferramenta estratégica de vantagem competitiva. Nesse contexto, ela está inserida na gestão estratégica da qualidade.

Este capítulo aborda, portanto, o contexto estratégico da qualidade, bem como a implantação estrutural de um sistema de gestão da qualidade.

2.1 Gestão estratégica da qualidade

O termo *estratégia* se origina principalmente da arte militar de direcionar ações de planejamento para vencer os inimigos, explorando, para isso, condições favoráveis.

No contexto dos negócios, recorre-se à estratégia para ganhar o mercado competitivo. Assim, a gestão estratégica da qualidade é uma arma de combate que explora as potencialidades da organização perante as fraquezas dos concorrentes em busca do fortalecimento da competitividade e da rentabilidade da empresa.

É importante enfatizarmos que a gestão estratégica da qualidade é a gestão da qualidade total, a qual congrega elementos de visão e planejamento estratégico das organizações no gerenciamento global dos negócios, com vistas às oportunidades diante da concorrência e à satisfação total do cliente (Garvin, 1992). Campos (2004) alega que, sob o ponto de vista de uma empresa, o *Total Quality Control* (TQC) apresenta apenas um objetivo: a satisfação das necessidades das pessoas. Portanto, se este é tomado como premissa, consegue-se atingir tanto os colaboradores (empregados) e os clientes quanto os acionistas e a sociedade. No Quadro 2.1, apresentamos de forma sucinta o principal objetivo de uma empresa.

Quadro 2.1 – Componentes da qualidade total

		Dimensões da qualidade total	Pessoas atingidas
Total Quality Control (a busca pela satisfação das necessidades das pessoas)	Qualidade	Produto/Serviço Rotina	Cliente, sociedade
	Custo	Custo Preço	Cliente, acionista, colaborador, sociedade
	Entrega	Prazo certo Local certo Quantidade certa	Cliente
	Moral	Colaboradores	Colaborador
	Segurança	Colaboradores Usuários Sociedade	Colaboradores, cliente e sociedade

Fonte: Adaptado de Campos, 2004, p. 14.

Essas dimensões da qualidade servem como base para a definição de metas e indicadores da qualidade na empresa. De modo a satisfazer o cliente, a gestão estratégica da qualidade demanda que objetivos e metas sejam orientados para os objetivos estratégicos do negócio, inseridos em um enfoque sistêmico, com valores e princípios, liderança inovadora

Estrutura de um sistema de gestão da qualidade

e desenvolvimento organizacional, além de melhoria contínua de seus processos, produtos, serviços e relacionamentos para cumprir as metas definidas (Paladini, 2009; Juran, 2009).

Para alcançar todos esses elementos demandados, é fundamental que a empresa tenha uma estrutura de planejamento da qualidade que permita compreender as características de um produto. Afinal, "um produto é o resultado de um processo" (Juran, 2009, p. 5), e dentro de um sistema os processos devem atender à qualidade almejada pelo cliente. Para tal, eles necessitam ser integrados, eficientes e eficazes. Assim, o planejamento estratégico da qualidade visa remover os gargalos nos processos e nas atividades que não agregam valor para o cliente, de modo a possibilitar a execução das atividades com perfeição (Carpinetti, 2010) e manter a prática do controle.

A fim de estruturar um sistema de gestão da qualidade, é preciso, então, compreender o cliente, suas necessidades, as características dos produtos que atendam a tais necessidades, estudar os processos e os meios de controle e, enfim, delinear tudo o que a empresa deseja a fim de alcançar tais objetivos.

O gestor precisa verificar se todos na organização trabalham com o mesmo objetivo, se os processos são integrados, eficientes e eficazes. Assim, o *start* da estruturação da gestão da qualidade é mapear todas as variáveis dentro desse ambiente tão complexo que é uma organização, interagir com os colaboradores, compreender os processos, identificar os mais importantes, mensurar, avaliar e possibilitar melhorias. Desse modo, a empresa deve ser organizada e hierarquizada, para que nela sejam desenvolvidas estratégias que permitam uma gestão saudável.

Nesse âmbito, pode-se utilizar as certificações da qualidade na estruturação da gestão estratégica da qualidade.

Certamente, esse processo estratégico não acontece do dia para a noite; é necessário tempo e determinação para conduzir as mudanças, bem como dispor de líderes com disponibilidade para capacitar e ajudar o grupo de trabalho, visando ao envolvimento de todas as pessoas e acompanhando os resultados, pois gerenciar é, metaforicamente, um jogo de futebol, em que, para saber quem está vencendo ou perdendo, basta olhar para o placar – isto é, trabalhar com métricas de referência (indicadores).

2.2 O pontapé inicial: estruturar o sistema de gestão

Acreditamos que, por mais que o planejamento estratégico esteja direcionado para o cliente, de nada adianta o funcionário de chão de fábrica ou o supervisor de produção desejar inserir estratégias para melhorar a qualidade, pois essa é uma ação que deve partir de cima, ou seja, da alta gerência, e ser disseminada à organização como um todo.

Do mesmo modo, a implantação da gestão estratégica da qualidade não parte apenas da vontade do gerente, mas sim do comprometimento da alta direção, que fornece subsídios para que todos possam contribuir com essa mudança cultural dentro da organização. Outro ponto muito importante é o uso do *benchmarking*.

Segundo a American Society for Quality Control (ASQ, 2016), o *benchmarking* é um processo de medição e comparação de produtos, serviços e processos de empresas modelos ou líderes em algum aspecto de sua operação. Essa comparação permite ao gestor identificar algumas necessidades da organização ou mesmo assimilar ideias a serem debatidas e transformadas em ações. Dessa forma, o *benchmarking* auxilia na obtenção de informações e no empreendimento de ações destinadas à melhoria do desempenho de uma organização.

Estrutura de um sistema de gestão da qualidade

A alta gerência, ao almejar esse modelo de gestão, deve se organizar para isso. Para delinear seu comprometimento, é importante elaborá-lo considerando os fatores descritos por Campos (1992, p. 178):

1. Defina a situação atual da empresa em relação à sua competitividade internacional. Responda concretamente e se possível por meio de números as razões que impedem a empresa de ser mais competitiva (Custo? Qualidade? etc.).
2. Estabeleça "metas de sobrevivência".
3. Estabeleça estratégias para atingir estas metas.
4. Estabeleça o comitê de implantação do Planejamento Estratégico de Qualidade ou Controle da Qualidade Total.
5. Nomeie o coordenador do Planejamento Estratégico de Qualidade ou Controle da Qualidade Total.

O primeiro passo é definir a situação atual, ou seja, identificar como a empresa se apresenta no mercado e os porquês do cenário atual. Para tal, o mapeamento dos problemas é um bom começo. Nesse processo, pode-se utilizar o *brainstorming* como metodologia, de modo a já iniciar o processo de envolvimento das pessoas na busca por melhorias.

Campos (1992) define como metas de sobrevivência um plano que visa garantir a competitividade da empresa por meio de avaliação da concorrência internacional – no caso, das melhores empresas do mundo no segmento em questão.

Para deixar esse plano de metas organizado, a melhor metodologia a ser utilizada é o ciclo PDCA, pois, conforme a própria NBR ISO 9001, da Associação Brasileira de Normas Técnicas (ABNT) destaca, é possível com esse método delinear os passos a serem seguidos para o alcance das metas. Nesse planejamento estratégico, há necessidade de se definir as diretrizes da qualidade.

Uma diretriz nada mais é que um procedimento ou plano para se alcançar um resultado. Assim, uma diretriz da qualidade apresenta o estabelecimento de metas de qualidade e um caminho a ser seguido para se atingir essas metas. Também é importante ter bem definidas as ações a serem tomadas, os objetivos das metas, as responsabilidades, os prazos, além da forma como as ações devem ser realizadas, tudo de modo claro e organizado – o 5W1H é um bom método para isso.

Para cada ação, é necessário especificar os itens, conforme apresentamos no Quadro 2.2.

Quadro 2.2 – Plano de ação 5W1H

What?	O que será feito?
When?	Quando será feito?
Where?	Onde será feito?
Why?	Por que será feito?
Who?	Quem o fará?
How?	Como será realizado?

Fonte: Rossato, 1996, p. 47.

Segundo a NBR ISO 9001 (ABNT, 2008), a alta direção deve evidenciar o seu comprometimento em relação à implementação de um sistema de gestão da qualidade com foco na melhoria contínua. Isso deve ocorrer por meio de treinamentos e comunicados a todos os *stakeholders* da empresa, bem como pelo estabelecimento de uma política que assegure a estrutura e o atingimento dos objetivos de qualidade.

Estrutura de um sistema de gestão da qualidade

Para saber mais

O termo *stakeholder* representa qualquer pessoa ou organização que tenha interesse em um projeto, ou que seja afetado por ele. Essa palavra é derivada da junção de *stake* + *holder*, conforme segue:
Stake: interesse, participação, risco.
Holder: aquele que possui.

Outro ponto importante nesse processo é a organização da equipe de trabalho. É preciso criar conselhos ou comitês de implantação da gestão estratégica da qualidade, uma vez que são essenciais para o sucesso dessa implantação. O conselho tem por função supervisionar a manutenção da gestão da qualidade dentro da organização.

Esse conselho geralmente é composto pela diretoria executiva. Certamente, quando a empresa é muito grande, pode-se estabelecer vários conselhos integrados a fim de que se tenha uma infraestrutura consolidada.

Após a delineação dessa estrutura, é preciso formalizar a política da qualidade da organização, pois se trata de um guia para a ação gerencial.

2.3 Política da qualidade

A política da qualidade é um guia para a ação gerencial, pois permite o direcionamento e o comprometimento da empresa quanto à qualidade, garantindo-a de modo a atender ou superar as expectativas dos clientes. A política da qualidade publicada pela organização deve exprimir o foco na melhoria da qualidade. Para Juran (2009), algumas dessas declarações devem incluir referências específicas aos clientes internos, refletindo todas as fases do negócio.

Então, é possível afirmarmos que a política da qualidade representa o entusiasmo, a força que move a empresa e que faz todos os *stakeholders* estarem comprometidos em atender às necessidades dos clientes, bem como em conquistar melhorias.

Porém, como se estabelece a política da qualidade na empresa? Ela deve ser implantada com base em sua missão, que é a razão da existência da organização. É necessário avaliar as metas de qualidade, com a identificação dos clientes, tanto internos como externos, por meio de uma lista.

O primeiro fator para o estabelecimento de uma política da qualidade é o foco no cliente – ele sempre está em primeiro lugar. O segundo fator é a identificação dos responsáveis pela garantia da qualidade dos serviços; assim, a motivação e a valorização dos colaboradores são de fundamental importância. O terceiro fator é a necessidade de inovações e tecnologias, o que exige investimento em padrões de excelência. O quarto fator é o relacionamento com os fornecedores, pois eles são o *start* inicial para se obter a qualidade. Por fim, não se pode deixar de lado a preocupação com a sustentabilidade ambiental, pois as relações devem estar voltadas para a preservação do meio ambiente. Tais ideias estão apresentadas na Figura 2.1, a seguir.

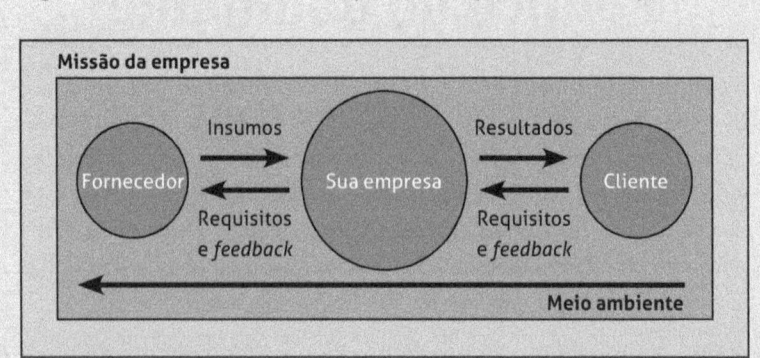

Figura 2.1 – Relacionamentos da política da qualidade na empresa

Missão da empresa

Fornecedor →(Insumos)→ Sua empresa →(Resultados)→ Cliente
Fornecedor ←(Requisitos e *feedback*)← Sua empresa ←(Requisitos e *feedback*)← Cliente

Meio ambiente

Estrutura de um sistema de gestão da qualidade

Alguns exemplos de políticas da qualidade de algumas empresas:

1 Criar, de forma constante, um relacionamento duradouro com os clientes e parceiros, por meio de um contínuo aperfeiçoamento humano e tecnológico.

2 Atender às expectativas e às necessidades dos clientes, priorizando a qualidade dos produtos e o atendimento de excelência.

3 Tratar o cliente respeitando sua individualidade, estreitando o relacionamento com ele por meio da segmentação, percebida como referência de desempenho e eficiência.

4 Ter liderança atuante, empenhada no desenvolvimento e na implementação do sistema de gestão da qualidade, no atendimento aos seus requisitos e em sua melhoria contínua.

5 Ser pioneira em tecnologia, desenvolvendo meios eficientes para alcançar o cliente, e processar operações de maneira segura e ininterrupta, investindo constantemente em inovações e no desenvolvimento de novos produtos e serviços.

6 Empreender ações de caráter sustentável, enfatizando a conduta ética, o bem-estar de seus colaboradores, o desenvolvimento social e o respeito ao meio ambiente.

7 Desenvolver ações continuamente, a fim de capacitar seus colaboradores, entendendo que o crescimento pessoal e profissional mais a eficácia organizacional refletem diretamente na qualidade dos produtos e serviços, proporcionando também um ambiente favorável ao trabalho em equipe.

8 Consolidar as relações com os clientes, fornecedores e pessoal, tornando-os parceiros da qualidade.

9 Promover o respeito ao meio ambiente, atendendo à legislação, maximizando o aproveitamento de resíduos e minimizando os impactos ambientais.

Um fator de extrema importância é a atenção dos conselhos da qualidade da organização com relação à política traçada, verificando continuamente se a política da qualidade exprime realmente o que a empresa almeja. Caso seja considerada ultrapassada, essa política deve ser revisada.

2.4 Metas estratégicas da qualidade

No contexto pessoal, principalmente ao se aproximar o Ano Novo, muitas pessoas começam a fazer planos para o ano vindouro, na expectativa de cumpri-los, atingindo as expectativas determinadas. No entanto, é comum perceber que, ao cabo desse ano em questão, muitas das metas traçadas não foram alcançadas. Isso já aconteceu com você? Você já parou para pensar sobre as metas que traçou para sua vida? Com relação às empresas, você acredita que esse movimento seja diferente?

Quando se deseja fazer qualidade, a meta deve ser muito clara e específica. Os princípios são os mesmos aplicados às promessas de fim de ano: "Ano que vem, vou emagrecer, entrar na academia...". Isso não é meta; é **objetivo**, ou seja, é a descrição daquilo que se pretende alcançar.

É muito comum que pessoas e empresas encarem os objetivos como metas. No entanto, tais objetivos são difíceis de serem alcançados, pois acabam se tornando metas abertas. O resultado, certamente, será insatisfatório.

Estrutura de um sistema de gestão da qualidade

Meta, por sua vez, é a definição em termos quantitativos e com um prazo determinado. Ou seja, a meta é específica! Se uma pessoa tem por objetivo perder peso, sua meta deve ser apresentada considerando a quantidade de quilos que ela deseja perder em um dado período de tempo (por exemplo, perder cinco quilos em três meses).

Outra definição para o conceito de meta pode ser "resultados esperados", ao passo que os meios são "direções para atingir a meta" (Akao, 1997). Como os meios mostram a direção, então é possível conhecer os passos específicos para atingir a meta, podendo-se determinar um plano de ação com um cronograma.

No domínio empresarial, a forma de definição de metas e objetivos é a mesma. Por exemplo: uma empresa pretende diminuir o consumo de lenha para a produção de energia das máquinas. Sua meta seria reduzir o consumo de lenha em 5% no primeiro trimestre do ano.

Um fator essencial na definição de metas estratégicas de qualidade é a inserção de metas de qualidade no planejamento estratégico de negócios, pois isso possibilita um grande envolvimento das pessoas em todos os níveis da empresa. O ideal das metas de qualidade é estabelecer níveis que superem as expectativas dos clientes. Geralmente, metas são estabelecidas com base nas análises de resultados de períodos anteriores, e os meios para as metas serem alcançadas nem sempre são conhecidos *a priori*.

Segundo Kaplan e Norton (1997, p. 15):

o processo gerencial de planejamento e estabelecimento de metas permite à empresa:
- quantificar o que se deseja no longo prazo;
- estabelecer ações e disponibilizar os recursos a fim de alcançar as metas;
- ter metas de referência em curto prazo, a fim de desenvolver melhorias ao longo do processo, bem como de estabelecer medidas financeiras e não financeiras.

Por exemplo: uma empresa no setor de eletrodomésticos identifica um elevado número de reclamações de clientes devido a defeitos em seus produtos. Com base nessa estatística, ela define como meta para os dois anos seguintes a redução da quantidade de defeitos dos produtos em 90%. Tal meta envolve um estudo aprofundado do problema, necessitando do envolvimento de um grande número de pessoas, atividades amplas e multifuncionais.

Juran (1992) evidencia algumas das metas de qualidade, a depender da característica e especificidade da empresa. As seguintes metas são muito aplicadas:

Desempenho do produto – Meta diretamente relacionada à resposta das necessidades do cliente; tem impacto sobre as vendas.

Competitividade em qualidade – Meta de economia baseada no mercado competitivo.

Melhoramento da qualidade – Conduz à redução dos fatores que impedem a escolha do produto pelo consumidor.

Redução do custo da má qualidade – Especificam-se aqui metas tanto internas, de processo, como externas, de retorno do produto (ou *recall*).

Desempenho de macroprocessos – Meta de desempenho de processos importantes e multifuncionais por natureza, por exemplo: lançamento de novas tecnologias, de novos produtos etc. Por essa meta ser muito ampla e, por vezes, dificultar a atribuição de responsabilidades, há a necessidade de realizar o desdobramento das metas de qualidade.

O desdobramento de metas de qualidade nada mais é que a subdivisão das metas para outros níveis da empresa, o que possibilita identificar todas as ações a serem cumpridas até que o objetivo de cada meta seja alcançado,

Estrutura de um sistema de gestão da qualidade

bem como fique clara a atribuição de responsabilidades pelas ações e se tenha uma resposta aos níveis mais altos da organização.

Assim, esse desdobramento permite que as metas da alta direção sejam conduzidas e alcançadas em cada unidade de negócio da empresa. Como exemplo para isso, citamos o que ocorre nas instituições bancárias. A Figura 2.2, a seguir, ilustra bem a hierarquia em tais instituições.

Figura 2.2 – Hierarquia de uma instituição bancária

```
Presidência
    │
Diretoria
    │
Superintendência
    │
Gerente de agência
    │
Gerente de contas
```

Por exemplo: a presidência, ao analisar os resultados juntamente com a diretoria, define que a instituição deve crescer 5% no ano seguinte, e, para tal, o foco se volta para a abertura de conta corrente de pessoa física.

Supondo que essa instituição possua atualmente 20 milhões de contas, ela define como meta para o ano seguinte a abertura de um milhão de contas correntes em 12 meses, numa média de 83 mil novas contas ao mês.

A diretoria, então, passa essa meta para os superintendentes – no exemplo citado, existe um superintendente para cada região: uma superintendência para a Região Centro-Oeste, outra para a Região Nordeste, outra para a Região Norte, outra para a Região Sul e, por fim, uma para a Região Sudeste, conforme indica a Figura 2.3.

Figura 2.3 – Divisão regional do Brasil

Fonte: Francisco, 2016.

Estrutura de um sistema de gestão da qualidade

No entanto, ao se observar a quantidade de clientes de cada região e o potencial de possíveis aberturas de contas, é possível verificar uma diferença significativa do número de clientes por região, conforme indica a Tabela 2.1.

Tabela 2.1 – Número de clientes por região

Região	Número de clientes
Norte	1.500.000
Nordeste	3.500.000
Centro-Oeste	2.500.000
Sudeste	8.000.000
Sul	4.500.000

Com base na análise do número de clientes por região, a alta direção pode definir que o desdobramento das metas não deve ser nivelado, ou seja, aplica-se para algumas regiões uma meta menor do que para outras. Essa aplicação ocorre graças à análise do cenário de cada região e dos possíveis clientes potenciais, ficando as metas assim definidas: 4% para a Região Centro-Oeste, 3% para a Região Nordeste, 10% para a Região Norte, 4% para a Região Sul e 6% para a Região Sudeste.

Logo, a superintendência de cada região estabelece as metas para os gerentes de agência, os quais são responsáveis pelo bom desempenho da equipe, assumindo a responsabilidade de motivá-la de modo que seus integrantes possam cumprir com as metas estabelecidas pela alta direção.

Na análise das metas da superintendência ocorre também um desdobramento a fim de alcançar a meta da direção. No entanto, é muito comum que o superintendente, ou gerente, estabeleça uma meta maior para as agências ou para os gerentes de contas, com o objetivo de garantir o cumprimento das metas repassadas a ele – sendo, assim, tido como líder desafiador. Mas uma coisa deve ser clara: as metas provenientes da alta administração têm prioridade sobre as metas do gerente, e devem ser cumpridas.

Mediante o desdobramento das metas e das ações tomadas para o alcance dos resultados, deve-se avaliar o resultado do trabalho. Para isso, o uso de indicadores é o melhor caminho a seguir, conforme será apresentado na seção a seguir.

2.5 Sistema de medição de desempenho

Um engenheiro líder bem preparado consegue obter e manter a qualidade. Para demonstrar o resultado de seu trabalho, ele precisa medi-lo. Isso equivale a dizer que a única forma de demonstrar resultado é mensurando. Retomando o que dissemos na apresentação deste livro, nenhum empresário mantém um engenheiro em sua empresa se ele não der resultados. Desse modo, é essencial provar por meio de estatísticas o resultado do trabalho, sendo necessário medir a qualidade em todas as etapas do planejamento. Essa mensuração deve ser iniciada já na avaliação dos fornecedores e terminar na análise da satisfação dos clientes.

É certo dizer que dentro do setor de qualidade deve haver um sistema de medição da qualidade por meio do uso de indicadores, os quais medem diretamente os desempenhos relacionados às necessidades e à satisfação dos clientes.

Desse modo, os indicadores permitem um maior envolvimento dos *stakeholders*, disponibilizando para todos as informações relacionadas ao andamento do negócio. Além disso, por meio de tais indicadores, é possível identificar se os processos-chave de sucesso da organização estão coerentes com as metas e os objetivos traçados.

Estrutura de um sistema de gestão da qualidade

Logo, faz-se necessário visualizar de forma clara e objetiva a existência de alguns problemas e pontos específicos a serem trabalhados, para, assim, se aplicar a tão almejada melhoria contínua – a qual só é capaz de ocorrer em virtude dos resultados obtidos pelos indicadores. Graças a eles, torna-se possível avaliar situações-problema, internalizando as necessidades e expectativas dos clientes, bem como conduzir planejamentos, definir melhorias, estabelecer e desdobrar metas, além de analisar melhor tais situações. Essa análise de panorama permite um embasamento mais adequado para a tomada de decisões, possibilitando, assim, a melhor alocação de recursos e, como consequência, a melhoria da qualidade oferecida aos clientes, tanto internos quanto externos.

A fim de descobrir se um indicador é bom, primeiro ele deve identificar a situação-chave que está avaliando, além de apresentar algumas características que o tornam mais fácil de ser compreendido. Essas características são:

- **ser objetivo**: deve expressar claramente o que se está avaliando, de forma muito simples e direta;
- **ser simples**: deve ser passível de ser compreendido e apresentar facilidade para coletar, analisar e calcular os dados;
- **ser válido**: deve cumprir com o objetivo de identificar pontos de melhorias, pois um indicador não tem valor algum se não provar sua funcionalidade;
- **ser sensível**: deve ser capaz de identificar todos problemas existentes;
- **ser acessível**: deve ser fácil, pois a dificuldade de ser calculado, gerando uma necessidade de utilização de mecanismos complexos, inviabiliza a sua execução;
- **ser disponível**: deve estar atualizado, pois informações atrasadas não servem, tendo em vista que o problema já aconteceu.

Portanto, os indicadores de desempenho versam sobre uma representação objetiva de uma dada característica do negócio (processo, ação, organização etc.) que necessita de apreciação com o objetivo de avaliar e melhorar seu desempenho.

Não é possível apresentarmos uma definição precisa para o que vem a ser *medição de desempenho*, uma vez que esse tema é abordado por uma série de autores, entre os quais destacamos Deming (1990), Campos (1992), Kaplan e Norton (1997), Neely (1998), Carpinetti (2010), Corrêa e Corrêa (2009), entre outros.

Porém, podemos dizer que esse sistema de medição "permite a observação das decisões e ações com base em informações, quantificando a eficiência e a eficácia das ações passadas por meio da coleta, exame, classificação, interpretação e análise dos dados adequados" (Neely, 1998, p. 5).

A **eficiência** pode ser entendida como o desempenho interno de produtividade da organização, bem como por quão bem os recursos são utilizados (Chiroli, 2011). Trata-se de um fator de produtividade e, por isso, pode ser medido considerando os insumos utilizados como entradas e os resultados do processo de transformação como saídas – por exemplo, quantidade de produtos acabados ou de clientes atendidos (Chiroli, 2011). Isto é, a eficiência pode ser medida considerando-se a relação entre os recursos alcançados (*outputs*, ou saídas de um processo – por exemplo: um produto) e os recursos utilizados (*inputs*, ou recursos utilizados em um processo – por exemplo: matéria-prima), conforme demonstra a equação a seguir:

$$\text{Eficiência} = \frac{\sum outputs}{\sum inputs} \qquad (1)$$

Por eficiência, ainda, entende-se "a capacidade de selecionar e usar os meios efetivos e de menor desperdício a fim de realizar uma tarefa ou um propósito. É a relação entre os custos e os produtos obtidos" (CNM, 2008, p. 22). Indica ser competente, de modo a produzir resultados com dispêndio mínimo de recursos e esforços (Marinho; Façanha, 2001).

Estrutura de um sistema de gestão da qualidade

Com relação à **eficácia**, esta pode ser medida por meio dos resultados alcançados pela organização ante o que foi planejado, refletindo a qualidade e a adaptabilidade dos produtos e serviços, ou ainda por quão bem as expectativas do cliente estão sendo atendidas perante seus requisitos (Silva, 2007). Ou seja, a eficácia descreve a importância em alcançar objetivos e metas.

Chiavenato (2007) apresenta alguns exemplos muito práticos para compreendermos a diferença entre *eficiência* e *eficácia*: *eficiência* é ir à igreja, ao passo que *eficácia* é praticar os valores religiosos; *eficiência* é jogar futebol com arte, enquanto *eficácia* é ganhar o jogo.

Já a *efetividade* é conceituada como a capacidade de se promover resultados pretendidos (Marinho; Façanha, 2001). Trata-se de uma verdadeira contribuição em termos de resultados ao alcance da finalidade de uma intervenção ou do impacto de desenvolvimento esperado. Pode estar relacionada aos objetivos que se pretendem atingir, ao melhoramento de um processo e àquilo que realmente é alcançado no momento de seu funcionamento.

"A medição de desempenho não é um fim, mas um meio de se gerenciar o desempenho de um produto, de uma atividade ou de uma organização como um todo" (Carpinetti, 2010, p. 199). Faz parte de um processo cíclico de avaliação e melhoria de desempenho de produtos e processos de uma organização, em que a tomada de decisão e ação depende dos níveis de desempenho quantificados.

Carpinetti (2010) ainda explica que a prática de medição de desempenho tornou-se um instrumento importante para o alinhamento estratégico, bem como para identificar os pontos críticos de sucesso, os quais comprometem o desempenho do processo e são fontes para estudos de ações de melhoria, além de servir de parâmetro de comparação da qualidade tanto entre empresas como entre setores de uma organização.

Desse modo, a medição de desempenho pode ser vista em diferentes estágios dentro de uma organização. Pode-se considerar uma medida de desempenho sob o aspecto individual – caso em que tal medida é rotineiramente chamada, em muitas empresas, de *indicador de desempenho*. Ainda, há medidas de desempenho congregadas, as quais conjugam um sistema de medição de desempenho. É importante que haja a interação desse sistema com o ambiente organizacional, tanto interno quanto externo, de um sistema de operações, pois possibilita ao tomador de decisões uma melhor compreensão de como está a empresa, a fim de identificar meios para melhorá-la (Neely; Gregory; Platts, 1995).

Vale destacarmos que um indicador pode ser definido por um conjunto de variáveis, as quais podem estar inseridas nas cinco dimensões da qualidade: custo, entrega, moral, segurança e qualidade. No entanto, as variáveis não são objeto de gestão e não tornam possível a sua mensuração como indicador. Sendo assim, ao se estudar as variáveis existentes em um banco de dados, devem ser analisadas as relações entre elas, de modo a identificar tanto o problema quanto os meios para manter o controle ante tal problema. As variáveis podem ser tanto qualitativas quanto quantitativas. Por isso, é necessário observar a não trivialidade dos dados, com o intuito de estabelecer indicadores que permitam um resultado eficiente e eficaz para quem os utiliza.

Quando abordamos a utilização do indicador, fazemos referência à existência de diferentes tipos de indicadores. Para uma empresa manufatureira, por exemplo, os indicadores mais importantes podem ser os de gestão e desempenho; para uma organização do setor público, podem-se destacar os indicadores sociais, de saúde, de mobilidade etc.

Existem também os indicadores de conformidade operacional, de conformidade legal etc., que ocorrem, por exemplo, em empresas que têm a certificação ISO 14001 (ABNT, 2004), as quais usam indicadores definidos nos documentos legais e que demonstram a conformidade da empresa em relação à legislação.

Dos diversos tipos de indicadores que uma empresa pode utilizar, estão: de qualidade, de produtividade, de capacidade, financeiros, ambientais,

Estrutura de um sistema de gestão da qualidade

sociais etc. Eles podem ser tanto quantitativos (tangíveis) como qualitativos (intangíveis), sendo os quantitativos definidos por medidas diretas, como o custo total e o número de entregas realizadas dentro do prazo, ao passo que os qualitativos definem-se por medidas indiretas, atribuídas, por exemplo, pela capacidade e pelo renome dos serviços prestados aos clientes. Tais medidas de desempenho fornecem informações indispensáveis para processos de melhoria contínua nas empresas, em virtude de serem ferramentas de análise crítica utilizadas pela alta direção e pelos demais níveis hierárquicos da empresa.

É necessário destacarmos que as medidas de desempenho devem ser elaboradas com base nas ações que permitam avaliar a satisfação dos *stakeholders*, razão por que precisam ser claras, úteis, simples e fáceis de serem implantadas.

Outro ponto importante a ser abordado é que, muitas vezes, quando uma empresa substitui um gestor ou um líder de um setor, este traz em sua bagagem de conhecimento medidas de desempenho que foram extremamente úteis às empresas para as quais trabalhou no passado. No entanto, deve-se avaliar os objetivos decorrentes de cada indicador, pois para objetivos diversos são necessários indicadores particulares. Desse modo, as medidas de desempenho devem acompanhar a estratégia definida pela organização, devendo ser aprimoradas ou substituídas sempre que necessário (Neely, 1998).

Nesse enfoque, alguns passos são importantes para a definição de um sistema de medição de desempenho:

1 definição clara dos conceitos de medição de desempenho;

2 definição dos requisitos de qualidade dos clientes;

3 avaliação dos processos, compreendendo os diferenciais entre eficiência e eficácia;

4 mapeamento do processo;

5 definição das medidas de desempenho;

6 detalhamento das medidas de desempenho;

7 procedimentos padrões para coleta de dados;

8 inserção dessas informações em planilha ou sistema de informações;

9 avaliação das medidas de desempenho;

10 inserção em relatórios para tomada de decisão;

11 revisão do sistema de medição com foco na melhoria contínua.

O uso de tecnologia de informação permite uma análise mais rápida dos indicadores, facilitando a integração no ambiente de trabalho e assegurando o sucesso competitivo, pois permite uma melhor operação entre os processos interfuncionais, bem como a diminuição da distância da informação entre clientes e fornecedores, favorecendo a gestão da cadeia de suprimentos e, assim, garantindo melhorias em qualidade, custo e tempo de resposta, escala global, inovação e conhecimento.

Sendo assim, a tecnologia de informação facilita o uso dos dados coletados, permitindo maior agilidade na avaliação do desempenho diário, semanal ou mensal. Esses dados podem ser inseridos em figuras gráficas, o que permite ainda maior facilidade de entendimento das práticas realizadas pela empresa. Nessa avaliação, também é importante que esteja visível a meta estipulada para cada indicador, pois assim os interessados terão maior facilidade de discutir com os responsáveis e de agir a fim de conduzir um melhor posicionamento da meta e de melhorar o desempenho organizacional, conforme será apresentado na seção a seguir.

2.6 Melhoria do desempenho organizacional

Quando se fala em melhorar o desempenho organizacional, deve-se considerar a agregação de valor em todas as etapas do processo e o esforço em iniciativas de melhoria. Desse modo, de nada adianta a empresa ter uma série de indicadores se eles não servem para nada, se não permitem melhorar a visão das pessoas em prol do crescimento de todos.

Existem muitos métodos e programas para a melhoria do desempenho organizacional. Entre eles, podemos citar:

- gestão da qualidade total;
- sistema de produção *just in time* (JIT);
- produção enxuta;
- gerenciamento do conhecimento;
- gestão do conhecimento;
- *benchmarking*;
- gerenciamento de custos baseado em atividades;
- reengenharia;
- *learning organization*;
- *balanced scorecard*;
- ISO 9001, entre outros.

Todos esses métodos são conhecidos por terem sido significativamente positivos em muitas organizações. No entanto, em muitas outras o resultado não foi tão bom assim. Mas por que isso acontece?

Isso acontece porque a abordagem de implantação do método nem sempre é feita de forma correta. Mas isso depende, é claro, de cada organização.

Também não adianta ficar trocando o tempo todo de metodologia de gestão, pois se o foco inicial está errado, se a abordagem não convence, certamente outro método não contribuirá com os resultados. Por isso, independentemente do método a ser utilizado, investir no processo de implementação é muitas vezes mais importante do que visar apenas os resultados.

Assim, ao analisar os métodos, é possível perceber que alguns não apresentam foco em resultado, caso do gerenciamento do conhecimento. Já a metodologia do *balanced scorecard* é totalmente direcionada a resultados. No entanto, pode ocorrer de ser utilizado o método de gerenciamento do conhecimento e este contribuir profundamente para os resultados, bem como de ser implementado o *balanced scorecard* e ele não alcançar a obtenção de melhorias de resultados, devido à implementação inadequada.

Desse modo, cabe ao gestor avaliar os objetivos dos métodos e refletir sobre como eles podem melhorar o desempenho organizacional. A seguir, no Quadro 2.3, apresentamos sucintamente alguns dos métodos recém-descritos.

Quadro 2.3 – Síntese dos métodos de desempenho

Gestão da qualidade total	Trata-se de uma estrutura organizacional criada para gerir e garantir a qualidade, os recursos necessários, os procedimentos operacionais e as responsabilidades estabelecidas. Congrega elementos de visão e planejamento estratégico das organizações ao gerenciamento global dos negócios, com vistas às oportunidades diante da concorrência e à satisfação total do cliente (Garvin, 1992).

(continua)

Estrutura de um sistema de gestão da qualidade

(Quadro 2.3 – continuação)

Sistema de produção *just in time* (JIT)	O sistema *just in time* trabalha para produzir de acordo com a demanda, ou seja, somente são realizadas compras de matérias-primas quando realmente há vendas reais. Possui uma estratégia que tem em vista a obtenção da racionalização da produção e, "em termos de utilização de materiais no processo produtivo, significa a peça certa, no momento certo, na quantidade certa e no local certo" (Lara Jr., 1990, p. 102). Dentro desse conceito, Slack, Chambers e Johnston (2002) enfatizam que JIT significa produzir bens e serviços exatamente no momento em que estes são necessários e com qualidade e eficiência, objetivando a redução dos estoques, de modo que os problemas fiquem visíveis e possam ser eliminados.
Produção enxuta	Tem como característica fundamental o aumento da eficiência da produção por meio da eliminação de desperdícios, excluindo atividades que não agregam valor ao produto para o cliente. O objetivo principal do sistema de produção enxuta (ou sistema Toyota de produção – STP) é capacitar as organizações para responder com rapidez às constantes flutuações da demanda do mercado por meio do alcance efetivo das principais dimensões da competitividade: flexibilidade, custo, qualidade, atendimento e inovação (Shingo, 1996).
Gerenciamento do conhecimento	Trata-se do conjunto de processos que administram a criação, a disseminação e a utilização do conhecimento para atingir plenamente os objetivos. "É uma nova confluência entre tecnologia da informação e administração, um novo campo entre estratégia, cultura e os sistemas de informação da organização" (Teixeira Filho, 2000, p. 24).

(Quadro 2.3 – continuação)

Gestão do conhecimento	Refere-se a "um processo de qualidade total, em que as organizações se preocupam com o conhecimento tácito e sua explicitação durante todo o ciclo de negócios, uma vez que disseminar o conhecimento do corpo funcional é fato decisivo na estratégia das organizações. A gestão do conhecimento trata o capital intelectual como um recurso que deve ser administrado" (Colauto; Beuren, 2003, p. 170).
Benchmarking	Esse método, conforme evidenciado anteriormente, visa comparar indicadores específicos da organização, de modo a obter uma perspectiva de seu nível de desempenho. Auxilia na obtenção de informações e no empreendimento de ações destinados a atingir em seu desempenho um nível de excelência.
Gerenciamento de custos baseado em atividades	Refere-se a uma metodologia que visa reduzir as distorções dos custos indiretos. Trata-se de uma técnica que tenciona compreender muito bem o processo de modo a identificar direcionadores de custos. Essa metodologia permite mais proximidade com os custos reais, garantindo um maior planejamento de ações nas atividades que não atendem aos princípios de eficiência e eficácia.
Reengenharia	É uma metodologia que procura estabelecer uma nova abordagem de processos por meio de novas tecnologias, a fim de obter máximo desempenho com o uso dessa tecnologia. Esse método deriva da gestão da qualidade total, podendo ser compreendido como algo cíclico, pois assim são as mudanças na história da humanidade.

Estrutura de um sistema de gestão da qualidade

(Quadro 2.3 – conclusão)

Learning organization	Aborda o contexto da manufatura enxuta, pois foca na agregação de valor ao sistema. Visa ao aprendizado organizacional das pessoas e ao aumento de suas capacidades no processo organizacional. Tem como princípio a teoria dos sistemas, pois é por meio de como a empresa gerencia o aumento do conhecimento e de capacidade na solução de problemas que ocorre a melhoria de sua efetividade organizacional.
Balanced scorecard	Essa metodologia visa estruturar melhor os indicadores, de modo que a empresa tenha maior competência para alinhá-los dentro de suas estratégias e capacidades. Preserva os indicadores financeiros, incorporando um conjunto de medidas mais genérico e integrado, o qual vincula o desempenho sob a ótica dos clientes, processos internos, funcionários e sistemas ao sucesso financeiro em longo prazo (Kaplan; Norton, 1997).
ISO 9001	Trata-se de um modelo genérico de gerenciamento da qualidade o qual certifica que uma empresa garante a qualidade do seu produto ou serviço. Baseia-se no ciclo PDCA e exige que as empresas tenham todas as especificações da norma contidas no manual da qualidade. Destacam-se como principais exigências: a documentação da qualidade, a padronização dos processos, o estabelecimento de indicadores e a realização de medições, favorecendo maior participação e competitividade no mercado.

Fonte: Elaborado com base em Garvin, 1992; Lara Jr., 1990; Slack; Chambers; Johnston, 2002; Shingo, 1996; Teixeira Filho, 2000; Colauto; Beuren, 2003; Kaplan; Norton, 1997.

Os outros métodos de melhoria de desempenho organizacional são desenvolvidos de acordo com a rotina da empresa. Pode-se falar do gerenciamento da rotina do trabalho do dia a dia, bem como da adequação desse método com a gestão do conhecimento etc. O importante é atender às necessidades da empresa e ter uma estrutura sólida, para que a implantação ocorra de forma a se manter sustentável na rotina da organização.

Independentemente do método a seguir, é necessário sempre ter foco em resultados satisfatórios, na integração de todos os principais elementos da organização (pessoas, equipamentos, espaço físico, estudo do processo, *benchmarking*) e na estratégia de qualidade da empresa. Para realizar a avaliação, inseridos em métodos e modelos, há os indicadores de desempenho, os quais devem avaliar a satisfação dos clientes e o desempenho efetivo do processo produtivo. Desse modo, é possível dizer que tais indicadores são os elementos básicos de avaliação da qualidade.

2.7 Indicadores de desempenho

Todo gestor deve ter em mãos os resultados de seu trabalho para nortear novos rumos à qualidade. No entanto, infelizmente, não é isso o que acontece, principalmente em termos de micro e pequenas empresas. Em algumas empresas desse porte, simplesmente não há indicadores. Há outras empresas, por exemplo, em que os indicadores até existem, porém, não são apropriados, não atendem aos objetivos de qualidade ou simplesmente não são utilizados.

Existem também aquelas empresas que possuem um sistema de medição de desempenho tão complexo que não mede o que realmente precisa ser medido. Com isso, o processo de tomada de decisão também se torna complexo, pois o planejamento começa errado, com as metas partindo do

Estrutura de um sistema de gestão da qualidade

histórico, da realidade da empresa. Nem é preciso dizer que quando algo começa errado, certamente terá um fim ruim.

O bom uso dos indicadores permite à empresa se sustentar no mercado, agregando valor aos mais interessados: clientes, colaboradores, acionistas e sociedade. Portanto, é necessário atribuir indicadores que reflitam no atendimento das necessidades dos interessados e em fatores que suprimam as falhas, estas diretamente inseridas nos custos da não qualidade.

As ferramentas e metodologias da qualidade trazem valiosas e fundamentais contribuições, e não simplesmente tratam a qualidade como um remédio para todos os problemas da organização (Kardec; Arcuri Filho; Cabral, 2002). Nas palavras de Arcuri Filho, Carvalho e Lima (2004, p. 2, grifo do original):

> [...] é necessário contar com um Sistema de Gestão muito bem estruturado e ancorado firmemente em mecanismos de medição e avaliação capazes de fornecer, a qualquer momento, o correto diagnóstico, com indicadores que expressem a realidade de maneira didática e possibilitem a escolha dos caminhos estratégicos a percorrer para passar da situação atual ("*Onde estamos*") para a posição desejada ("*Onde queremos chegar*").

Esses novos caminhos devem ser estabelecidos por meio de métodos objetivos de avaliação da qualidade, utilizando-se de estruturas quantitativas, precisas, de fácil visibilidade e adequadas a processos dinâmicos (Paladini, 2009). Desse modo, tem-se como meta uma evolução de melhoria da qualidade nos processos. No entanto, a condução do processo de avaliação deve iniciar pelos processos prioritários para, depois, ser aprofundado por famílias de produtos/serviços, até chegar ao limite do individual, isto é, a cada produto ou serviço.

Nessa avaliação, é preciso, fundamentalmente, conhecer as especificações dos clientes de modo a, para satisfazê-los, garantir a qualidade desejada. Com base nesse conhecimento, para avaliar essas especificações, faz-se necessária a utilização das ferramentas estatísticas, bem como dos indicadores da qualidade e produtividade.

Como já abordamos anteriormente, um indicador utiliza uma base mensurável de avaliação, ou seja, é expresso por meio de números, seguindo uma escala. E para atender às características dos indicadores, é importante haver um padrão claro e um sistema para registrar as informações que utilize tabela ou matriz, conforme aponta o Quadro 2.4, a seguir.

Quadro 2.4 – Detalhamento dos indicadores da empresa

Foco no resultado	Tipo de resultado	Produtividade
Informações	Unidade	%
	Tendência	Aumentar
	Histórico	70%
	Meta	85%
Fórmula	Método de cálculo	$\left(\dfrac{\text{Horas produtivas}}{\text{Horas disponíveis}}\right) \times 100$
Descrição do indicador	Detalhamento do conceito/objetivo	Permite o acompanhamento da produtividade global do processo industrial

Conforme aponta o Quadro 2.4, tem-se: o indicador de produtividade, cuja unidade de medida se dá em percentual (%); a tendência, que significa aumentar a produtividade; o histórico, o qual representa informações de produtividade anterior – nesse caso, de 70%; e, ainda, como se deseja aumentar a produtividade, estabeleceu-se a meta de aumentá-la para 85%.

Estrutura de um sistema de gestão da qualidade

O método para conduzir o cálculo é dividir as horas produtivas pelas horas disponíveis de trabalho e multiplicar o resultado por 100, para que este seja dado em percentual. Por fim, há uma breve descrição do indicador – neste exemplo, para acompanhar a produtividade e facilitar a tomada de ações quanto a resultados insatisfatórios.

Alguns exemplos de indicadores de desempenho estão apresentados no Quadro 2.5.

Quadro 2.5 – Exemplos de indicadores

Indicadores referentes a custos
Custos de manufatura
Produtividade da mão de obra
Produtividade dos equipamentos
Índice de refugos
Retrabalhos e reparos
Redução média de tempos de preparação dos equipamentos
Custos de distribuição

Indicadores referentes à qualidade
Qualidade percebida do produto
Qualidade percebida das instalações e do atendimento (limpeza, conforto, estética, segurança, cortesia, integridade, competência, atenção no atendimento)
Qualidade comparada aos concorrentes
Qualidade da comunicação com o cliente
Confiabilidade do produto
Percentual de clientes satisfeitos e grau de satisfação de clientes
Percentual de mercadorias devolvidas
Qualidade dos fornecedores
Competência do fornecedor para responder a problemas técnicos

(continua)

(Quadro 2.5 – conclusão)

Indicadores referentes à confiabilidade
Confiabilidade percebida
Acurácia das previsões de demanda
Percentual de entregas no prazo
Percentual de pedidos com datas incorretas
Atrasos médios

É interessante não manter um número elevado de indicadores a serem utilizados, pois, do contrário, acaba-se por despender recursos e, muitas vezes, desfocar dos objetivos organizacionais. Por isso, é sempre importante rever os indicadores de modo a avaliar se estão adequados para o objetivo que se pretende atingir.

Dentro dessa premissa, é possível concluir que não existem bons ou maus indicadores de desempenho; o que se observa, na maioria das vezes, é que há indicadores de desempenho que podem ser mais ou menos adequados a determinadas intenções estratégicas. Os mais alinhados com a estratégia de uma organização devem, certamente, ocupar o centro dos sistemas de avaliação de desempenho da operação.

Estrutura de um sistema de gestão da qualidade

Estudo de caso

O acompanhamento diário de indicadores de desempenho em uma indústria de bebidas

Fernando Comar Carloni
Daiane Maria de Genaro Chiroli

1. Introdução

A elevada concorrência aliada a consumidores cada vez mais exigentes leva as empresas à necessidade de buscar técnicas e ferramentas para melhorar o gerenciamento empresarial. Um dos problemas centrais de uma boa gestão é saber identificar se a empresa está indo bem e em quais aspectos precisa melhorar para obter um melhor rendimento.

Os indicadores de desempenho são fundamentais para representar de forma objetiva o desempenho da empresa nos aspectos que a gerência julgar necessários. Eles são estipulados de acordo com os interesses da organização, focando os principais pontos que afetam a gestão ou o resultado organizacional.

Existem indicadores para as mais diversas áreas, e todos são resultado de várias metodologias, como, por exemplo: indicadores financeiros, operacionais, de mercado, de custos, de perdas, de consumo, de tempo, entre outros.

A empresa abordada neste estudo de caso utiliza um dos métodos mais recorridos atualmente para a identificação dos principais indicadores que dão suporte para um melhor gerenciamento: o *balanced scorecard*, conhecido também como BSC.

Esse método, quando surgiu, era utilizado como um modelo de avaliação e *performance* empresarial. No entanto, evoluiu ao longo do tempo, e, atualmente, é frequentemente usado como metodologia para uma gestão estratégica.

A definição dos indicadores é de responsabilidade da alta gerência, na busca por maximizar resultados, refletindo a visão estratégica da empresa.

Na empresa trabalhada neste estudo – uma indústria de bebidas –, o apontamento dos dados referentes à produção era realizado por um assistente administrativo, que tinha como principal intuito manter estoque e sistema alimentados de maneira igual. No entanto, os controles de linha e fechamentos de produção nem sempre eram realizados de maneira clara e condizente com a realidade (principalmente devido à falta de acompanhamento da gerência nesses aspectos), o que complicava a inserção dos dados, os quais, na maioria das vezes, eram inseridos em desacordo com o que realmente a empresa possuía em estoque.

Com base nesses dados no sistema, era possível gerar relatórios mensais com as informações relativas a todos os meses. O controle desses indicadores era feito mensalmente por um pequeno grupo de colaboradores, formado por gerentes e analistas. Essa equipe verificava de forma individual tais indicadores, disponibilizados na intranet da empresa em uma planilha eletrônica.

Nesse momento, já é possível verificar um ponto crítico nesse tipo de método: qualquer inconsistência durante os apontamentos dos dados ao longo de um mês só pode ser verificada – e, se possível, corrigida – no final desse período. Problemas simples como a falta de ajuste em uma máquina, matéria-prima com problema durante o processamento ou outros inconvenientes perduram por todo o mês até que sejam analisados pela gerência, resultando em custos desnecessários e impactando na insatisfação dos colaboradores e clientes da empresa. Ainda, apenas alguns indicadores eram analisados, tais como: eficiência de linha, controle de pré-formas, consumo de energia elétrica, consumo de água e microbiologia.

Estrutura de um sistema de gestão da qualidade

O presente trabalho tem por objetivo a análise do acompanhamento diário dos indicadores de desempenho em uma indústria de bebidas.

2. Análise das necessidades e tomada de ações

O controle desses indicadores clamava por um acompanhamento mais preciso e apurado. Devido a problemas apresentados mês a mês na empresa, surgiu a ideia de acompanhar esses indicadores diariamente, aumentando o controle efetivo de todo o processo produtivo e, com isso, o poder de atuação dos gestores na identificação e correção de problemas.

Para que esse novo modelo de acompanhamento dos indicadores pudesse ser implantado, algumas modificações precisavam ser realizadas. A maneira como os dados eram lançados no sistema foi mantida, mas paralelamente foram desenvolvidas planilhas de controle dos principais indicadores. De cada planilha foram retirados os dados mais relevantes e apresentados de maneira clara em reuniões planejadas para acontecerem todos os dias.

O resumo dos indicadores da fábrica foi apresentado aos gerentes, analistas de produção, manutenção e meio ambiente, encarregados e líderes de produção, supervisores e técnicos da qualidade, auxiliares de produção e operadores de máquina. Com a presença de todos os setores responsáveis pelo processo, foi possível mobilizá-los e conseguir resultados mais eficientes e de maneira mais rápida. Problemas que no outro modelo só seriam identificados no final do mês e atrapalhariam toda a produção por um período relativamente grande poderiam, a partir dessas reuniões, ser identificados e analisados por toda a equipe em busca de uma solução rápida e funcional.

3. Tomada de ações e análise de resultados

Alguns dos indicadores passaram a ser analisados com mais foco pela empresa, com destaque para: perda de pré-forma; indicador de perda de CO_2; utilização do nitrogênio; utilização de filmes; eficiência e produtividade; utilização ou consumo de água; consumo de energia elétrica; acidentes com e sem afastamento; quebras; microbiologia; reclamações; ruptura ou falta de produtos; tratamento de despejos industriais. Eles foram desdobrados com base no *balanced scorecard* da empresa.

Com a gerência, foi decidido que essa análise ocorreria diariamente às 14h e contaria com a presença de analistas, encarregados, líderes e gestores tanto da produção como da manutenção. Os líderes ficaram responsáveis por convidar de forma aleatória, mas com a menor repetição possível, os operadores e auxiliares do setor produtivo, para que estes pudessem sentir o clima organizacional e perceber a importância de pequenas ações dentro da empresa. Cada participante das reuniões diárias ficou com um indicador sob sua responsabilidade. Com isso, os indicadores receberam atenção especial e o controle se tornou realmente eficaz.

Acoplado ao arquivo de cada reunião há um plano de ação, pelo qual cada medida proposta durante a reunião diária deve ser revisada e documentada. Isso possibilitou estipular um prazo para que o responsável pelo indicador tomasse as providências necessárias. O *layout* dessa reunião seguiu um padrão simples e claro, facilitando a compreensão de todos os participantes do projeto.

O plano de ação segue os moldes estabelecidos pela empresa com a finalidade de manter o padrão. Em cada ação consta a referência, ou seja, a qual indicador aquela ação traz benefícios, bem como o nome do responsável pelo indicador, o que garante às ações não serem esquecidas no tempo.

Algumas modificações na planta (por exemplo, instalação de novos equipamentos, ajustes em alguns processos etc.) fazem alguns indicadores se destacarem pela melhoria rápida e significativa. Para outros, por sua vez,

Estrutura de um sistema de gestão da qualidade

devido ao início do acompanhamento diário, fez-se necessário um melhor apontamento dos dados nas folhas de controle e boletins de cada ordem de produção. Com isso, as perdas que iriam aparecer somente no inventário ou na contagem de estoque começam a serem vistas diariamente. A Tabela 2.2, ilustrada a seguir, apresenta o acumulado do semestre de cada indicador e seu respectivo desempenho no comparativo com o ano anterior.

Tabela 2.2 – Análise comparativa dos indicadores antes e depois de sua prática diária

	Antes	Depois	% Melhoria
Filme *stretch*	1,65	1,45	–12,09%
Filme *shrink*	47,01	48,75	3,70%
Microbiologia	87,50	100,00	14,29%
Ruptura	0,69%	0,14%	79,20%
Energia elétrica	0,352	0,353	0,21%
Água	1,91	1,71	10,73%
Pré-formas	1,69%	1,12%	33,59%
Eficiência	76,98%	78,32%	1,74%
Quebras	0,79%	0,71%	9,46%
CO_2 e N_2	9,37	9,29	0,94%

Com base na análise da tabela, é possível perceber claramente a melhora significativa de alguns indicadores. O indicador que se refere às perdas durante o processo do sopro das pré-formas foi o que apresentou o aumento mais impactante financeiramente dentro dos analisados, com 33,59%. Esse resultado foi fruto de pequenas correções de problemas apontados por operadores do sopro, assim como da intervenção de um *kaizen*, que tratou de tornar o processo o mais enxuto possível.

O indicador de ruptura ou de pendências por falta de estoque serviu de auxílio para o controle da quantidade de cada produto no estoque, fazendo todo o planejamento da produção, que é realizado pela matriz em Curitiba, ser analisado pela gerência local, indicando qual é o melhor produto e a quantidade a ser produzida. Essa atitude rendeu uma queda de 79,20% de um ano para outro em relação a problemas por falta de produtos em estoque. Tal indicador aumenta a credibilidade da empresa perante seus clientes, facilitando ainda mais a fidelização.

O consumo de filmes *stretch* teve um desempenho abaixo do esperado – o indicador apresentou queda de 12,09%. Essa queda no rendimento dos filmes foi resultado de dois fatores: melhoria no apontamento mensal, evitando que toda perda de filme fosse conferida apenas no final do ano, e troca do fornecedor de filmes, o que levou diversas máquinas que utilizam esse tipo de material a receberem ajustes. A partir disso, uma análise concreta sobre esse indicador poderia ser feita somente no final do ano de estudo; apenas nesse caso seria possível identificar as perdas acumuladas anuais para o comparativo.

A empresa estudada possui um compromisso sério com o meio ambiente e procura tornar os seus processos o mais sustentáveis possível. Reflexo disso é o indicador referente à utilização do consumo de água, o qual recebeu melhora de 10,73%.

Não foi possível fazer uma análise concreta de dois indicadores: o de reclamações e o de acidentes. Quanto ao indicador de reclamações, os dados concretos a respeito da confirmação dos problemas para cada reclamação são mantidos em sigilo. Por sua vez, em relação ao indicador de acidentes, não foram encontrados dados históricos para que a comparação pudesse ser feita. Esses indicadores possuem muitos aspectos subjetivos

Estrutura de um sistema de gestão da qualidade

e, na maioria das vezes, é difícil tomar ações para corrigir os problemas a eles relacionados. Por isso, o acompanhamento diário se torna uma maneira de toda a equipe estar consciente de tais problemas.

A implantação desse método de análise diária dos indicadores trouxe não apenas resultados quantitativos, como a melhora percentual dos indicadores e o ganho financeiro da empresa, mas também uma maior interação entre os colaboradores. Com esse novo método, os operadores e auxiliares conseguiram perceber que os resultados dependem do empenho e da motivação deles. Na maioria das empresas, existe um distanciamento da gerência em relação aos colaboradores. A implantação das reuniões mostra, através do convívio, que a empresa é formada, acima de tudo, por pessoas, e que a comunicação pode e deve acontecer de cima para baixo, bem como de baixo para cima, ou seja, tanto os gerentes como os operadores e auxiliares podem trazer novas ideias para a organização.

Durante algumas reuniões, os colaboradores que participaram foram questionados sobre a metodologia utilizada para o acompanhamento dos indicadores e sobre o impacto disso no dia a dia de trabalho deles. Todos os entrevistados foram explícitos ao apoiar essa iniciativa. Eles expressaram que as reuniões incentivavam os recrutamentos internos, pois os auxiliares e operadores percebiam a atuação de seus líderes, dos líderes dos encarregados, e assim por diante, aumentando o interesse pelo crescimento profissional.

Desde a gerência até o nível dos auxiliares, todos entenderam qual era o objetivo que se pretendia alcançar com as reuniões. Dessa maneira, os colaboradores chegavam preparados, com um histórico dos problemas que seriam abordados e algumas ideias previamente levantadas.

O clima organizacional teve uma melhora significativa, pois as reuniões aconteceram de maneira informal e dinâmica, fazendo todos se sentirem à vontade para expor opiniões ou ideias.

4. Considerações finais

O presente trabalho se propôs a analisar a eficiência dos indicadores de desempenho em uma indústria de bebidas e discutir os benefícios de um controle diário desses indicadores. A empresa, que passava por um período de transições, tinha um controle dos indicadores de desempenho bem abaixo do esperado. A falta de controle fazia com que erros de lançamentos fossem notados apenas em inventários ou no final de cada mês. No entanto, a partir das medidas propostas, foi possível mostrar para a gerência que um controle diário desses indicadores traria inúmeros benefícios para a empresa.

O projeto criado foi desenvolvido segundo a bibliografia de indicadores de desempenho analisada, com destaque para Kaplan e Norton (1997), e foram aprovados pela gerência os indicadores que deveriam ser acompanhados. Com a definição destes, foram traçadas metas, e se desenvolveu toda uma cultura em torno das reuniões diárias que serviam para controle desses indicadores, nas quais os responsáveis por cada indicador ficavam encarregados de ações, alocadas em um plano de ação, por melhorias naquele indicador.

Os resultados obtidos serviram como base para a análise da melhora significativa em praticamente todos os pontos focados. Alguns aspectos obtiveram melhora de quase 80%, porém, os que mais impactaram em economia para a empresa foram os indicadores de perda de pré-forma e utilização de água.

Além de resultados mensuráveis, foi possível melhorar o clima organizacional, pois operadores, auxiliares e técnicos da qualidade participaram das reuniões e conseguiram perceber sua importância dentro do processo produtivo. Eles puderam identificar oportunidades de melhorias e pontos de correção mais facilmente, devido ao maior contato com a linha produtiva.

Fonte: Adaptado de Carloni, 2011.

Estrutura de um sistema de gestão da qualidade

Síntese

Neste capítulo, mostramos como se organiza e se gerencia um sistema de gestão da qualidade em uma organização. Se uma empresa deseja ter qualidade, esta deve ser implantada em seu modelo de negócios; logo, é preciso estruturar o sistema de qualidade. Dentro da estratégia competitiva da organização, é de vital importância que ela considere esse aspecto, o que demanda da alta administração foco na satisfação dos clientes. Assim, a política da qualidade da empresa deve estar comprometida com essa garantia da qualidade perante seus clientes.

Além disso, apontamos que, para demonstrar um resultado satisfatório, deve ser utilizado um sistema de medição da qualidade, o qual, por meio de indicadores, avalia a eficiência e a eficácia das atividades realizadas dentro da organização e permite aos responsáveis tomar decisões diante de problemas, bem como estabelecer metas tanto de manutenção quanto de melhoria.

Por fim, demos algumas sugestões de indicadores de desempenho, cujas características devem ser observadas para que realmente seja possível atender aos objetivos pelos quais um indicador é proposto. Sendo assim, nada melhor que organizar um bom estudo da empresa, de modo a estruturá-la de acordo com sua realidade, direcionando-o para objetivos que atendam às necessidades de todas as pessoas envolvidas, ou seja, clientes, colaboradores, acionistas e sociedade.

Questões para revisão

1 No contexto dos negócios, a estratégia é utilizada para se ganhar o mercado competitivo. A gestão estratégica da qualidade tem essa mesma premissa? Relate seus principais objetivos.

2 Qual é a importância da liderança/alta administração no processo de estruturação de um sistema de gestão da qualidade?

3 Qual é a relação entre o sistema de medição de desempenho e a melhoria contínua?

4 No melhoramento do desempenho organizacional, deve-se considerar a agregação de valor em todas as etapas do processo e no esforço em iniciativas de melhoria. Nesse processo, podem ser utilizadas diversas metodologias que permitem conduzir melhorias no desempenho. Entre elas, destaca-se o modelo genérico de gerenciamento da qualidade, o qual certifica uma empresa a garantir a qualidade do seu produto ou serviço. Esse método se baseia no ciclo PDCA e exige que as empresas apresentem todas as especificações da norma contidas no manual da qualidade. Com base nessas informações, assinale a alternativa a seguir que mais se adapta à descrição desse método:

a Benchmarking.

b Produção enxuta.

c Gerenciamento do conhecimento.

d ISO 9001.

e Reengenharia.

5 Assinale (V) para as alternativas verdadeiras e (F) para as falsas:

( ) A política da qualidade tem por finalidade principal o comprometimento da empresa com a garantia da qualidade perante seus acionistas.

( ) O desdobramento de metas de qualidade nada mais é que a subdivisão das metas para outros níveis da empresa,

Estrutura de um sistema de gestão da qualidade

possibilitando identificar todas as ações a serem cumpridas até se alcançar o objetivo da meta.

( ) O sistema de medição de desempenho permite observar decisões e ações com base em informações, quantificando a eficiência e a eficácia das ações passadas por meio de coleta, exame, classificação, interpretação e análise dos dados adequados.

( ) É sempre indicado que as empresas tenham um número elevado de indicadores a serem utilizados. Uma das premissas adequadas aos indicadores é a mesma que vale para o dinheiro: "quanto mais, melhor".

A seguir, indique a alternativa que apresenta a sequência correta:

a F, F, V, V.

b F, V, F, V.

c V, F, V, V.

d V, F, V, F.

e F, V, V, F.

6 Assinale a alternativa que expressa corretamente o conceito de política da qualidade:

a O auxílio aos funcionários no entendimento de suas atividades e atribuições de funções direcionadas ao aumento da qualidade.

b O comprometimento da empresa com a garantia da qualidade perante seus clientes.

c A maneira pela qual os dados são coletados.

d O desenvolvimento de um equilíbrio coordenado entre as necessidades dos colaboradores da empresa e os riscos envolvidos em suas atividades.

e Estrutura de poder empregado no Brasil, a qual as empresas devem cumprir igualmente.

Questões para reflexão

1 Você pensa sobre qualidade em suas ações de forma estratégica? Converse com seus colegas de estudo sobre quais foram as principais estratégias definidas por você para alcançar melhores resultados em suas ações.

2 Você já parou para pensar sobre a importância dos indicadores de desempenho que são utilizados na empresa em que atua? Pense em três que, para você, são os mais importantes e relate aos seus colegas sobre como melhorias são realizadas na empresa com base na análise desses indicadores.

Para saber mais

Para compreender mais sobre os sistemas de gestão de desempenho, sugerimos a leitura do seguinte livro:

FUNDAÇÃO Nacional da Qualidade. **Indicadores de desempenho**: estruturação do sistema de indicadores organizacionais. [S.l.]: FNQ, [S.d.].

3

Princípios da qualidade

Conteúdos do capítulo:

- Princípios de gestão da qualidade.

Após o estudo deste capítulo, você será capaz de:

1. definir os princípios do negócio e da qualidade, bem como os relacionados ao meio ambiente, à saúde e à segurança organizacionais;
2. compreender a importância dos princípios da qualidade para as práticas de gestão.

Princípios da qualidade

Para que uma empresa ganhe o mercado, deve conduzir estratégias de qualidade e estruturar um modelo de gestão que permita satisfazer os clientes e, obviamente, obter lucro. No entanto, mesmo com tantos estudos que apontem para a importância da qualidade e dos modelos de gestão da qualidade para melhorar os resultados, há, ainda, em tempos recentes, muitas empresas atrasadas.

É preciso conduzir uma revolução estrutural e filosófica nas organizações, que permita uma visão mais abrangente da qualidade, que prime por ela, pois a qualidade deve representar a prioridade das empresas. Os líderes organizacionais precisam incutir em todos os colaboradores o desejo pela qualidade organizacional, tal como uma crença, que acompanha fé, força e foco, encravada no coração das pessoas para que elas realizem qualidade com emoção.

Em suas estratégias, as organizações devem ter foco na motivação, na liderança, na aprendizagem organizacional, enfim, nos princípios de qualidade, meio ambiente, responsabilidade social, de saúde e segurança no trabalho. Diante dessa afirmação, este capítulo procura abordar os princípios que norteiam as empresas com o foco na melhoria contínua.

3.1 Princípios de gestão

Antes de definirmos ou apresentarmos os princípios de gestão, propomos algumas questões a fim de fazer você refletir sobre o tema central deste capítulo:

Questões para reflexão:

1 Para você, o que é princípio?

2 O que é princípio de gestão?

3 É possível uma empresa se manter sustentável, sem princípios de qualidade, meio ambiente, responsabilidade social, de saúde e segurança no trabalho?

4 A empresa em que você ou um familiar seu trabalha tem tais princípios?

O dicionário Aulete (2016, grifo do original) traz as seguintes definições para a palavra *princípio*:

1. Ação ou resultado de principiar; COMEÇO; INÍCIO; ORIGEM
2. O momento em que se faz alguma coisa pela primeira vez; a primeira formação de uma coisa: *Desde o princípio do mundo, partículas chocam-se incessantemente.*
3. Causa primária: *o princípio do bem e o princípio do mal: o trabalho é o princípio de toda a riqueza.*
4. Valor moral, dignidade: *É um homem de princípios.* [Nesta acp., mais us. no pl.]
5. Preceito, regra, lei (princípio de geometria/de direito).
6. Dito ou provérbio moralizante.
7. Quím. Elemento ou conjunto de elementos que sob algum ponto de vista assume predomínio na constituição de um corpo orgânico qualquer: *A quinina é o princípio ativo das quinas.*

Princípios da qualidade

8. Qualquer causa natural que concorra para que os corpos se movam, operem e vivam (o princípio do calor/da vida).
9. Fil. A origem de um conhecimento, de um saber.
[F.: Do lat. *principium,ii*. Hom./Par.: *principio* (fl. de *principiar*).]

É possível observar que existe uma série de definições para o termo. E você, respondeu à pergunta "o que é princípio?". A resposta foi coincidente com alguma das definições contidas no dicionário?

O princípio de gestão é de extrema importância para que os gestores possam apresentar aos *stakeholders* os meios de operar uma organização, com foco na tomada de decisão e na condução de preceitos para que a empresa possa determinar as melhores práticas de educação e treinamento aos funcionários. Esses princípios muitas vezes são apresentados como a própria política da empresa, mas, na realidade, constituem a base para que ela construa as colunas que sustentam seu negócio. Tais colunas de sustentação podem ser os princípios de qualidade, de meio ambiente, entre outros já citados. Cada empresa deve determinar qual(is) é(são) seu(s) princípio(s), de modo a garantir que obtenha sucesso ao longo do tempo. No entanto, como a exigência do mercado está cada vez maior, e com o objetivo de garantir a qualidade e ações de melhorias, a organização precisa avaliar se seus princípios estão coerentes com os resultados almejados ou estrategicamente estabelecidos. Para essa análise, é importante considerar os seguintes questionamentos:

1 Os princípios estão coerentes com os resultados da empresa?

2 Os princípios estão sendo seguidos?

3 Os princípios norteiam a empresa na sua visão de futuro?

4 Os princípios têm possibilitado a agregação de valor a todos os envolvidos?

5 Os princípios têm possibilitado à empresa conseguir atingir novos clientes ou desenvolver novos produtos de modo a atender às necessidades deles?

6 Os princípios estão direcionados à utilização correta dos recursos?

Todos os fatores que impactam na condução correta dos princípios devem ser avaliados e tratados com senso de urgência.

Existem várias obras que abordam os princípios de gestão, segundo Taylor, Urwick, entre outros. Chiavenato (2007) descreve que uma organização deve se basear em cinco princípios básicos:

1 Princípio da especialização – Agrega valor à atividade que cada pessoa deve ser capaz de realizar, possibilitando melhorias tanto em qualidade como em produtividade. Desse modo, a organização deve se fundamentar na divisão do trabalho que provoca a especialização.

2 Princípio da definição funcional – Estabelece que a empresa deve ser hierarquicamente organizada e estruturada por meio de um organograma, possibilitando visualizar o papel que cabe a cada colaborador.

3 Princípio da paridade da autoridade e responsabilidade – Na empresa existe quem dá as ordens e quem as segue; quem tem responsabilidades sobre o quê e quem tem um volume de trabalho maior. Dentro desse contexto, o presente princípio visa estabelecer certo equilíbrio entre o volume de autoridade e responsabilidade. Essa equivalência é necessária para evitar que certas pessoas ou órgãos tenham exagerada responsabilidade sem a necessária autoridade; ou, de forma oposta, muita autoridade para pouca responsabilidade.

Princípios da qualidade

4 Princípio escalar – Este princípio é derivado do anterior e estabelece que os indivíduos da organização devem saber a quem prestar contas e sobre quem têm autoridade. Refere-se a cada cadeia de relações diretas de autoridade de um superior para um subordinado em toda a organização, desde a base até a cúpula, onde geralmente está o chefe principal como autoridade máxima.

5 Princípio das funções de linha e de *staff* – Leva à distinção entre as funções de linha e de *staff* dentro da empresa. As funções de linha são aquelas diretamente ligadas aos objetivos principais da empresa, enquanto as de *staff* são aquelas que não se encontram diretamente ligadas àqueles objetivos. O critério da distinção é o relacionamento direto ou indireto com os objetivos empresariais, e não o grau de importância de uma atividade sobre outra.

Dentro do contexto de que as organizações devem estabelecer uma base sólida de sustentação, além desses princípios, é importante que as empresas também insiram outros princípios, principalmente no que tange à primazia pela qualidade, pois há uma necessidade de melhoria contínua. A NBR ISO 9001, da Associação Brasileira de Normas Técnicas (ABNT, 2008) estabelece um conjunto de princípios que focam no atendimento às necessidades dos clientes, bem como na tomada de decisões baseada em fatos e dados, sendo fundamental para que a liderança consiga traçar planos futuros e conduzir a empresa à melhoria de seu desempenho.

3.1.1 Princípios da gestão da qualidade

O modelo de sistema de gestão da qualidade definido pela NBR ISO 9001 (ABNT, 2008) baseia-se em oito princípios de gestão da qualidade, segundo a última revisão, os quais são comentados por uma série de autores, entre eles, Paula (2004), Carpinetti; Miguel; Gerolamo (2007) e Mello et al. (2009). São estes os princípios:

1 Foco no cliente.

2 Liderança.

3 Envolvimento das pessoas.

4 Abordagem por processo.

5 Abordagem sistêmica de gestão.

6 Melhoria contínua.

7 Abordagem factual para tomada de decisão.

8 Benefícios mútuos nas relações com fornecedores.

Princípio 1: foco no cliente

O modelo de gestão da qualidade proposto pela NBR ISO 9001 (ABNT, 2008) é baseado na abordagem por processos, segundo a qual todos os processos devem ter foco no atendimento às necessidades dos clientes.

Mas, por que o primeiro princípio da qualidade é o foco no cliente?

É preciso focar o cliente porque ele sempre tem mais que uma opção de escolha e, dentre todas, escolherá a que mais lhe agrada. Outro fator é que os clientes estão conhecendo cada vez mais o mercado, devido às tecnologias e às facilidades de compras. Atualmente é possível adquirir produtos de qualquer lugar do mundo, o que torna o consumidor cada dia mais exigente.

Assim, as empresas mais bem preparadas, que melhor conhecem os anseios de seus clientes, tendem a ganhar cada vez mais o mercado. Com

Princípios da qualidade

base nisso, propomos as seguintes reflexões não apenas aos gestores, mas a todos que estão trabalhando:

1. Você conhece bem seus clientes?
2. Você sabe quais são as necessidades deles?
3. Caso tenha colaboradores, eles sabem como satisfazer seus clientes?
4. Você melhora a capacidade da empresa para atender as necessidades dos clientes nas atividades rotineiras da organização?
5. Você garante que seus funcionários, caso os tenha, possuem conhecimentos e habilidades necessários para satisfazer seus clientes?
6. Como você identifica as necessidades de seus clientes?
7. Sua empresa está diretamente ligada às expectativas de seus clientes?

De acordo com Kotler (1998), a satisfação representa o resultado do sentimento de ter sido bem atendido, superando suas expectativas em relação ao produto ou serviço.

Lidar com sentimentos não é tarefa fácil, pois são complexos demais para serem facilmente traduzidos em palavras ou ações. Assim, deve-se compreender bem o papel do cliente, que é visto sob duas perspectivas: o cliente colaborador e o cliente usuário. O cliente colaborador é aquele que participa do processo produtivo, que depende da ação de um processo anterior para executar o seu trabalho e que faz parte da satisfação do cliente final; já o cliente usuário, ou cliente final, é o que compra pelo produto ou serviço.

Os requisitos dos clientes são, portanto, a entrada desse processo. Por *requisitos* entende-se a visão do mercado, a capacidade de compreender e traduzir quais são essas necessidades, bem como entender de que forma é possível transformar esses desejos em ações que satisfaçam ou excedam as necessidades dos clientes. No processamento, deve acontecer a agregação de valor e, para tal, os requisitos dos clientes internos (os colaboradores) precisam estar muito bem mapeados, pois isso garante o sucesso no atendimento às expectativas dos clientes finais. Essa agregação de valor deve combinar as dimensões da qualidade (qualidade, custo, entrega, moral e segurança) em prol do relacionamento entre os *stakeholders* direcionados em benefícios mútuos. Se os requisitos são, portanto, a entrada desse processo, a saída refere-se ao nível de satisfação do cliente.

O foco prioritário desse princípio é que, como as organizações dependem de seus clientes, elas devem trabalhar com mecanismos que possibilitem compreender as necessidades tanto de seus consumidores atuais quanto dos futuros, e exceder suas expectativas, garantindo assim o sucesso do negócio. No entanto, para que isso ocorra, a organização deve contar com processos específicos para identificar os requisitos dos clientes, assim como para medir a satisfação deles no intuito de verificar o desempenho durante o processo.

Outro ponto importante a ser destacado: para que os clientes internos compreendam isso, deve haver um alinhamento das métricas de qualidade em todos os setores. Para tanto, a liderança tem papel primordial e, por isso, é determinada como o segundo princípio de qualidade.

Princípio 2: liderança

Há relatos de certas organizações que, para conseguirem alcançar os resultados desejados, tiveram de mudar seus líderes, que, em vez de providenciarem o que lhes era solicitado, nadavam contra a maré, com o intuito de não alcançar os resultados, em uma clara ação de boicote.

O líder, ao contrário desse exemplo, deve ser capaz de direcionar positivamente a empresa. Para tal, presume que os colaboradores compreendam

Princípios da qualidade

seus propósitos. Desse modo, deve ter o dom tanto de envolver as pessoas como de influenciá-las, a fim de que a cultura da qualidade aconteça.

Para tanto, ele deve ter uma visão de longo prazo para direcionar as políticas e práticas internas no processo de qualidade da organização. E para alcançar tal premissa, é necessário criar um ambiente propício, em que as pessoas possam adquirir conhecimento e desenvolver competências para toda a organização.

O papel do líder não é fácil, e nem todo líder tem habilidade para liderar. Daí vem a importância de se treinar líderes com o objetivo de construir essa habilidade, de modo que ele possa compreender todo o universo interno e externo da organização e direcioná-la por meio de uma visão clara de futuro.

Assim, é sempre importante que o gestor questione o seu papel de líder:

1 Você já parou para pensar em sua habilidade de influenciar as pessoas na organização?

2 Desenvolve a prática de se comunicar com as pessoas, apresentando uma visão clara do futuro da organização onde trabalha?

3 Traduz sua visão em metas mensuráveis para a organização?

4 Envolve seus funcionários, caso os tenha, na realização dos objetivos da empresa?

5 Trabalha em uma equipe motivada, competente e estável?

Se a resposta a esses questionamento é negativa, então certamente a forma como está gerenciando a qualidade pode não trazer os resultados desejáveis. Nesse sentido, algo deve ser feito!

Será que seu modelo de gestão não está muito centralizador?

Na NBR ISO 9004 (ABNT, 2000) – Sistemas de gestão da qualidade: diretrizes para melhorias de desempenho – são evidenciados os princípios de qualidade. O documento ressalta que, se o líder gerenciar com uma visão por processos e de forma participativa, considerando as necessidades de todos os *stakeholders*, conseguirá ser o exemplo a ser seguido, bem como desafiar as pessoas na organização, o que é contagiante e motivador. Além disso, será capaz de estabelecer confiança, eliminando o espírito de medo e, por meio de treinamentos, adquirir a capacidade de atribuir responsabilidades, inspirar, incentivar, reconhecer e contribuir para o desenvolvimento dos colaboradores e da própria organização.

Com essa visão, faz-se necessário o envolvimento das pessoas – próximo princípio a ser detalhado.

Princípio 3: envolvimento das pessoas

O que faz uma empresa são as pessoas, e uma organização somente alcança um alto nível de excelência quando conta com excelentes funcionários. Resumindo, uma empresa é tão boa quanto são seus funcionários.

Desse modo, para utilizar o potencial existente na organização, a liderança deve dar abertura para explorar as habilidades de seus colaboradores. No entanto, para isso, é necessário o envolvimento das pessoas no processo de tomada de decisão.

Muitas vezes, ouvimos falar que é o salário o que motiva as pessoas em uma empresa. Contudo, na maioria das vezes, isso não é a realidade, pois elas gostam de se sentir importantes, de participar mais ativamente das atividades. Para que isso aconteça, a melhor forma é inseri-las nas ações de avaliação dos problemas. Aliás, ninguém melhor do que quem está no dia a dia do problema para identificar fatores que possam ser melhorados. Mesmo porque, muitas vezes, com uma visão distante da dos líderes e mais aproximada da realidade diária, criam-se novos meios para incentivar a análise de um problema.

Por isso, a união das habilidades da empresa é um dos maiores incentivos em busca de novas oportunidades de melhoria, além de possibilitar

Princípios da qualidade

práticas de inovação, de gestão do conhecimento, de oportunidades e de crescimento pessoal. O gestor deve pensar em como anda o envolvimento das pessoas na empresa onde trabalha.

- **O**s funcionários contribuem para a melhoria das estratégias de negócios?
- **E**les adotam os objetivos organizacionais como seus próprios objetivos?
- **E**stão envolvidos na tomada de decisões e na melhoria dos processos?
- **S**entem-se satisfeitos com o trabalho e dedicam potencial de desenvolvimento individual ao serviço da organização?

O líder deve utilizar a seu favor a essência de sua organização – ou seja, as pessoas – e certamente elas serão mais eficientes na empresa. Assim, nada melhor que a abordagem por processos para alcançar essa premissa.

Princípio 4: abordagem por processos

Uma organização nada mais é do que um conjunto de processos individuais. O resultado ou a saída de um processo é a entrada ou o insumo de outro. Quando se gerencia uma empresa com a visão por processos, os resultados podem ser alcançados de forma mais eficiente.

A fim de se alcançar essa eficiência, devem ser definidas todas as necessidades principais de um *processo* individual, suas entradas, saídas, interfaces existentes, bem como as pessoas responsáveis por cada processo.

Paula (2004) define processo como uma atividade de agregação de valor, a qual necessita de recursos físicos, materiais e humanos, que são transformados em saídas, como produtos e serviços. Portanto, um sistema de gestão da qualidade baseado em processos promove a análise da organização por meio das linhas funcionais e departamentais, procurando identificar a interação entre os processos e, nos casos em que há problemas, identificar as possíveis causas de erro e seus respectivos responsáveis.

Dentro desse contexto, um gestor deve se perguntar: "Minha empresa já se questionou se os processos garantem o cumprimento dos resultados planejados e o uso eficiente dos recursos?".

Por meio da abordagem por processos, é possível tirar proveito do potencial de melhorias da empresa, pois os fatores-chave de sucesso são identificados, uma vez que representam a essência da melhoria contínua. Além disso, essa abordagem permite identificar os pontos críticos do sucesso, muitas vezes suscetíveis a custos da não qualidade, visando eliminá-los.

Os principais benefícios da aplicação do princípio do processo são:

- menores custos e tempos de ciclo mais curtos, pois há uma utilização eficaz dos recursos;
- melhoria, resultados consistentes e previsíveis;
- oportunidades de melhoria priorizadas;
- definição sistemática das atividades necessárias para a obtenção de melhores resultados: metas mais claras e objetivas.

A fim de obter os benefícios da abordagem por processos, faz-se necessária também a abordagem sistêmica para a gestão.

Princípio 5: abordagem sistêmica para a gestão

Podemos dizer que cada organização tem uma forma de trabalhar. Empresas, aliás, são instituições muito complexas, pois concentram um grande número de elementos, processos, pessoas, cada um com sua particularidade e essência próprias. No entanto, esses elementos devem ser gerenciados

Princípios da qualidade

como, analogamente, um motor de carro, em que todas as engrenagens funcionam com o mesmo objetivo: fazer o carro funcionar.

Em uma empresa, para que as engrenagens rodem com o objetivo de gerar lucro, mas ao mesmo tempo produzindo com qualidade, deve-se identificar, gerenciar e compreender cada engrenagem, ou seja, cada processo individual e suas interações dentro do fluxo produtivo, a fim de inter-relacioná-los e obter o resultado esperado.

Nesse enfoque sistêmico para a gestão, é necessário avaliar o alinhamento do plano de negócios da empresa com os aspectos funcionais e de processo, de modo que todas as metas de processos individuais estejam alinhadas aos objetivos da organização.

Outro ponto importante refere-se ao monitoramento da eficácia dos processos individuais, o qual permite melhor identificar as causas de erros e os potenciais de melhoria. Tal monitoramento permite coordenar competências e responsabilidades para metas superiores, evitando a sobreposição de competências e estimulando o trabalho em equipe, o que favorece o foco na melhoria contínua, tema da seção seguinte.

Princípio 6: melhoria contínua

Esse princípio estabelece muito claramente a visão sistêmica do negócio e a integração de todos os princípios, pois o foco é o cliente, e sabemos que os anseios e desejos deste mudam continuamente, razão por que o líder deve ser capaz de fazer os integrantes da empresa enxergarem isso. Portanto, o foco na melhoria é fundamental, uma vez que, se a empresa deixa de melhorar, deixa de ser boa para o cliente. Essa afirmação, aliás, é válida para qualquer caso. Por exemplo: se você faz uma faculdade e não recicla seus conhecimentos, não busca experiências, seu currículo ficará ultrapassado, deixando de ser satisfatório para um grande número de oportunidades às quais você poderá concorrer.

Desse modo, podemos afirmar que o contexto da qualidade e das competências não é estático. Aplica-se, pelo contrário, a valores dinâmicos atribuídos tanto às organizações como às pessoas que nelas atuam. É por isso que o princípio de melhoria contínua é tão importante para o sucesso de uma organização, e deve ser inserido dentro do planejamento estratégico do negócio da empresa, tornando-a mais competitiva.

Logo, a melhoria contínua do desempenho global da organização deve se consolidar como um objetivo permanente, e não passageiro. Sendo assim, os esforços de melhoria devem incluir uma política da qualidade, objetivos da qualidade, metas realistas, mensuráveis e ambiciosas, análise das medições, ações corretivas e preventivas e análise crítica de efetividade, a ser realizada pela administração.

Outro fator importante a ser destacado é que esse princípio possibilita um melhor alinhamento das atividades de melhoria em todos os níveis, permitindo maior flexibilidade para reagir às oportunidades do mercado. Nesse contexto, a empresa emprega uma abordagem coerente de melhoria contínua em toda a organização, baseada na atuação do que realmente acontece na empresa.

Princípio 7: abordagem factual para a tomada de decisão

Esse princípio ressalta a importância de se tomar decisões concretas, e não baseadas em opiniões ou "achismos". Muitas decisões erradas, que geram altos custos para as empresas, são tomadas pelo fato de o gerente acreditar que a causa fundamental de um problema é uma, ao passo que uma análise mais aprofundada revela que a causa era outra.

Assim, a abordagem factual para a tomada de decisão prega o contexto de medir e coletar dados e informações sobre os processos de trabalho, uma vez que tais elementos constituem o fundamento ou a base para uma tomada de decisões pautada na realidade e nos acontecimentos. Isto é, o

Princípios da qualidade

estudo de qualquer acontecimento, seja ele natural, social ou econômico, exige a coleta e a análise de dados estatísticos confiáveis durante a observação de qualquer problema.

A coleta de dados é, pois, a fase inicial de qualquer pesquisa.

Então, para compreender qualquer problema, o processo de coleta de dados se dá por meio de ações e objetivos. As ações representam o como coletar tais dados, se será por meio de pesquisa de campo, por histórico dos fatos acontecidos e registrados, por entrevistas das pessoas envolvidas etc. Todavia, sem objetivos bem definidos na coleta de dados certamente tal esforço surtirá em efeitos nem sempre tão satisfatórios, uma vez que são os objetivos que recomendarão ou indicarão as características que os dados deverão apresentar. Por isso é importante assumir responsabilidades para evitar que dados sejam coletados sem objetivos definidos, pois muitas vezes esta coleta poderá ser onerosa, desnecessária e sem efeitos. (Chiroli, 2011, p. 47)

Os dados podem ser obtidos de várias formas, por exemplo: por medições da satisfação e das reclamações dos clientes, devoluções, garantias, índices de retrabalho e outras medições. É importante, inclusive, sempre lembrar que decisões eficientes baseiam-se na análise de dados e de informações. Resultados apropriados para decisões tomadas só podem ser alcançados com base na experiência, após os elementos relacionados serem analisados e verificados continuamente.

Princípio 8: benefícios mútuos nas relações com os fornecedores

O foco da qualidade está na agregação de valor, e isso, na maioria das vezes, não ocorre por si só. Para se agregar qualidade a um produto, a matéria-prima também deve apresentar qualidade, isto é, tem que vir com um valor agregado. Desse modo, uma organização e seus fornecedores são interdependentes, ou seja, um fornecedor não age apenas com um objetivo próprio, mas com base nas necessidades de seus clientes, promovendo-lhes benefícios. Assim, as organizações dependem particularmente de boas relações de negócios com seus fornecedores. Essa é a única forma para que ambas as partes assegurem contribuição máxima para a criação de valor mútuo.

Para a obtenção desses benefícios mútuos, também é indispensável uma comunicação transparente, em que haja o compartilhamento detalhado de informações a respeito da qualidade com seus fornecedores, bem como a participação destes nas ações de melhoria. Assim, o acordo de objetivos será comum para ambas as partes, tendo em conta os interesses dos clientes, a cooperação no desenvolvimento e a melhoria dos produtos.

3.1.2
Considerações sobre os princípios de gestão da qualidade

A aplicação dos princípios de gestão da qualidade para uma empresa proporciona melhor visão de futuro, possibilitando aos líderes maior facilidade para a tomada de decisões, bem como para envolver os colaboradores e incorporar à organização o ideal de contínuo aperfeiçoamento.

Certamente, para se obter sucesso, os oito princípios da qualidade devem ser aplicados na rotina da empresa, exigindo análise e interpretação específica para cada tipo de negócio.

Os oito princípios trabalhados neste capítulo estão alinhados com os requisitos de qualidade inseridos na norma NBR ISO 9001 (ABNT, 2008) e permitem promover a capacidade de desempenho de sistemas de gestão em uma organização abrangendo uma relação benéfica entre clientes, fornecedores, acionistas e a sociedade em geral.

Princípios da qualidade

Estudo de caso

Avaliação dos princípios de gestão em uma secretaria de transporte municipal

Daiane Maria de Genaro Chiroli

1. Introdução

A gestão de um órgão público é tão complexa quanto a de um organismo privado. No entanto, o foco no cliente deve ser ainda mais priorizado, pois uma má gestão causa impactos em toda a sociedade.

Percebe-se que em muitas cidades simplesmente não existe um organismo que conduza a gestão de trânsito e transportes, favorecendo altos índices de acidentes, descontentamento por parte da população e desmotivação pelos funcionários do setor em desenvolver projetos.

O Brasil está em uma colocação muito ruim no *ranking* mundial de mortes no trânsito. Mas, se os gestores de trânsito das cidades não fizerem nada, será que esse quadro mudará?

Certamente, existem outros fatores que contribuem para que o Brasil esteja mal colocado nessa lista, entre eles: a estrutura física das cidades; o comportamento dos condutores de veículos; a exposição e o movimento de pedestres sob condições inseguras; a precariedade da educação e da fiscalização do trânsito (Denatran, 2010).

Com o intuito de angariar respostas a esse problema e de avaliar a visão do gestor e das pessoas que trabalham em uma Secretaria de Transportes, o presente estudo objetivou conhecer o funcionamento deste órgão, visando identificar os princípios de qualidade por ele praticados.

2. Desenvolvimento

Para identificar os princípios de qualidade utilizados por uma Secretaria de Transportes, foram realizadas várias entrevistas não estruturadas com a equipe técnica, em especial com a Gerência de Engenharia de Tráfego e com a Secretaria de Transportes. Para Laville e Dionne (1999), esse tipo de pesquisa deixa o entrevistado decidir a forma pela qual constrói sua resposta. O levantamento desses dados foi obtido com a Secretaria Municipal de Trânsito (Setran) da cidade de Maringá, no Paraná. Foram aplicados dois tipos de questionamentos:

1 Visão sobre a qualidade dos serviços prestados.

2 Identificação dos requisitos técnicos da qualidade utilizados.

Para a identificação dos requisitos técnicos, desenvolveu-se um *checklist* que apresentava vários atributos (critérios ou fatores que guiam uma decisão) de possível mensuração que permitiriam avaliar a qualidade no trânsito de uma cidade.

3. Funcionamento da Setran da cidade de Maringá

Na coleta de dados realizada com os técnicos, engenheiros e estagiários da Setran de Maringá, buscou-se conhecer e relacionar as opiniões sobre o funcionamento desse órgão à visão sobre a qualidade dos serviços prestados por ele. Desse modo, foram contabilizadas as respostas de seis formulários, pelas quais tornou-se possível compreender o funcionamento da Setran.

A cidade de Maringá é integrada à Secretaria Nacional de Transportes (SNT), e o sistema de trânsito é gerenciado pela Secretaria Municipal de Transportes (SMT), a qual exerce as competências a ela atribuídas. Municipalizada há 11 anos, a Setran assume a responsabilidade por planejamentos, projetos, operações e fiscalizações, não apenas no perímetro

Princípios da qualidade

urbano, mas também nas estradas municipais, além de desempenhar tarefas de sinalização, aplicação de penalidades e educação de trânsito.

Sua estrutura organizacional é composta por: uma Secretaria de Trânsito; uma Diretoria de Planejamento e Sistema Viário, que compõe uma Gerência de Engenharia de Tráfego e uma Gerência de Projetos; uma Diretoria de Trânsito vinculada à Coordenadoria de Multas e subdividida em Gerência de Educação no Trânsito, Gerência de Fiscalização no Trânsito e Gerência de Estacionamento Rotativo; e vinculadas diretamente à Secretaria estão a Gerência de Terminais e Concessão, a Gerência de Transportes e a Gerência Administrativa.

Quando os colaboradores foram questionados se sabiam quais eram as missões da Setran e da prefeitura, a resposta que todos deram foi negativa, ou seja, nenhum deles, nem mesmo o gestor do órgão, soube responder à pergunta com relação à missão do município. Em tempo, de acordo com a Prefeitura do município de Maringá (PMM), a missão é: "Fazer de Maringá uma cidade segura e agradável para viver, saudável e alegre para criar nossos filhos e cuidar dos nossos idosos. Uma cidade progressista, boa para trabalhar e fazer negócios. E, para quem não tem o privilégio de viver aqui, uma cidade que vale a pena conhecer" (Maringá, 2016).

A Setran de Maringá não dispõe de um sistema de certificação da qualidade nem uma equipe responsável pela gestão da qualidade. Num âmbito geral, quem seria o responsável por exigir tal gestão seria a prefeitura. A PMM possui um sistema de gestão pública chamado *Elotech*, o qual possibilita exercer melhor controle interno e possui ação preventiva antes que ações ilícitas, incorretas ou impróprias possam atentar contra os princípios da Constituição da República Federativa do Brasil. Todos os documentos utilizados pelos funcionários da prefeitura são padronizados.

Quanto às perguntas referentes a treinamentos realizados visando melhorar a qualidade das atividades, a como trabalhar de acordo com os padrões do sistema de gestão ou à avaliação da eficácia de atendimento, os entrevistados responderam que nunca receberam treinamento com objetivo voltado à qualidade de suas atividades rotineiras. Porém, cerca de 30% dos entrevistados ressaltaram que obtiveram treinamentos em ética profissional e atendimento ao público.

Foram questionados os engenheiros e técnicos, assim como o secretário de transportes, em relação aos indicadores utilizados pela Setran. Perguntou-se a eles quais indicadores utilizavam para obter parâmetros sobre como conduzir melhorias em seu gerenciamento. No entanto, ao ouvirem o termo *indicadores*, vários entrevistados sequer sabiam seu significado. Detectada essa dificuldade, explicou-se que tais indicadores representam os dados utilizados pela Setran para definir as metas e os objetivos a serem alcançados, por meio dos quais se permite avaliar o desempenho das atividades da organização. Mesmo com tal explicação, poucos funcionários souberam discriminar o uso de indicadores.

A engenheira esclareceu que para alguns estudos eram utilizadas estatísticas de acidentes de trânsito fornecidas pelo 4º Batalhão da Polícia Militar, treinado para executar tal coleta de dados. Também informou que analisavam somente alguns pontos críticos de acidentes, e que se tratavam de análises mais pontuais. Uma informação importante da engenheira foi que a cidade de Maringá utiliza como metodologia para analisar os acidentes de trânsito a NR 10697, que tem por objetivo definir os termos técnicos utilizados na preparação e execução de pesquisas relativas a acidentes de trânsito e elaboração de relatórios. Tal norma não é utilizada em todas as cidades do Brasil, o que dificulta a comparação com as estatísticas em outras cidades brasileiras. Um exemplo a ser destacado é dos dados coletados na cidade de Curitiba, capital do Estado do Paraná, que não contabiliza os óbitos ocorridos até 30 dias após o acidente, mas somente os óbitos no local.

Na questão referente à forma como se discutia um problema de trânsito na Setran e se havia envolvimento de pessoas em diferentes níveis de conhecimento para conduzirem ações de melhorias na cidade, foi relatado que isso acontecia quando o problema era muito difícil de ser resolvido e

Princípios da qualidade

que geralmente envolvia a Gerência de Engenharia de Tráfego, a Gerência de Educação no Trânsito e a Gerência de Fiscalização no Trânsito.

Foi exposto que a equipe se organizou e realizou estudos para melhor conduzir as campanhas educativas no trânsito para que os condutores de veículos respeitassem as faixas de pedestres. O então secretário de transportes explicou que essas ações de educação de trânsito, principalmente os programas de respeito à faixa de pedestre, eram constantemente realizadas pela Setran.

Quando da análise dos problemas de trânsito, a equipe técnica da Setran enfatizou o trabalho dos agentes de trânsito que atuavam na cidade, sob a função de registrar as anormalidades do sistema e relatar mensalmente as ocorrências. Tal relatório permitiria à equipe técnica desenvolver projetos de acordo com a necessidade da cidade. Quando questionados em relação à visão que tinham sobre a qualidade do serviço oferecido pela Setran, a resposta dada foi a de que a equipe trabalhava com a realidade existente, ou seja, fazia o que era possível dentro do panorama da secretaria. Ainda, salientaram que o corpo técnico era muito eficaz, porém, havia a necessidade de uma melhor estruturação do setor, pois faltavam profissionais capacitados para dividir as responsabilidades, no intuito de que os resultados fossem sustentáveis.

Um ponto positivo é que existe uma ouvidoria na cidade que registra todas as reclamações dos cidadãos e permite identificar melhor os problemas existentes, de modo a conduzir melhorias no planejamento das ações públicas municipais.

Com a análise dos princípios de gestão da Setran de Maringá, foi possível perceber que o órgão não possui princípios de gestão bem definidos, porém existem parâmetros que favorecem as ações de melhoria no setor. Neste aspecto, a ouvidoria visa atender prontamente os anseios da sociedade.

Percebeu-se que o órgão apresenta bom senso de liderança do seu gestor. No entanto, por ser um órgão público, e pelo fato de o secretário ter um cargo de confiança, não há continuidade de alguns princípios estabelecidos, não norteando a visão de futuro do setor.

Quanto ao foco no cliente – no caso, o cidadão –, há sim grande preocupação. Contudo, nem sempre os recursos estão disponíveis no tempo certo, dificultando a execução de muitos projetos.

Notou-se que a equipe é entrosada e envolvida com os objetivos do órgão. Seu líder motiva as pessoas e as conduz para um real envolvimento, com o objetivo de que melhores projetos sejam desenvolvidos, bem como com a intenção de identificar as prioridades de cada um. No entanto, a abordagem da gestão não é sistêmica. Por mais que haja envolvimento por parte das pessoas, percebeu-se que os setores não trabalham alinhados aos mesmos objetivos, dificultando o foco na melhoria contínua.

A abordagem factual para tomada de decisões é utilizada em parte. São feitas análises estatísticas para identificar os pontos críticos de acidentes, intensidades, locais críticos, polos geradores, entre outros. No entanto, muitas ações são realizadas partindo de vontades políticas, o que agrada a alguns cidadãos, mas não atende plenamente a sociedade.

Com relação ao princípio de benefícios mútuos nas relações com os fornecedores, este acaba não sendo atendido. Pelo fato de o órgão trabalhar com contratos por licitações, muitas vezes perde-se o foco da qualidade em detrimento dos custos.

Sobre os requisitos técnicos, foram avaliados os relacionados à infraestrutura do setor, das cidades, das vias, das pessoas (técnicos, agentes de trânsito e cidadãos), da segurança, dos veículos, do meio ambiente e do tráfego. Nesses pontos, houve nivelamento em relação às respostas – pois todos os requisitos foram considerados de igual importância para atender aos anseios da sociedade.

4. Considerações finais

A avaliação dos princípios de gestão da qualidade pode ser realizada em qualquer organização. Para um organismo público como a Setran de Maringá, tais princípios são fundamentais. No entanto, este estudo acabou por demonstrar que muitas vezes o pessoal não está preparado para compreender a importância desses princípios.

Também percebeu-se que não existe uma política da qualidade inserida na cultura dos funcionários da Setran de Maringá. Isto é, por mais que existam padrões, estes nem sempre são seguidos, até mesmo pela falta de oportunidades de treinamento para os funcionários.

Assim sendo, conclui-se que é possível inserir esses princípios no órgão público em questão. Porém, isso deve começar pelo prefeito do município, que tem a função de fazer todos os habitantes conhecerem e praticarem a missão da cidade, conduzindo, assim, meios para que haja o desdobramento e o estabelecimento de metas de melhorias que permitam avaliar a satisfação dos cidadãos, destinando a melhor utilização dos recursos do município e melhorando a qualidade de vida de seus habitantes.

Síntese

Neste capítulo, apresentamos breves comentários sobre os princípios gerais da qualidade. Verificamos que uma empresa precisa estabelecer seus princípios com o intuito de administrar os elementos que fazem parte da organização. Tais princípios possibilitam direcionar mecanismos para melhorar a tomada de decisão, bem como para identificar ações de melhorias dentro da organização. Por isso, devem ser a base para que a empresa construa e forme as colunas que sustentem seu negócio.

De modo a garantir essa sustentação, a norma NBR ISO 9001 (ABNT, 2008) estabeleceu um conjunto de oito princípios que permitem às empresas oferecerem um atendimento mais amplo às necessidades dos clientes, além de focar em ações baseadas na realidade da organização, ou seja, em fatos e dados, os quais constituem fonte fundamental de informação para que a alta administração consiga traçar planos futuros e melhorar o desempenho da empresa.

Do exposto, podemos concluir que para uma empresa implementar um modelo de gestão, tanto de qualidade como de meio ambiente, segurança e saúde ocupacional (ou outros), faz-se necessário estabelecer seus próprios princípios, tendo como base os oito princípios de qualidade apresentados pela ISO 9001: foco no cliente; liderança; envolvimento das pessoas; abordagem por processos; abordagem sistêmica de gestão; melhoria contínua; abordagem factual para tomada de decisão; e benefícios mútuos nas relações com fornecedores.

Questões para revisão

1 O que é um princípio de gestão?

2 Quais são os cinco princípios básicos nos quais uma organização deve se basear para definir seu modelo de gestão?

3 Assinale (V) para as alternativas verdadeiras e (F) para as falsas:

( ) Um sistema de gestão da qualidade baseado em processos promove a análise da organização por meio das linhas funcionais e departamentais, procurando identificar a interação entre os processos e, em casos de problemas, as possíveis causas de erro e seus respectivos responsáveis.

Princípios da qualidade

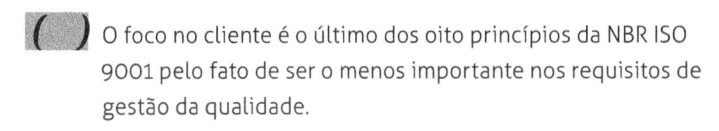

( ) O foco no cliente é o último dos oito princípios da NBR ISO 9001 pelo fato de ser o menos importante nos requisitos de gestão da qualidade.

( ) A abordagem sistêmica para a gestão avalia o alinhamento do plano de negócios da empresa com os aspectos funcionais e de processo, de modo que todas as metas de processos individuais estejam alinhadas aos objetivos da organização.

( ) Os princípios de qualidade direcionam para a tomada de decisões e garantem que o conhecimento das pessoas seja a base mais concreta para tal.

( ) O líder é de fundamental importância para se conseguir implantar um sistema de gestão da qualidade, uma vez que estabelece o direcionamento de políticas e práticas internas no processo de qualidade da organização, além de criar um ambiente propício e auxiliar no desenvolvimento de competências para toda a empresa.

Agora, assinale a opção que apresenta a sequência correta:

a V, V, F, V, F.

b F, V, V, F, V.

c V, F, V, V, V.

d F, F, V, F, V.

e V, F, V, F, V.

4 Assinale a seguir a alternativa relacionada ao princípio de melhoria contínua:

a Foco na tomada de decisões concretas, e não baseadas em opiniões.

b Gestão por processos, com ação participativa, considerando as necessidades de todos os *stakeholders*.

c Visão sistêmica do negócio, integração de todos os princípios e alinhamento das atividades de melhoria em todos os níveis.

d Avaliação e abertura para utilizar as habilidades de recursos humanos existentes, estimulando um maior envolvimento das pessoas no processo de tomada de decisão.

e Também chamada de *princípio da igualdade*, é o pilar de sustentação para a motivação dos colaboradores e para a melhoria dos resultados da organização.

5 O modelo de sistema de gestão da qualidade definido pela NBR ISO 9001 (ABNT, 2008) baseia-se em oito princípios de gestão da qualidade. Relacione os conceitos a cada um desses princípios nas colunas a seguir:

I Foco no cliente

II Liderança

III Envolvimento das pessoas

IV Abordagem por processo

V Abordagem sistêmica de gestão

VI Melhoria contínua

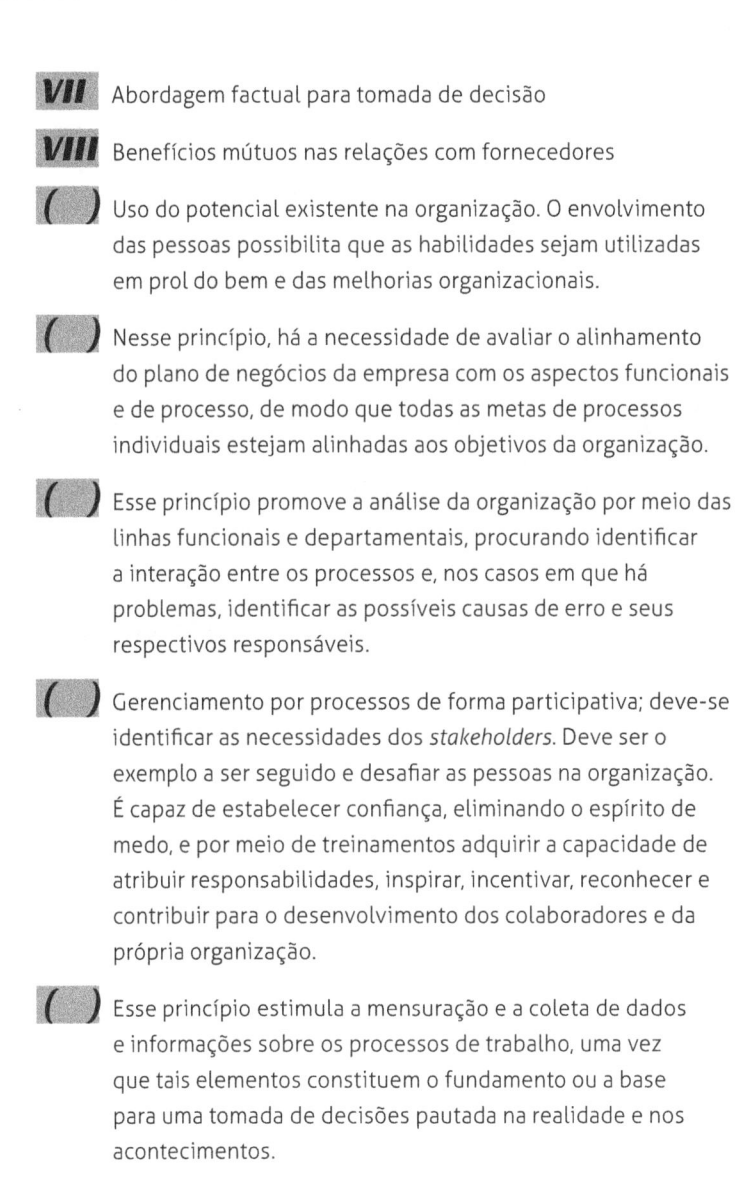

Princípios da qualidade

VII Abordagem factual para tomada de decisão

VIII Benefícios mútuos nas relações com fornecedores

( ) Uso do potencial existente na organização. O envolvimento das pessoas possibilita que as habilidades sejam utilizadas em prol do bem e das melhorias organizacionais.

( ) Nesse princípio, há a necessidade de avaliar o alinhamento do plano de negócios da empresa com os aspectos funcionais e de processo, de modo que todas as metas de processos individuais estejam alinhadas aos objetivos da organização.

( ) Esse princípio promove a análise da organização por meio das linhas funcionais e departamentais, procurando identificar a interação entre os processos e, nos casos em que há problemas, identificar as possíveis causas de erro e seus respectivos responsáveis.

( ) Gerenciamento por processos de forma participativa; deve-se identificar as necessidades dos *stakeholders*. Deve ser o exemplo a ser seguido e desafiar as pessoas na organização. É capaz de estabelecer confiança, eliminando o espírito de medo, e por meio de treinamentos adquirir a capacidade de atribuir responsabilidades, inspirar, incentivar, reconhecer e contribuir para o desenvolvimento dos colaboradores e da própria organização.

( ) Esse princípio estimula a mensuração e a coleta de dados e informações sobre os processos de trabalho, uma vez que tais elementos constituem o fundamento ou a base para uma tomada de decisões pautada na realidade e nos acontecimentos.

( ) Tal princípio defende que as organizações dependem de boas relações de negócios com toda a cadeia de suprimentos. Essa é a única forma para que ambas as partes assegurem contribuição máxima para a criação de valor mútuo; para tal, necessita-se de comunicação transparente e da participação de fornecedores nas ações de melhoria.

( ) Esse princípio é fundamental, uma vez que se a empresa deixa de melhorar, deixa de ser boa para o cliente.

( ) Como as organizações dependem de seus clientes, elas devem trabalhar com mecanismos que possibilitem compreender as necessidades tanto de seus consumidores atuais quanto dos futuros, e exceder suas expectativas, garantindo assim o sucesso do negócio.

Agora, assinale a alternativa que apresenta a sequência correta:

a I, II, III, IV, V, VI, VII, VIII.

b II, III, IV, I, VIII, V, VI, VII.

c III, V, IV, II, VIII, VII, VI, I.

d IV, III, II, VI, VII, I, V, VIII.

e VIII, I, II, III, IV, V, VI, VII.

Princípios da qualidade

Para saber mais

Se você estiver interessado em aprofundar os estudos sobre os princípios de gestão da qualidade nas organizações, consulte o Capítulo 2 do seguinte livro:

MELLO, C. H. P.; SILVA, C. E. S.; TURRIONI, J. B.; SOUZA, L. G. M. **ISO 9001:2008**: sistema de gestão da qualidade para operações de produção e serviços. São Paulo: Atlas, 2009.

4
Normas de gestão

Conteúdos do capítulo:

- ISO 9001.
- ISO 14001.
- OHSAS 18001.

**Após o estudo deste capítulo,
você será capaz de:**

1. conhecer as normas da qualidade, do meio ambiente e da segurança e saúde organizacional;
2. compreender a importância dos requisitos que regem essas normas de gestão;
3. aplicar normas de gestão em uma organização;
4. dominar noções preliminares sobre a implantação de normas.

qualidade
Normas de gestão

No mundo atual os clientes estão cada vez mais exigentes. Em virtude disso, as empresas, para se manterem no mercado competitivo, precisam investir em qualidade e padronização. Para isso, devem desenvolver e manter sistemas de qualidade com foco na melhoria contínua, pois esta visa à redução de custos, melhoria de qualidade dos processos e produtos e aumento na produtividade. Esse princípio integra todos os outros inseridos em um sistema de gestão.

Existem vários métodos e requisitos para um sistema de gestão; um dos principais se refere à gestão da qualidade; no entanto, não menos importantes são os sistemas de gestão ambiental e de segurança e saúde ocupacional. Tais modelos são certificáveis, permitindo às empresas garantirem ainda mais conformidade em seus processos. Esses sistemas apresentam requisitos genéricos, que podem ser implantados em qualquer tipo de empresa.

Neste capítulo, procuramos apresentar cada uma das normas que certificam a conformidade dos requisitos nas organizações. Tais normas são decisivas para o sucesso de cada empresa.

4.1 ISO 9001

A norma de gestão da qualidade ISO 9001, desde sua criação, contribuiu e continua sendo de grande valia para a vida humana. No entanto, nem sempre é possível percebê-la, o que ocorre pelo fato de o produto ou serviço adquirido geralmente satisfazer as nossas necessidades como clientes. Porém, quando o produto ou serviço apresenta uma série de problemas, é natural sentirmos insatisfação devido à falta de qualidade. Muitos dos produtos que atendem aos requisitos dos clientes possivelmente apresentem premissas de um sistema de gestão da qualidade, ou o próprio modelo de certificação da qualidade ISO 9001.

A gestão da qualidade visa à formalização de processos, normas e métodos da empresa, o que, por meio da certificação da qualidade ISO 9001, comprova que ela cumpre com os requisitos estabelecidos pela certificadora.

Conforme já mencionamos no Capítulo 1 deste livro, ISO significa *International Organization for Standartization*, ou seja, trata-se de uma organização voltada para promover padrões internacionais de qualidade, cujo principal objetivo é auxiliar empresas a atingirem a satisfação do cliente por meio da normalização, com requisitos de melhoria contínua que permitem documentar os elementos necessários para manter um sistema de qualidade eficiente e eficaz.

Em outras palavras, é possível dizer que a norma ISO é norteadora na condução dos negócios de modo eficiente, bem como que possibilita garantir que todos os pontos-chave e mais influentes não sejam esquecidos. A hierarquia da empresa também fica muito mais definida, pois se limitam responsabilidades sobre todas as atividades envolvidas na empresa.

Desse modo, a organização deve conduzir as seguintes ações:

- identificar os processos necessários para o sistema de gestão da qualidade;
- aplicar a gestão de processos em toda a organização;
- determinar a sequência dos processos, bem como a interação existente entre eles;
- definir critérios de controle de processos;
- definir métodos necessários para certificar que a operação e o controle dos processos sejam eficazes;
- disponibilizar recursos e informações necessários;

qualidade
Normas de gestão

- monitorar, medir e analisar os processos;
- implementar ações necessárias para atingir os resultados planejados e a melhoria contínua dos processos.

É importante destacarmos que as normas ISO não são obrigatórias, mas se consolidaram como um instrumento potencial para qualificar empresas que desejam garantir a qualidade de seus produtos aos clientes. Assim, como a exigência do mercado é cada dia maior, uma das formas de se destacar é obtendo essa certificação reconhecida mundialmente.

Dentro desse contexto, a empresa que obtém a certificação para ser competitiva realiza isso de forma voluntária, ou seja, não existe uma legislação/regulamentação que impõe essa certificação. Entretanto, existe a certificação compulsória, que nada mais é do que a exigência regulamentada por meio de lei ou portaria de um órgão regulamentador. Isso ocorre porque alguns produtos algumas vezes precisam de adequação, muitas vezes por motivos de segurança, saúde, meio ambiente e, para que as empresas possam comercializá-los, devem apresentar tal certificação.

Quando há a necessidade de obter a certificação compulsória, as empresas têm um tempo determinado para consegui-la. Por exemplo, em se tratando de berços para bebês, o Instituto Nacional de Metrologia, Qualidade e Tecnologia (Inmetro), em junho de 2011, publicou a Portaria n. 269 (Brasil, 2011a), que teve como objetivo estabelecer os critérios para o Programa de Avaliação da Conformidade para Berços Infantis. Para isso, utilizou-se do mecanismo de certificação compulsória, segundo o qual os fabricantes deveriam atender aos requisitos da Norma Regulamentadora 15860, Partes 1 e 2, visando à prevenção de acidentes com crianças e bebês. O Inmetro publicou depois a Portaria n. 361 (Brasil, 2011b), pela qual revogou a Portaria n. 457 de RGCP (Requisitos Gerais de Certificação de Produto).

De acordo com a Portaria n. 269 do Inmetro (Brasil, 2011a), o modo como deve ser realizada a avaliação da conformidade para berços infantis é o da certificação compulsória, que deve ser conduzido pelo Organismo de

Avaliação da Conformidade (OAC), denominado *Organismo de Certificação de Produto* (OCP). Com as novas normas em vigor, fabricantes e importadores de berços têm 18 meses para se adequarem e, a partir desse período, o prazo é de seis meses para a comercialização de produtos fabricados sem a certificação e que restaram em estoque, somando, assim, 24 meses. Já para o vendedor de berços, o prazo é de 36 meses para comercializar produtos sem a certificação.

Alguns exemplos de produtos que têm certificação compulsória no Brasil são: barras e fios de aço; brinquedo – segurança; cabos e cordões flexíveis; capacete de proteção para ocupantes de motocicletas e similares; embalagem plástica para álcool; equipamento elétrico para atmosfera explosiva; equipamentos eletromédicos; extintor de incêndio – fabricação; extintor de incêndio – inspeção; manutenção e recarga; pneus novos de motocicletas; motoneta e ciclomotor; ônibus urbano – carroçarias; preservativo masculino; vidros de segurança dos veículos, entre outros (Templum..., 2016).

Para obter a certificação, as empresas precisam se preparar. Enquanto algumas já têm práticas de gestão da qualidade, outras não apresentam nenhuma e devem, por isso, começar do zero. Nessa preparação, o desenvolvimento de um cronograma é de extrema importância para se conseguir implantar um sistema de gestão da qualidade que permita maior sensibilização e comprometimento de todos os envolvidos. Assim sendo, nesse processo de preparação, deve-se identificar em que a empresa precisa se adequar para conseguir obter a certificação. Para isso, realiza-se uma avaliação de pré-implementação.

Essa avaliação consiste de um *checklist* que relaciona os requisitos contidos na ISO 9001 com as práticas de gestão da empresa. Por exemplo, na avaliação do sistema de gestão da qualidade identifica-se a existência de mapeamento de processos, interação entre processos, documentação da qualidade, padrões de processo e de documentos, entre outros. Destarte, para cada requisito deve haver avaliações coerentes, sempre apontando os fatores relevantes e que evidenciem problemas de qualidade, conduzindo para o levantamento de necessidades da empresa.

Diante das necessidades, inicia-se o processo de preparação de implementação da ISO, que nada mais é que a realização do planejamento.

No planejamento, é necessário definir a equipe de trabalho da qualidade, nomeando o coordenador da qualidade e o conselho da qualidade. Também devem ser definidos os meios para identificar os requisitos dos clientes e a determinação das atividades de gestão críticas para a garantia da qualidade.

Para tal, a alta direção, ou alta gerência, deve determinar e inserir, nos objetivos organizacionais, os objetivos da qualidade, de modo a mensurá-los e ter consistência com a política da qualidade da empresa. Na etapa de planejamento, também deve-se inserir os meios para atender aos requisitos de qualidade da norma certificadora, bem como garantir a integridade de tal sistema em todo o desenvolvimento da empresa (Brasil, 2016d).

É no processo de planejamento que, além da política da qualidade, define-se a missão da empresa e sua determinação em cada unidade de negócio, possibilitando limitar quais serão as métricas de medição para avaliar e monitorar a qualidade, além dos recursos necessários para a implantação da certificação.

Para isso, a NBR ISO 9001 (ABNT, 2008) exige que a organização em questão pratique constantemente o gerenciamento dos processos e efetue planejamentos buscando a melhoria contínua do próprio sistema de qualidade, conforme demonstrado na Figura 4.1, que ilustra a sistemática de implementação do sistema de gestão da qualidade baseada em processos.

Figura 4.1 – Sistemática de implementação do sistema de gestão da qualidade baseada em processos

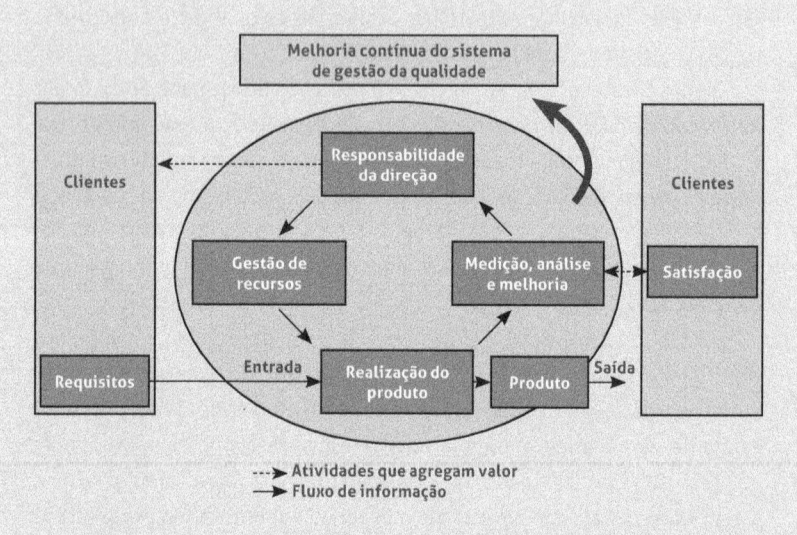

```
                    Melhoria contínua do sistema
                      de gestão da qualidade

                         Responsabilidade
Clientes  ←---------       da direção                        Clientes

              Gestão de              Medição, análise
              recursos                 e melhoria           Satisfação

                         Entrada    Realização do    Saída
Requisitos  ─────────→                 produto      Produto  ─────→

              ---→ Atividades que agregam valor
              ──→ Fluxo de informação
```

Fonte: ABNT, 2008.

É possível perceber, por meio da ilustração, que o modelo de gestão da qualidade visa integrar os processos, conforme os requisitos existentes na norma certificadora. Também é possível observar que esse modelo segue um padrão cíclico, conforme o ciclo PDCA.

A norma deixa evidente a importância do uso do PDCA para conduzir os processos da organização. Apresentamos o ciclo PDCA no Capítulo 1 deste livro e o descrevemos aqui novamente, dessa vez, conforme consta na norma ISO 9001 (ABNT, 2008):

Plan **(planejar)** – Estabelecer os objetivos e processos necessários para gerar resultados de acordo com os requisitos do cliente e com as políticas da organização.

Normas de gestão

Do (executar) – Implementar os processos.

Check (verificar) – Monitorar e medir processos e produtos em relação às políticas, aos objetivos e aos requisitos para o produto, e relatar os resultados.

Act (agir) – Empreender ações para melhorar continuamente o desempenho dos processos.

Ao inserirmos o PDCA no modelo de gestão, ficam mais evidentes as etapas a serem realizadas para cumprir com os requisitos da qualidade, conforme demonstrado na Figura 4.2.

Figura 4.2 – Uso do ciclo PDCA na implementação do sistema de gestão da qualidade baseada em processos

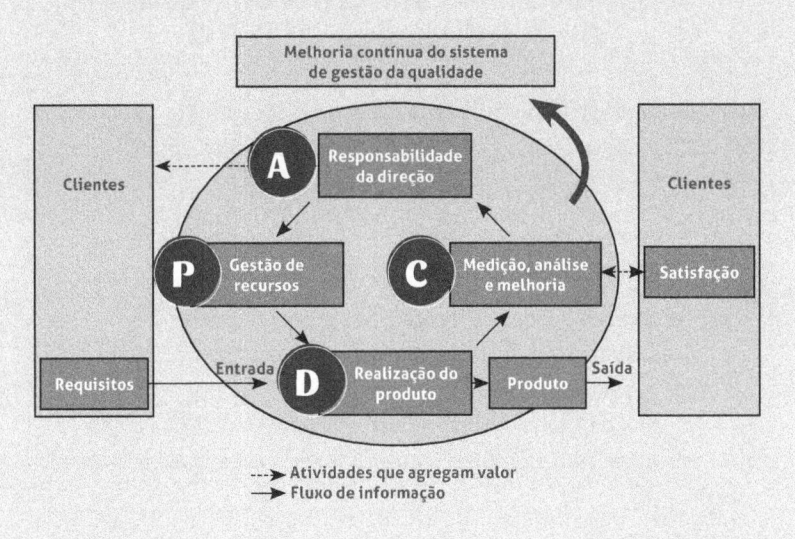

Fonte: Adaptado de ABNT, 2008.

Outro ponto que merece destaque na Figura 4.1 é que nesse sistema a entrada e a saída são representadas pelo cliente. Como entrada, há os requisitos; já como saída, a satisfação. Assim, a integração das ações realizadas dentro da organização deve estar voltada à avaliação de informações que representem os anseios dos clientes, bem como o atendimento a tais necessidades. Também é importante destacarmos que, por mais detalhada e genérica que seja a norma, ela estabelece o que a empresa deve fazer, aliás, quais requisitos devem existir no sistema de gestão; porém, ela não explica como tais requisitos devem ser implementados, pois isso varia de organização para organização.

4.1.1
Requisitos do sistema de gestão da qualidade ISO 9001

Além das seções introdutórias, que explicam o contexto da norma, a NBR ISO 9001 apresenta uma estrutura com cinco requisitos (os quais, desdobrados, formam 23), sendo eles (ABNT, 2008):

1 Requisitos do sistema (Seção 4 da norma) – Desdobra-se em requisitos gerais e requisito da documentação.

2 Responsabilidades da Direção (Seção 5 da norma) – Desdobra-se em seis requisitos, a saber: comprometimento da gestão; focalização no cliente; política e objetivos da qualidade; planejamento do sistema de gestão da qualidade; responsabilidade, autoridade e comunicação; revisão pela gestão.

3 Gestão de recursos (Seção 6 da norma) – Desdobra-se em quatro requisitos, sendo eles: provisão de recursos; recursos humanos; infraestrutura; ambiente de trabalho.

Normas de gestão

4 Realização do produto (Seção 7 da norma) – Composta de seis requisitos: planejamento da realização do produto; processos relacionados com o cliente; concepção e desenvolvimento; compra; produção e fornecimento do serviço; controle dos dispositivos de monitorização e de medição.

5 Medição, análise e melhoria (Seção 8 da norma) – Cinco requisitos são detalhados: generalidades; monitorização e medição; controle do produto não conforme; análise de dados; melhoria.

Como a norma é genérica, pode acontecer que alguma empresa não consiga ou não tenha como aplicar algum desses requisitos. Nesse caso, a organização fica impossibilitada de obter a certificação? Não, ela ainda pode consegui-la, contanto que considere tal requisito para exclusão.

Isso só é aceitável se a falta de um dado requisito não afetar a qualidade do produto ou serviço, ou seja, caso essa lacuna não afete a garantia da qualidade de seu produto, que deve atender aos requisitos dos clientes e aos requisitos estatutários e regulamentares aplicáveis.

Para saber mais

De acordo com o guia de terminologias usadas nas ISO 9001 e 9004, as definições dos termos *estatutário* e *regulamentar* são:

Estatutário – Requerido, permitido ou decretado por uma lei documentada emitida por uma entidade com poder para legislar.

Regulamentar – Requerido, permitido ou decretado por uma regra ou diretiva emitida por uma autoridade.

Para saber mais sobre as terminologias utilizadas, acesse o guia de termos e expressões da ISO:

ABNT – Associação Brasileira de Normas Técnicas. **Guia de termos e expressões utilizados na normalização** [recurso eletrônico]. Rio de Janeiro: ABNT; Sebrae, 2012.

Nas seções a seguir, são abordados alguns dos requisitos da norma.

Requisitos do sistema (Seção 4 da norma)

Como já descrevemos anteriormente, esse requisito se desdobra em requisitos gerais e requisitos da documentação.

Conforme apresentado nos requisitos gerais da NBR ISO 9001 (ABNT, 2008), o que a organização deve fazer para conduzir com eficácia seu sistema de gestão da qualidade, indicando que a empresa deve estabelecer, documentar, implementar e manter um sistema de gestão da qualidade (SGQ) e melhorar continuamente a sua eficácia de acordo com os requisitos da norma. Para atender a essa exigência, devem ser apontados todos os processos a serem aplicados por toda a empresa, bem como determinar a influência mútua desses processos. Para tal, é preciso apontar os critérios e os métodos necessários para assegurar que a operação e o controle desses processos sejam eficazes, de modo que recursos e informações estejam disponíveis para garantir que tudo aconteça adequadamente.

Outro fator abordado nesse requisito é a situação de empresas que optam por terceirizar alguns de seus processos e que precisam garantir o controle desses processos. Nesse caso, é válido definir dentro do sistema de gestão da qualidade da empresa maneiras de como controlar esses processos externos.

Para a implementação de um SGQ, faz-se necessário desenvolver a documentação da qualidade, de modo a registrar tudo o que a empresa realiza para garantir a qualidade de seus processos, conforme requisitos da documentação.

Normas de gestão

De forma geral, na documentação descreve-se a política da qualidade e seus objetivos, bem como o desenvolvimento de um manual da qualidade (a "bíblia" da empresa), em que os tópicos (ou versículos) da qualidade devem ser realizados (ou rezados) por todos na organização – ou seja, a qualidade é como uma religião a ser seguida pela empresa. Também devem ser documentados todos os procedimentos, bem como os registros para poder exercer a prática do controle.

Responsabilidades da direção (Seção 5 da norma)

Figura 4.3 – Ações que conduzem ao comprometimento da alta direção em relação à implantação da gestão da qualidade

Esse requisito está totalmente relacionado com os princípios da gestão da qualidade, como detalhado no Capítulo 3. O primeiro fator a ser abordado é que, sem o comprometimento dos gestores, a qualidade não acontece. Nesse sentido, a alta direção deve enfatizar seu comprometimento com o desenvolvimento e com a implementação do sistema de gestão da qualidade com evidências que levem todos os envolvidos com a qualidade a almejarem a melhoria contínua. Na Seção 5.1 da norma, explicita-se o que a alta direção deve fazer para conseguir desenvolver os outros requisitos estabelecidos nesse requisito, ou seja: foco no cliente; política e objetivos da qualidade; planejamento do sistema de gestão da qualidade; responsabilidade, autoridade e comunicação; e revisão pela gestão. Em tais requisitos (ABNT, 2008), são estabelecidas as seguintes condições:

a) difusão, para toda a organização, da importância em atender aos requisitos dos clientes, como também aos requisitos e estatutários regulamentares;

b) estabelecimento e implementação da política da qualidade;

c) certificação de que são estabelecidos os objetivos da qualidade;

d) foco na melhoria contínua, por meio de análises críticas pela direção;

e) garantia de que haverá disponibilidade de recursos necessários para a gestão da qualidade.

Portanto, todo cuidado da alta direção é pouco. Ela sempre deve focar nas necessidades dos clientes e conduzir meios para avaliar, tanto internamente como externamente, se os requisitos dos clientes estão sendo traduzidos na política da qualidade da empresa, nos objetivos da qualidade e nos indicadores definidos por ela.

Normas de gestão

Gestão de recursos (Seção 6 da norma)

Figura 4.4 – Necessidades de recursos para a obtenção da qualidade

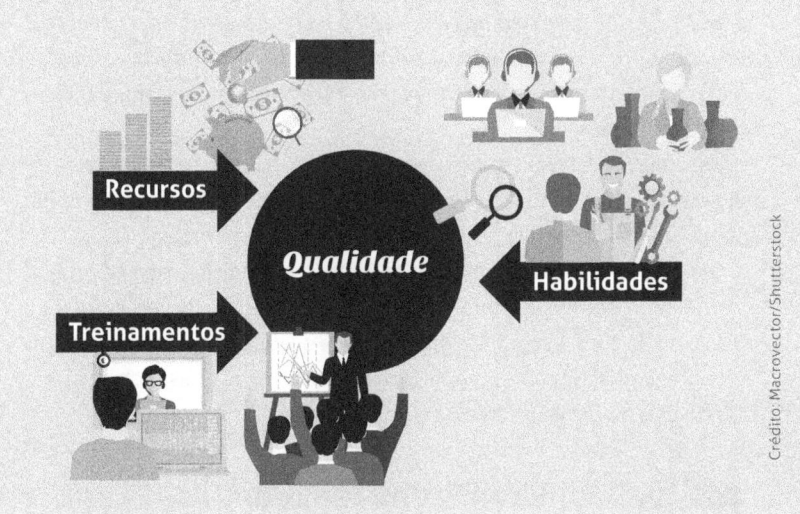

Crédito: Macrovector/Shutterstock

Nesse requisito, estabelece-se que a organização deve prover todos os recursos necessários para que a prática da qualidade aconteça. O ditado popular "querer é poder" ilustra bem esse requisito. Então, "querer" é motivante, é o que leva a organização a buscar o que deseja. Nesse sentido, quanto mais se deseja a qualidade em uma empresa, mais existe a necessidade de recursos e preparação para tal, sempre com o foco em superar as expectativas dos clientes.

Quando se fala em *recursos*, refere-se à totalidade destes. Por isso, deve-se gerenciar e prover os seguintes requisitos: recursos humanos, infraestrutura e ambiente de trabalho. Portanto, a alta direção deve buscar pessoas experientes, preparadas e capacitadas; todavia, como nem sempre existem profissionais gabaritados, a base deve ser a educação e o treinamento de pessoal, de modo a conscientizar esses funcionários sobre a importância da qualidade nas atividades desenvolvidas individualmente.

Com o foco na melhoria contínua, a empresa deve elaborar planos de necessidades de treinamentos a fim de educar pessoas e departamentos, bem como preparar uma avaliação do treinamento por meio da qual é possível conferir se realmente houve melhoramentos no desempenho da rotina da empresa.

Com relação à infraestrutura, a norma (ABNT, 2008) a classifica em: edifício e espaço de trabalho; equipamentos, materiais e *software*; serviços de apoio, como transporte, comunicação e sistemas de informação.

O ambiente de trabalho está relacionado às condições que garantem alcançar a conformidade com os requisitos do produto. No entanto, tem relação direta com as seguintes dimensões da qualidade: moral e segurança, ou seja, as condições do ambiente de trabalho, em que os aspectos físicos, cognitivos e ambientais devem ser considerados.

Realização do produto (Seção 7 da norma)

O primeiro ponto desse requisito aborda a necessidade de planejamento e desenvolvimento dos processos necessários para a realização do produto. Segundo a NBR ISO 9001 (ABNT, 2008), o planejamento da realização do produto deve ser consistente com os requisitos de outros processos do sistema de gestão da qualidade.

Esse requisito também especifica que, nessa etapa de planejamento da realização do produto, a organização deve determinar, quando apropriado:

a) os objetivos da qualidade e os requisitos para o produto;

b) a necessidade de estabelecer processos e documentos e prover recursos específicos para o produto;

Normas de gestão

c) a verificação, a validação, o monitoramento, a medição, a inspeção e as atividades de ensaio requeridos, específicos para o produto, bem como os critérios para a aceitação deste;

d) os registros necessários para fornecer evidência de que o processo de realização e o produto resultante atendem aos requisitos.

O planejamento da realização do produto possibilita atender aos requisitos dos clientes de modo a estruturar apropriadamente todos os processos em relação ao método de operação da organização. Mais uma vez, evidenciamos a necessidade da abordagem por processos como meio de atender aos outros requisitos inseridos na realização do produto, dentre os quais se destacam os processos relacionados com o cliente, bem como a concepção e o desenvolvimento destes.

A necessidade de ouvir o cliente e traduzir seus anseios em requisitos de projeto de produto requer o desenvolvimento de habilidades e de forte comunicação. Assim, a equipe técnica adquire muito mais facilidade para desempenhar melhores práticas na gestão de processos.

Outros requisitos, não menos importantes, estão relacionados à escolha de fornecedores, de modo a garantir a qualidade do produto e todo o controle de dispositivos utilizados, para que a prática de controle possibilite o monitoramento e a medição de práticas de melhorias.

Medição de análise e melhoria
(Seção 8 da norma)

A prática desse requisito visa avaliar o sistema de gestão da qualidade de modo a propiciar a prática da melhoria contínua. Esse processo de medição, análise e melhoria é subdividido em: generalidades; monitorização e medição; controle de produto não conforme; análise de dados; melhoria.

Como generalidades desse requisito, há a importância do exercício da qualidade para comprovar que o produto ou serviço está em conformidade com os requisitos, assegurando a conformidade do sistema de gestão da qualidade.

Nesse processo de garantia de conformidade se insere a necessidade do uso de técnicas e ferramentas estatísticas com o intuito de identificar e controlar a conformidade dos produtos, bem como obter dados que permitam tomar decisões baseadas em fatos e ter direcionamento nas ações a serem realizadas.

Como apresentado no Capítulo 2, sobre indicadores de desempenho, esse requisito visa conduzir a avaliação de modo a monitorar informações relativas à percepção dos clientes sobre o atendimento ou não por parte da organização aos requisitos esperados. Vários métodos podem ser utilizados para obter e utilizar essas informações, cada um deles determinado de acordo com a rotina de cada organização.

Conforme estabelecido pela NBR ISO 9001 (ABNT, 2008), as auditorias correspondem a uma das formas de realizar a avaliação interna e devem ser preparadas conforme o planejamento da organização. Por meio delas, permite-se não apenas identificar se realmente os padrões de qualidade estão sendo seguidos, mas também indicar pontos que possam ser melhorados.

Outro aspecto de extrema importância para a prática de avaliação da qualidade são as características dos produtos produzidos, as quais devem ser monitoradas e medidas para verificar se os requisitos do produto atendem aos anseios dos clientes. Tal processo acontece também de acordo com o planejamento especificado, registrando os itens conforme – que devem ser mantidos – e os não conforme – para os quais devem ser tomadas as devidas providências, de modo a atender e garantir a qualidade para o cliente. Todas as ações devem ser registradas com o objetivo de se obter um histórico relativo do que ocorre no dia a dia da empresa, bem como de controlar para que os itens não conforme não sejam entregues aos clientes.

O tópico referente à coleta e à análise de dados já foi abordado ao longo deste livro. No entanto, parte-se do princípio de que a organização deve definir quais dados são importantes para demonstrar sua eficácia na gestão da qualidade e, a partir dessa análise, identificar pontos a serem melhorados, conforme estabelece o próximo requisito do sistema de gestão da qualidade.

O último requisito do sistema de gestão da qualidade é o de melhorias, o qual presume o foco na melhoria contínua. Nesse processo, com o giro do ciclo PDCA, avalia-se, por meio das abordagens da qualidade, a organização da empresa, ou seja, sua política, seus objetivos, os resultados de auditorias, a análise de dados, as ações corretivas e preventivas e a análise crítica pela direção.

Tais medições são necessárias e, conforme evidencia Paladini (1995), são ações desempenhadas para viabilizar a gestão da qualidade no processo. Por meio das evidências de não conformidades, essas ações possibilitam eliminar as perdas, bem como suas causas, além de otimizar o processo, propiciando um ambiente adepto das práticas de melhoria contínua.

4.1.2 Revisão da norma ISO

Em virtude do processo de melhoria contínua, a norma de gestão da qualidade é continuamente revisada, de modo a esclarecer melhor os requisitos e torná-los mais fáceis de serem aplicados. Esse processo é chamado de *revisão sistemática*. Segundo as diretivas da ISO, deve-se elaborar uma revisão dos requisitos a cada cinco anos, no mínimo.

Desde o ano de 1987, quando a norma foi emitida pela primeira vez, para melhor compreendê-la e implementá-la, houve algumas revisões:

- **1987** – Elementos isolados com três níveis de requisitos (documento original).
- **1994** – Tendência de norma única, convergência para a ISO 9001.

2000 – Norma única de requisitos, fundamentos da gestão por processo.

2008 – Pequenas alterações: emenda para melhorar a clareza de fatores isolados.

2015 – Alterações que deixam mais claro como implantar esse modelo de gestão, com enfoque nas tecnologias utilizadas atualmente, bem como na necessidade de integração entre todos os sistemas de uma cadeia de suprimentos, o que dá destaque às cadeias globais, explicitando a necessidade de gerenciar as oportunidades e os riscos, melhorando, desse modo, o sistema de gestão baseado no desempenho do negócio.

Essas revisões partem da necessidade, uma vez que a organização de padrões internacionais de qualidade determina um fórum internacional, formado por países-membros ou associados, definindo consensos entre eles de modo a contribuir com sugestões de melhorias. Como já descrito, no Brasil, a Associação Brasileira de Normas Técnicas (ABNT) é a entidade que representa o país na ISO, sendo o Comitê Brasileiro de Qualidade (CB-25) o representante nos fóruns internacionais da ISO.

A revisão ocorre por meio de votação dos países-membros. Para que haja a mudança da norma – por exemplo, passar da ISO 9001:2008 para a versão ISO 9001:2015 –, há a necessidade de, no mínimo, 2/3 dos membros votarem a favor e não haver mais de 1/4 dos votos contrários.

O processo de revisão acontece por meio de um panorama da norma ISO 9001, em que a organização da ISO apresenta uma nova proposta de trabalho. Por meio de reuniões, são definidos esboços de trabalho baseados na norma. Posteriormente, estabelece-se um comitê que avalia esses esboços e se propõe uma nova versão da norma, a qual é disponibilizada para avaliação.

Normas de gestão

Após um determinado período de tempo, a avaliação é finalizada e a norma fica pronta para ser publicada em sua versão final, a ser distribuída e traduzida para os diversos países-membros.

Para saber mais

É interessante ler na íntegra o documento que foi base para o conteúdo deste capítulo até o presente momento.

ABNT – Associação Brasileira de Normas Técnicas. **NBR ISO 9001**: sistema de gestão de qualidade. Rio de Janeiro, 2008.

4.2 ISO 14001

Há pouco tempo, a maioria das organizações centravam seus interesses na produção e nos resultados financeiros, não se importando tanto com os impactos causados ao meio ambiente. No entanto, nos últimos anos, as questões ambientais passaram a exercer maior influência na economia, levando organizações de todos os setores a atentarem para esse aspecto.

O conceito de desenvolvimento sustentável teve suas primeiras apresentações na década de 1980 pelo Relatório de Brundtland[1], que ressaltou os riscos do uso excessivo dos recursos naturais. O relatório apresenta a necessidade de uma nova relação "homem-meio ambiente" e inclui soluções, como: diminuição do consumo de energia, desenvolvimento de tecnologias para uso de fontes energéticas renováveis e o aumento da produção

---

1   O Relatório Brundtland, também chamado *Nosso Futuro Comum* (*Our Common Future*), é o documento final da Comissão Mundial sobre Meio Ambiente e Desenvolvimento, promovido pela ONU na década de 1980 e chefiado pela então primeira-ministra da Noruega, Gro Harlem Brundtland.

industrial nos países não industrializados com base em tecnologias ecologicamente adaptadas.

O desenvolvimento sustentável assumiu dimensão internacional durante a Cúpula da Terra, a Eco 92, no Rio de Janeiro, de onde foram tiradas conclusões para a formulação da Agenda 21 (Capítulo 1 – Preâmbulo, item 1.3).

> A Agenda 21 está voltada para os problemas prementes de hoje e tem o objetivo, ainda, de preparar o mundo para os desafios do próximo século. Reflete um consenso mundial e um compromisso político no nível mais alto no que diz respeito a desenvolvimento e cooperação ambiental. O êxito de sua execução é responsabilidade, antes de mais nada, dos Governos. Para concretizá-la, são cruciais as estratégias, os planos, as políticas e os processos nacionais. A cooperação internacional deverá apoiar e complementar tais esforços nacionais. Nesse contexto, o sistema das Nações Unidas tem um papel fundamental a desempenhar. Outras organizações internacionais, regionais e subregionais também são convidadas a contribuir para tal esforço. A mais ampla participação pública e o envolvimento ativo das organizações não governamentais e de outros grupos também devem ser estimulados. (Brasil, 2016e)

Esse documento apresenta estratégias e táticas para um mundo equilibrado, envolvendo temas como crescimento populacional, pobreza, desperdício, degradação ambiental, saúde, violência, conflito e decadência urbana, entre outros. Mediante essas preocupações e com enfoque na melhoria dos recursos utilizados pelas empresas, que, em sua maioria, necessitaram enxergar e conduzir novas formas de gestão, gerou-se uma necessidade de se desenvolver ações no sentido de reduzir os danos causados ao meio ambiente e, assim, ter uma melhor visão dos impactos por eles gerados.

Normas de gestão

Para isso, foram criadas algumas certificações que auxiliam um sistema de gestão ambiental – SGA. Dentre elas, está a NBR ISO 14001, a qual estabelece o que é necessário para um sistema de gestão ambiental efetivo, auxiliando as organizações a alcançarem seus objetivos ambientais e econômicos (ABNT, 2004). Além disso, existe uma preocupação das organizações pela satisfação dos clientes, que a cada ano ficam mais exigentes e buscam não só a qualidade. Por conta disso, as empresas têm um cuidado maior em oferecer vários serviços, como demonstrar compromisso com o meio ambiente, pensando no futuro e ganhando, assim, a simpatia dos consumidores.

A NBR ISO 14001 foi elaborada no Comitê Brasileiro de Gestão Ambiental (ABNT/CB-038), pela Comissão de Estudo de Gestão Ambiental (CE-38:001.01). O projeto circulou em consulta nacional conforme Edital n. 08, de 31 de agosto de 2004, com o nome Projeto NBR ISO 14001 (ABNT NBR ISO 14001:2004). A NBR ISO 14001 é uma norma reconhecida internacionalmente e estabelece o que é necessário para um sistema de gestão ambiental efetivo que possa ser integrado a outros requisitos da gestão, auxiliando no alcance de seus objetivos ambientais e econômicos.

Assim como a norma da ISO 9001, a ISO 14001 tem como base o ciclo PDCA, que permite conduzir um melhor planejamento das ações a serem executadas, além de facilitar na integração com outros modelos de gestão.

Para obter a certificação ambiental, é preciso que a organização estabeleça, documente, implemente, mantenha e continuamente melhore o seu sistema de gestão ambiental. Para isso, essa norma requer que a organização empreenda mecanismos que permitam a todos os colaboradores estarem motivados para as práticas exercidas no dia a dia da empresa. Para que isso ocorra, a alta direção deve prover todos os recursos e estabelecer uma série de ações que permitam essa execução.

Tais ações devem ser avaliadas constantemente. Por isso há a necessidade da aplicação do ciclo PDCA, uma vez que sua gestão deve ser dinâmica, visando que os aspectos ambientais estejam permanentemente relacionados à melhoria contínua. Essas ações podem ser inseridas no ciclo, conforme indica a Figura 4.5.

Figura 4.5 – Ciclo de sistema de gestão ambiental

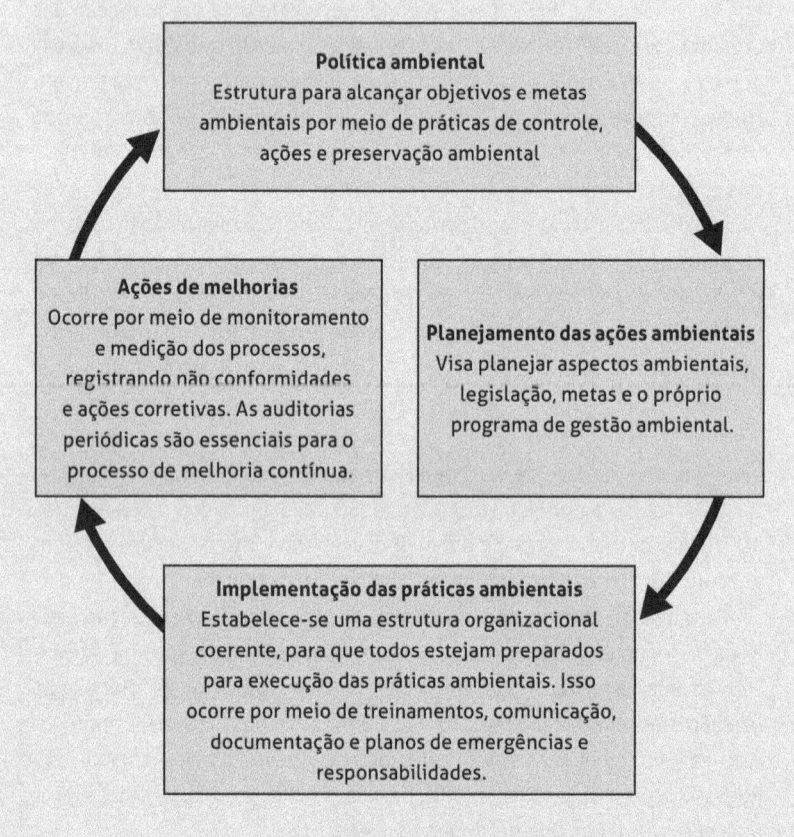

Política ambiental
Estrutura para alcançar objetivos e metas ambientais por meio de práticas de controle, ações e preservação ambiental

Ações de melhorias
Ocorre por meio de monitoramento e medição dos processos, registrando não conformidades e ações corretivas. As auditorias periódicas são essenciais para o processo de melhoria contínua.

Planejamento das ações ambientais
Visa planejar aspectos ambientais, legislação, metas e o próprio programa de gestão ambiental.

Implementação das práticas ambientais
Estabelece-se uma estrutura organizacional coerente, para que todos estejam preparados para execução das práticas ambientais. Isso ocorre por meio de treinamentos, comunicação, documentação e planos de emergências e responsabilidades.

Fonte: Adaptado de ABNT, 2004.

Normas de gestão

Conforme apresentado na figura, a NBR ISO 14001 descreve que a empresa deve:

a. estabelecer uma política ambiental apropriada para si;
b. identificar os aspectos ambientais decorrentes de atividades, produtos ou serviços da organização, passados, existentes ou planejados, para determinar os impactos ambientais significativos;
c. identificar os requisitos legais e regulamentares aplicáveis;
d. identificar prioridades e estabelecer objetivos e metas ambientais apropriados;
e. estabelecer uma estrutura e programa(s) para implementar a política e atingir os objetivos e metas;
f. facilitar as atividades de planejamento, controle, monitoramento, ação corretiva, auditoria e análise crítica, de forma a assegurar que a política seja obedecida e que o sistema de gestão ambiental permaneça apropriado;
g. ser capaz de adaptar-se às mudanças das circunstâncias. (ABNT, 1996a, p. 13)

Uma informação relevante é que, conforme apresentado na Figura 4.5, tecnicamente o ciclo, da forma como está apresentado, rompe com a melhoria contínua, pois não é contínuo. Então, uma forma mais apropriada é a do espiral do sistema de gestão ambiental, como ilustrado na Figura 4.6.

Figura 4.6 – Espiral do sistema de gestão ambiental

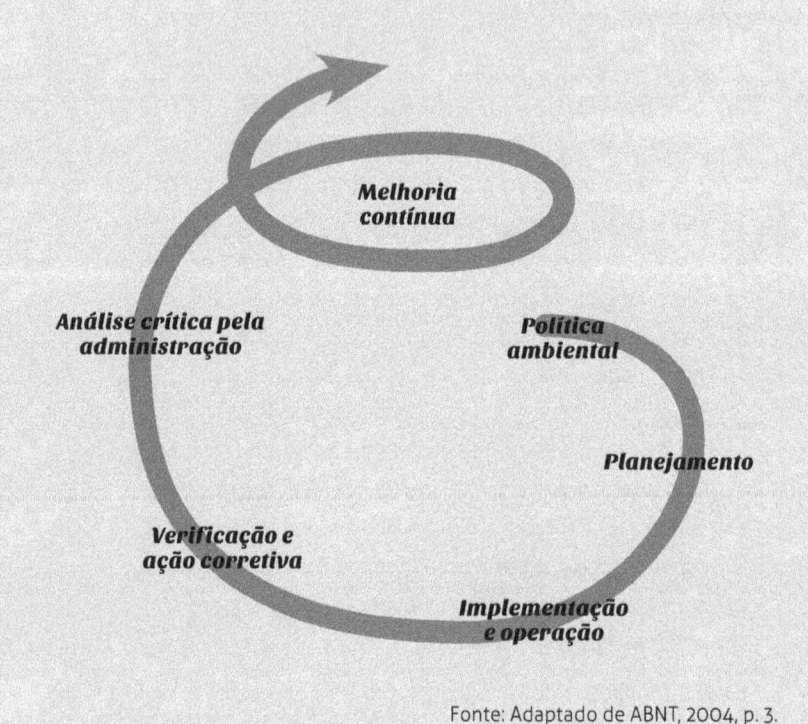

- Melhoria contínua
- Análise crítica pela administração
- Política ambiental
- Planejamento
- Verificação e ação corretiva
- Implementação e operação

Fonte: Adaptado de ABNT, 2004, p. 3.

É importante destacarmos que o processo de gestão acontece de forma permanente, devendo, portanto, avaliar e melhorar os processos – contexto da melhoria contínua. Para que isso ocorra, a política ambiental precisa ser muito bem estabelecida, conforme é descrito no tópico a seguir.

4.2.1 Política ambiental

A política ambiental é a maior força para implementar e aprimorar o SGA de uma organização, permitindo, assim, que seu desempenho ambiental seja mantido e aperfeiçoado – ou seja, recomenda-se que a política ambiental seja comunicada a todos os envolvidos na organização (ABNT, 2004). Conforme a NBR ISO 14001 (adaptado de ABNT, 2004, p. 6), essa política deve:

a) ser apropriada à natureza, à escala e aos impactos ambientais de suas atividades, produtos e serviços;

b) incluir um comprometimento com a melhoria contínua e prevenir a poluição;

c) comprometer-se em atender aos requisitos legais e a outros requisitos subscritos pela organização que se relacionem com aspectos ambientais;

d) fornecer estrutura para o estabelecimento e a análise de objetivos e metas ambientais;

e) ser documentada, implementada e mantida;

f) ser comunicada a todos que trabalhem na organização ou que atuem em seu nome;

g) estar disponível para o público.

A alta administração é quem define a política ambiental da organização, sendo o cerne do desenvolvimento e melhoria do sistema de gestão ambiental. No estabelecimento dessa política, a alta direção deve avaliar os princípios ambientais, considerando a preservação do meio ambiente em relação a todos os setores e etapas do processo de produção da organização; controle de processos; interação das práticas com visão social; comprometimento ambiental; e foco contínuo na busca de melhoria.

4.2.2 Planejamento

O planejamento é a base para que a política ambiental seja realmente implementada na organização. Assim, a empresa deve criar um plano de ação que implemente e conserve os procedimentos de modo a cumprir com essa política.

Tal plano de ação precisa considerar os aspectos ambientais (impactos negativos sobre o meio ambiente), requisitos legais (compromisso em atender à legislação vigente), bem como os objetivos e as metas (diretrizes desdobradas ao longo do tempo a fim de se atingir os resultados em cada atividade da organização), além de programas de gestão ambiental, entre os quais incluem-se as atribuições de responsabilidade para atingir os objetivos e as metas estabelecidos pela organização. O plano de ação também deve levar em conta os meios e o prazo no qual se espera atingir os objetivos.

4.2.3 Implementação e operação

A alta administração deve assegurar a disponibilidade de recursos essenciais para estabelecer, implementar, manter e melhorar o sistema de gestão ambiental. Todas as funções, responsabilidades e autoridades devem estar em dia com suas respectivas documentações, para que o sistema de gestão ambiental torne-se mais eficiente. É preciso oportunizar treinamento em vistas ao desenvolvimento de competência e conscientização em todos os envolvidos na organização, bem como a comunicação e as documentações devem estar em dia (ABNT, 2004).

Além disso, as organizações devem identificar e planejar as operações que estejam associadas aos aspectos ambientais significativos identificados de acordo com sua política, bem como os objetivos e as metas ambientais por meio do controle operacional (ABNT, 2004).

4.2.4 Ações de melhoria

A organização deve estabelecer os meios para verificação de problemas, o que inclui o monitoramento e a medição das principais operações que possam ter impacto ambiental. Além disso, é necessário avaliar o atendimento a requisitos legais e outros, bem como tratar as não conformidades, aplicando a ação corretiva e preventiva. Para solucionar as não conformidades e os demais problemas da organização, são realizadas as auditorias (ABNT, 2004).

Por fim, a alta administração deve fazer uma análise crítica de modo a averiguar a prática do sistema de gestão ambiental. Isso não será possível sem que antes seja feito um planejamento de modo a assegurar sua contínua adequação, pertinência e eficácia ambiental.

As entradas para análise pela administração devem incluir (ABNT, 2004, p. 18):

   a. resultados das auditorias internas e as avaliações do atendimento aos requisitos legais e demais subscritos pela organização auditada;
   b. comunicação(ões) proveniente(s) de partes interessadas externas, incluindo reclamações;
   c. o desempenho ambiental da organização;

d. extensão na qual foram atendidos os objetivos e metas;
e. situação das ações corretivas e preventivas;
f. ações de acompanhamento das análises anteriores;
g. mudança de circunstâncias, incluindo desenvolvimentos em requisitos legais e outros relacionados aos aspectos ambientais; e
h. recomendações para melhoria.

A obtenção da certificação ISO 14001, além de beneficiar o meio ambiente – por degradá-lo menos –, traz uma série de benefícios para a organização, entre eles: melhoria de produtividade; benefícios financeiros; redução de índice de acidentes; benefícios em relação à sociedade (relacionamento com *stakeholders* externos – governo e sociedade), além de ser possível criar novas oportunidades de negócio.

4.3 OHSAS 18001

Uma expressão difundida entre as pessoas é: "o trabalho dignifica o homem". Contudo, essa afirmação, em muitas organizações, não revela o sentido dignificante do trabalho, em virtude de as condições laborais não envolverem realização, mas sim humilhação. Certamente, na maioria das empresas e em tempos atuais, as condições não são tão precárias assim, devido a legislações existentes. Porém, pela falta de fiscalização, muitas organizações nem se preocupam com essa questão.

O resultado disso reflete-se em índices elevados de acidentes de trabalho. Ao se analisar a história da humanidade, mais especificamente a Revolução Industrial, é possível dizer que realmente ela se tratou de um marco positivo em termos de desenvolvimento de técnicas de produtividade,

qualidade
Normas de gestão

porém, negativo em relação a problemas envolvendo a saúde dos trabalhadores e às más condições de vida das pessoas nas cidades.

No entanto, com o intuito de promover a paz, a justiça social e os direitos humanos do trabalhador, foi criada a Organização Internacional do Trabalho (OIT) pela Conferência da Paz, assinada em Versalhes, em junho de 1919. Com o advento do Tratado de Versalhes, houve a uniformidade das questões trabalhistas, visando melhorar as condições subumanas do trabalho, bem como o desenvolvimento econômico. Para isso, foram adotadas seis convenções destinadas à proteção da saúde e à integridade física dos trabalhadores, as quais tratavam da limitação da jornada diária, do desemprego, da proteção à maternidade, do trabalho noturno de mulheres e menores e da idade mínima para admissão de crianças.

Contudo, só esse tratado não minimizou os problemas de saúde e segurança no trabalho, pois eram necessárias mais intervenções de modo a conduzir melhorias no ambiente laboral. Estudos relacionados à ergonomia foram de extrema importância e contribuíram grandemente para a integração de várias áreas do conhecimento em prol de interferências no ambiente do trabalho.

Na década de 1940, em virtude de um histórico que anunciava o Brasil como campeão em índices de acidentes de trabalho, começaram a se estabelecer leis relacionadas ao contexto da segurança no trabalho. Podemos destacar a criação da Consolidação das Leis do Trabalho (CLT), em 1943, e da Organização Mundial da Saúde (OMS), em 1946. Desde então, o Brasil ampliou ainda mais sua preocupação, instituindo normas de segurança e medicina do trabalho, aprofundando medidas prevencionistas, bem como criando os Serviços Especializados em Engenharia de Segurança e Medicina do Trabalho (SESMT) e as Comissões Internas de Prevenção de Acidentes (Cipa).

Até o tempo presente, inúmeras ações foram criadas com o intuito de contribuir com a qualidade de vida no trabalho, baseando-se na expressão "é melhor prevenir do que remediar". Mas, para isso, faz-se necessário intervir diretamente nas causas dos acidentes de trabalho, e não apenas nos efeitos a que estão expostos os trabalhadores.

Para gerenciar o controle dos problemas ocupacionais, há a necessidade de um modelo de gestão que integre uma política de saúde e segurança no trabalho, planejamento, monitoramento, ações corretivas e melhoramento contínuo. Com base nessas necessidades, líderes de organismos internacionais de normalização, organismos de certificação e consultorias formularam a OHSAS 18000. O termo *OHSAS* significa *Occupation Health and Safety Assessment Series* (Séries de Valorização da Segurança e Saúde Ocupacional, em tradução livre).

Essa série é composta por duas partes: OHSAS 18001 e OHSAS 18002. A primeira é relacionada aos requisitos do sistema de gestão e saúde ocupacional, ao passo que a segunda aborda as diretrizes para implementação do sistema de gestão de segurança e saúde ocupacional (SSO). Com a adoção dessa série, as organizações controlam os riscos inerentes ao ambiente de trabalho, demonstrando sua preocupação com seus funcionários, além de se apresentarem como empresas politicamente corretas, sendo bem vistas pelos clientes. Trata-se, portanto, de um padrão internacionalmente reconhecido, além de ser certificável.

É interessante que a OHSAS seja uma série, e não uma norma de gestão. No entanto, no ano de 2007, ela passou por revisões, graças às quais começou a ser chamada de *norma*. Segundo a British Standards Institution (BSI, 2007), as principais modificações estão relacionadas ao alinhamento com outros modelos de gestão (ISO 9001 e 14001) e sua maior ênfase na importância da saúde do trabalhador.

Assim como as demais normas apresentadas neste livro, a OHSAS também tem como método direcionador de ações o ciclo PDCA. Seus requisitos estão relacionados às etapas do ciclo, conforme ilustra a Figura 4.7.

Normas de gestão

Figura 4.7 – Modelo de sistema de segurança e saúde ocupacional

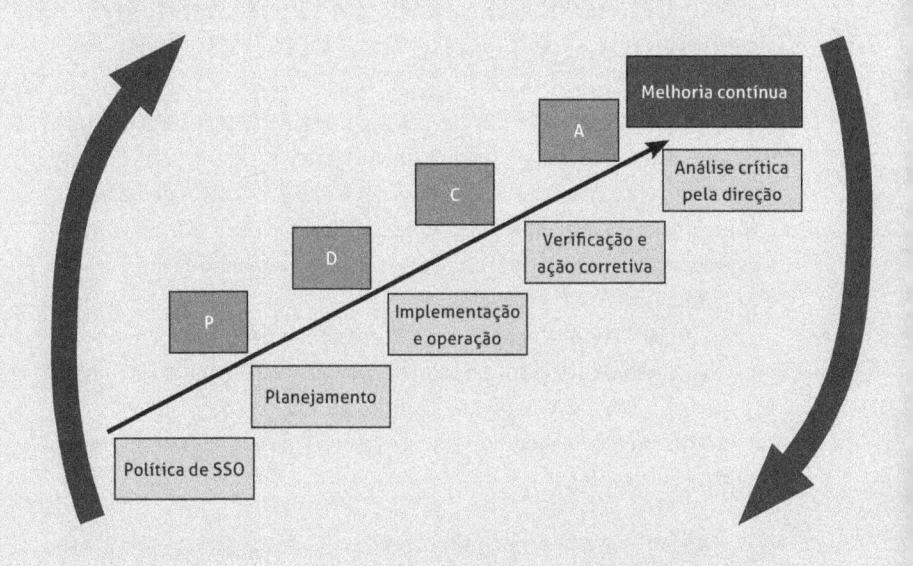

A	Melhoria contínua
C	Análise crítica pela direção
D	Verificação e ação corretiva
P	Implementação e operação
	Planejamento
	Política de SSO

A OHSAS também tem como requisitos o comprometimento da alta direção, estabelecendo políticas de segurança e saúde ocupacional, a identificação de riscos e perigos no ambiente de trabalho, o planejamento de metas para melhoria da saúde e segurança do trabalhador. Com o objetivo de tornar tal norma mais compreensível, na seção seguinte são descritos os requisitos da OHSAS 18001:2007, conforme detalha a British Standards Institution (BSI, 2007), ou seja: requisitos, planejamento, implementação e operação, verificação e análise crítica da direção.

4.3.1
Requisitos do sistema de gestão de segurança e saúde ocupacional (SSO)

Assim como as outras normas de gestão, a OHSAS 18001 também apresenta requisitos que podem ser aplicados a qualquer organização, pois são genéricos e explicam o que a empresa deve realizar. O nível de detalhe e complexidade do sistema de gestão da SSO, a extensão da documentação e os recursos destinados ao sistema dependem do tamanho da organização e da natureza de suas atividades.

A Seção 4 da norma estabelece a necessidade de desenvolver um sistema de gestão de segurança e saúde ocupacional sistemático, no qual a alta administração deve definir sua política de SSO, focada na garantia e no comprometimento de melhorar a qualidade de vida das pessoas e cumprir com os requisitos legais.

4.3.2
Planejamento da SSO

No planejamento, definem-se as diretrizes de atuação dos programas de SSO desenvolvidos na organização, visando alinhar as ações com outras áreas, como qualidade e meio ambiente. Essa etapa também objetiva, com base na necessidade de cumprir as legislações trabalhistas pertinentes, conduzir planos que permitam identificar de maneira adequada e precisa os perigos e os riscos existentes no ambiente de trabalho.

É importante destacarmos que nesse processo devem ser determinados quais são os mecanismos de controle, além de se definir os procedimentos adequados e claros para esse fim, bem como desenvolver meios para avaliar se os requisitos legais estão sendo cumpridos.

Normas de gestão

No planejamento, é importante determinar os períodos de implantação, revisão e atualização dos processos e do próprio planejamento, de modo a ouvir as opiniões de todos os envolvidos no processo e garantir melhoria nos resultados de segurança e saúde ocupacional.

Um plano de ação claro e objetivo é a base para uma implementação bem-sucedida, possibilitando treinamentos mais eficazes, de modo que os riscos e perigos sejam minimizados, também com o intuito de determinar as medidas de controle e prevenção. Além disso, recomenda-se realizar um planejamento de recursos físicos e financeiros antes de realizar declarações públicas sobre tal prática na empresa, pois a organização deve garantir que todos os objetivos de SSO possam ser atingidos de forma realista.

4.3.3 Implementação e operação da SSO

Esse requisito é desdobrado em outros sete, e para que sejam atingidos os objetivos por ele propostos, reforça-se a necessidade da prática do ciclo PDCA. Por isso, é preciso ter uma estrutura coerente, conduzida por meio das políticas de planejamento da alta direção e por um responsável, que nada mais é que um representante que tenha autoridade para avaliar e cobrar de líderes de setores o cumprimento das especificações da norma.

Um dos desdobramentos desse requisito é direcionado ao treinamento, à conscientização e ao desenvolvimento de competências. É importante para que ocorra a difusão do conhecimento sobre as práticas de segurança e saúde ocupacional na organização, conscientizando todos os colaboradores de tal forma que eles saibam suas responsabilidades e competências.

Com tal habilidade, os funcionários também devem estar aptos a se comunicarem com todos os níveis hierárquicos da empresa, permitindo, assim, uma gestão mais integrada, bem como ações mais rápidas de reação a problemas que possam existir. Os padrões são essenciais para que a comunicação seja efetiva, possibilitando maior segurança nas consultas referentes à matéria de SSO.

4.3.4
Documentação

A organização deve registrar de forma completa e atualizada todas as ações de segurança e saúde ocupacional. Isso possibilita a prática da melhoria, pois a manutenção atualizada da documentação, dos dados e registros dos processos de identificação de perigos e riscos serve como base para o desenvolvimento de atividades que possibilitem maior controle dos riscos e das melhorias em novas práticas vivenciadas na empresa.

A documentação atualizada assegura que o sistema de gestão da SSO possa ser adequadamente compreendido e operado com eficiência e eficácia.

Cerqueira (2006) propõe que os documentos sejam organizados em relação ao nível hierárquico da organização, da seguinte forma: em nível estratégico, tem-se o manual da gestão de segurança e saúde ocupacional; em nível tático, os procedimentos padrões, o planejamento de segurança e saúde ocupacional e os planos específicos de emergência ou contingência; em nível operacional, as instruções de trabalho, os documentos de apoio, a legislação pertinente à atividade praticada na organização, bem como estudos, análises e avaliações de riscos de segurança e saúde ocupacional.

4.3.5 Controle de documentos e de dados

É exigido que a organização estabeleça e mantenha os procedimentos para o controle de todos os documentos e dados de acordo com a especificação da norma OHSAS. Tal controle assegura que o processo de identificação de documentos e atividades seja mais facilmente situado, analisado, revisado, praticado e arquivado.

Assim, evitam-se erros, como a utilização de documentos obsoletos, e garante-se maior desempenho das atividades de SSO.

4.3.6 Controle operacional

O controle operacional está relacionado à identificação de operações e atividades associadas aos riscos de trabalho. Esse controle permite a aplicação de medidas que assegurem um maior gerenciamento de tais riscos.

Além disso, por meio do controle operacional, torna-se possível realizar mais análises de causa e efeito, possibilitando que a organização conduza o planejamento das atividades de risco, bem como o desenvolvimento de medidas de controle.

4.3.7 Preparação e atendimento a emergências

Esse requisito estabelece que a empresa deve se preparar para situações emergenciais. Tal preparação está relacionada ao modo como a empresa emprega e mantém seus planos e procedimentos para identificar e atender a incidentes e situações de emergência, considerando todas as partes envolvidas.

Nessa etapa, também se deve mapear os riscos de modo a prever e reduzir todas as possíveis causas associadas a condições emergenciais, desenvolvendo um plano de emergências.

A norma recomenda que a organização realize uma avaliação contínua de seus planos e simulações de preparação ao atendimento de emergência, bem como foque na melhoria da eficácia dos atendimentos.

4.3.8
Verificação

A organização deve estabelecer e manter procedimentos para medir e monitorar periodicamente o desempenho do sistema de gestão de SSO. Nesses procedimentos, incluem-se métodos e ferramentas estatísticas que permitam comprovar sua conformidade em relação à política estabelecida pela direção.

No monitoramento, recomenda-se a avaliação por processos, de modo a identificar os fatores-chave de sucesso desse sistema de gestão.

Também é de fundamental importância o registro das incidências de acidentes, o atendimento aos requisitos legais, bem como a prática de auditorias internas, com o intuito de avaliar se a implementação e a manutenção do programa de segurança e saúde ocupacional está em conformidade com o planejado, bem como identificar pontos de melhorias.

4.3.9 Análise crítica da direção

Assim como nas outras normas de gestão, como se deseja que os requisitos se mantenham na empresa, as práticas por ela executadas devem ser analisadas com o intuito de garantir seu pleno funcionamento. Dessa forma, a alta direção deve estabelecer o período de análise crítica do seu modelo de gestão de segurança e saúde ocupacional.

Nesse processo de análise crítica, todas as informações coletadas devem ser documentadas, para que seja possível abordar os fatores que necessitam de revisão. Entre os mais importantes, destacam-se: alterações na política, objetivos, entre outros elementos do sistema de gestão da segurança e saúde ocupacional.

4.4 Integração dos sistemas de gestão

Uma organização pode adotar um único modelo de gestão ou integrar vários deles. Para essa integração, é necessário analisar as compatibilidades dos elementos dos sistemas, bem como avaliar e coordenar os processos genéricos do sistema de gestão, além de desenvolver uma cultura de aprendizagem e melhoria contínua. Para isso, analisa-se o alinhamento, ou seja, quais são as semelhanças dos padrões para estruturar o sistema, bem como a integração plena entre todos os procedimentos relevantes e instruções.

Atualmente, a integração dos sistemas de gestão é um fator de grande relevância competitiva, pois as empresas buscam constantemente por melhorias. A cada dia, principalmente as normas de gestão da qualidade e gestão ambiental são mais integradas. Em termos de resultado, as empresas obtêm grandes benefícios com essa integração, pois ela permite simplificar operações e treinamentos, o que possibilita um uso mais eficiente de recursos, além de maior eficiência na tomada de decisão e, consequentemente, redução dos custos de auditoria.

As normas da qualidade e ambiental (ISO 9001 e ISO 14001) têm muitos elementos em comum. Isso ocorre pelo fato de a norma ABNT NBR ISO 9001:1994 ter sido o documento base para o desenvolvimento da ABNT NBR ISO 14001. Na própria ABNT NBR ISO 14001:1996 é apresentado um resumo das relações entre os requisitos de ambas as normas.

Com a revisão e as novas edições das diferentes normas para os sistemas de gestão, os sistemas acabaram revelando mais semelhanças (Jørgensen; Simonsen, 2002). E por mais que ainda não exista um padrão para um sistema de gestão integrado, as atualizações das normas estão promovendo a integração. A ISO 9001:2000, por exemplo, tem mais foco em melhorias contínuas, sendo uma das bases para a ISO 14001, bem como para os sistemas de gestão de saúde e segurança. A nova edição da norma ISO 14001 foi desenvolvida para melhorar a coerência com a norma ISO 9001:2000. A OHSAS 18001 foi elaborada com o intuito de ser compatível com as normas ISO 9000:1994 e ISO 14001:1996 (BSI, 2007).

Por meio da integração dos sistemas de gestão, permite-se:

- reduzir custos de implantação, certificação e manutenção;
- melhorar a imagem da organização;
- aumentar o nível de satisfação dos clientes;

Normas de gestão

- evitar duplicação ou triplicação de recursos internos e de infraestrutura;
- evitar superposição de documentos e reduzir a burocracia;
- reduzir a complexidade (entendimento, treinamentos etc.);
- melhorar o desempenho organizacional;
- melhorar a gestão dos processos.

Certamente, a utilização de um sistema integrado gera o risco de que se dê mais foco a um dos aspectos: por exemplo, mais foco em qualidade do que em meio ambiente. Por isso, todo cuidado é pouco. A alta direção deve focar nas inter-relações existentes nos modelos de gestão, visando maior sinergia entre os *trade-offs* existentes, ou seja, entre o meio ambiente, a qualidade e a segurança e saúde ocupacional.

Como condições prévias para a implantação de um sistema integrado de gestão, deve-se: compreender e partilhar internamente os desafios do mercado; manter interações com os *stakeholders*; ser adaptável às novas exigências do mercado; dotar-se de forte cultura organizacional, focada em aprendizado e cultura de melhoria contínua. Por isso, por mais que pareça fácil desenvolver um sistema integrado de gestão, na prática é bastante complexo. Uma condição básica para um sistema de gestão integrado é um entendimento comum de como as organizações operacionalizam esse sistema.

Em virtude disso, é importante que o sistema integrado de gestão, ou sistema integrado de gestão da qualidade, seja construído com base em uma missão empresarial clara e em valores fundamentais, buscando a retenção e a satisfação do cliente, bem como os resultados de desempenho corporativos. Desse modo, ao buscar a integração, as organizações devem enxergar e identificar as diferenças existentes entre as normas para, assim, garantir que todos os requisitos delas sejam seguidos.

A integração dos sistemas de gestão se faz necessário, principalmente, pela redução de burocracias quando da sua implantação. Por exemplo: se a empresa já possui um sistema de gestão da qualidade, esta já tem uma cultura, na qual a missão, a visão, os valores e os padrões já estão disseminados pela organização. Assim, ao implantar outras normas, como a de gestão ambiental, de segurança e saúde ocupacional, deve-se integrá-las ao que já existe, inserindo no manual da qualidade as premissas das outras normas de gestão. Com isso, torna-se possível reduzir a quantidade de documentos e esforços, gerando maior envolvimento entre todos os setores e as pessoas da organização – uma sinergia.

Estudo de caso

Adequação aos requisitos compulsórios da ABNT NBR ISO 9001:2008 na linha de berços infantis segundo a Portaria n. 361 do Inmetro

Guilherme Dela Viuda P. Ferreira
Rafael Germano Dal Molin Filho
Daiane Maria de Genaro Chiroli

1. Introdução

A implantação de um sistema de gestão da qualidade (SGQ) representa a obtenção de uma poderosa filosofia que possibilita a otimização de diversos processos dentro da organização. Além disso, destaca-se também a preocupação da empresa com a melhoria contínua dos bens e serviços fornecidos (Santos, 2010).

Certificar o SGQ garante uma série de benefícios à organização, pois, além do ganho de visibilidade frente ao mercado, surge também a possibilidade de exportação para mercados exigentes ou fornecimento para clientes que queiram provar a capacidade da organização em garantir a manutenção das características de seus produtos (Fraga, 2011).

Este estudo de caso realiza uma análise sobre a elaboração de procedimentos/documentos para adequação da Portaria n. 361 do Inmetro, a qual estabelece os requisitos gerais de certificação de produto. Dentre estes, citam-se os compulsórios, conforme as normas da NBR ISO 9001:2008. Tais ações para a adequação são desenvolvidas para a linha de berços infantis de uma empresa do setor moveleiro da cidade de Marialva, no Estado do Paraná.

2. Desenvolvimento

Para o desenvolvimento do trabalho, foi necessária a aquisição de dados e informações coletados por meio de pesquisa de campo, a qual compreende a observação dos processos, bem como entrevistas com as pessoas envolvidas nos processos produtivos e administrativos da empresa.

Este trabalho caracteriza-se como uma pesquisa-ação, um método de pesquisa que visa a resolução de problemas por meio de ações definidas por pesquisadores e sujeitos envolvidos com a situação sob investigação (Vergara, 2006). A pesquisa-ação foi conduzida por meio de pesquisa, entrevistas, observação direta e observação participante.

3. Roteiro da pesquisa

O trabalho de pesquisa consiste em seis etapas de desenvolvimento, elencadas a seguir:

I Elaboração e validação do plano-cronograma de adequação – Procurou-se primeiramente compreender a definição do cronograma, contendo: as etapas a serem realizadas, o responsável por elas e a data-limite para execução. Tais etapas deveriam ter como princípio a norma ABNT NBR ISO 9001:2008.

II Revisão bibliográfica dos conceitos relacionados – Consistiu na pesquisa bibliográfica para dar embasamento teórico às atividades a serem desenvolvidas.

III Mapeamento dos processos de gestão, de realização e de suporte na linha de berços infantis – Foi realizado o planejamento e a elaboração do mapeamento dos processos, que abrange a classificação da importância das atividades dos processos, o levantamento das entradas, as atividades e saídas dos processos, o levantamento da relação de equipamentos utilizados durante a realização das atividades e a atribuição de responsáveis.

IV Elaboração do SGQ de acordo com os requisitos compulsórios da Portaria n. 361/2011 – Compreendeu as atividades de identificação dos requisitos compulsórios e sua confrontação com os processos da empresa, para a linha de berços infantis, juntamente com a alta administração da empresa, e a estruturação do sistema documental de acordo com os requisitos exigidos no item 6.2.3.1 da Portaria n. 361/2011.

V Definição da estrutura do SGQ – Foi definido que a estrutura deve conter: controle de documentos; controle de registros; comunicação com o cliente; processo de aquisição; verificação do produto adquirido; controle de produção e prestação de serviço; identificação e rastreabilidade; preservação do produto; controle de equipamento de monitoramento e medição; satisfação do cliente; monitoramento e medição de produto; controle de produto não conforme; ação corretiva; ação preventiva.

VI Validação do SGQ – Validado com a aprovação do consultor externo e do diretor da empresa.

4. A empresa

A empresa de pequeno porte (com aproximadamente 60 funcionários) está instalada em uma área de 2700 m² de construção e equipada com maquinários modernos e de última geração.

Missão: atuar nas atividades de produção e comercialização de móveis e seus complementos nos mercados nacional e internacional, com produtos de qualidade e rentabilidade que atendam às expectativas tanto dos consumidores quanto dos sócios quotistas, contribuindo, assim, com o desenvolvimento de seus funcionários e das comunidades em que está inserida.

Visão: ser uma das principais indústrias de móveis e seus complementos do Estado do Paraná, com nome reconhecido nacionalmente.

5. Objetivos da empresa

- ser uma das principais indústrias de móveis e seus complementos do Estado do Paraná nos próximos 5 anos;
- ter o nome reconhecido nacionalmente;
- ter representantes comerciais e/ou vendedores atuantes em todas as unidades federativas do Brasil;
- produzir móveis com qualidade, eficácia e sustentabilidade, bem como adequados às necessidades dos clientes;
- gerar lucro suficiente para atender às necessidades dos recursos necessários para cumprir a missão proposta.

6. Implementação do sistema de gestão da qualidade

O trabalho foi iniciado com a definição da equipe da qualidade: um responsável pelo SGQ, uma empresa de consultoria externa e, com a alta direção, o diretor (proprietário). O pesquisador tornou-se o responsável pela qualidade dentro da empresa, além de ser o encarregado por coordenar o SGQ e relatar o desempenho à alta direção, bem como assegurar a conscientização dos requisitos do cliente em todos os níveis da organização. A empresa de consultoria ficou com a responsabilidade de coordenar a implementação, demonstrando exemplos de procedimentos, registros e outros documentos que envolviam a adequação, bem como a realização da auditoria interna. O diretor, por sua vez, tornou-se responsável por verificar e aprovar os procedimentos elaborados.

Diversos autores realizam uma avaliação de pré-implementação para verificar a situação atual da empresa quanto ao SGQ. Como a adequação tornou-se obrigatória para a venda de berços infantis, julgou-se desnecessária a realização da avaliação, uma vez que se decidiu por uma implementação independente do resultado.

A mesma decisão foi tomada quanto à política da qualidade. Sabe-se que esta é a força motriz do SGQ, sendo a responsável pelo comprometimento da organização quanto a atender aos requisitos. Entretanto, por se tratar de apenas um produto do portfólio da empresa, além do fato de o diretor não estar muito interessado no resultado de um SGQ bem implementado e apenas almejar que a linha de berços infantis fosse auditada, a política da qualidade não foi elaborada.

O próximo passo para a implementação do SGQ foi alinhar a estrutura organizacional da empresa. Sendo assim, definiu-se que no topo do organograma estaria a Diretoria e, abaixo desta, quatro grandes áreas: Gerência Administrativa, Gerência Comercial, Engenharia e Gerência Industrial. As demais áreas foram atribuídas de acordo com o relacionamento existente

Normas de gestão

entre elas, ou seja: setores ligados à realização do produto (Produção, PCP, Qualidade, Almoxarifado, Manutenção e Desenvolvimento de Produtos) foram alocados na área Industrial e de Engenharia e ficaram sob a responsabilidade do gerente industrial; setores ligados ao funcionamento da organização foram agrupados na área Administrativa; setores que tratam do relacionamento com o cliente foram colocados na área Comercial.

Com a equipe e estrutura organizacional definidas, iniciou-se o Projeto do Sistema de Gestão da Qualidade para atender aos requisitos de certificação de produto na linha de berços infantis, com base na portaria n. 361 do Inmetro.

A primeira etapa para o desenvolvimento do SGQ foi identificar quais requisitos compulsórios da norma ABNT NBR ISO 9001:2008 foram citados na Portaria n. 361 e, então, analisar se a ausência de documentação afetaria a certificação. A partir de então, teve início a elaboração do SGQ.

A maioria das organizações tem, em sua gestão, uma série de processos/atividades não formalizadas e de elaboração tácita, de forma automática. Contudo, esse modo "automático" não garante sua perpetuidade, pois qualquer processo não formalizado está sujeito a pequenas alterações que o modificam significativamente com o passar do tempo.

Para tanto, é vital, para a perpetuidade, identificar tais processos "automáticos" e documentá-los por escrito. Na construção da disposição documental foram identificados os tipos de documentos (sistêmico, operacional, instruções e registros) necessários para a adequação, um modelo padrão para cada tipo de documento (estrutura, cabeçalho e codificação) e o meio para o controle da documentação. A Figura 4.8, a seguir, mostra o macroprocesso da empresa com os documentos necessários para cada área identificada, bem como as funções de gestão, realização e suporte.

Figura 4.8 – Sequência e interação entre os processos

PROCESSOS DE GESTÃO

PROCESSO DE REALIZAÇÃO

CLIENTE – REQUISITOS

Pedido de venda → Comercial → Análise crítica de contrato

PO-7403
PO-7201
PO-7502

Faturamento Transporte

Solicitação ass. técnica → Ass. técnica

Pedidos aprovados

Pedidos para análise

Nota fiscal
Montagem de cargas
Preparação de ass. técnica

PROCESSOS DE SUPORTE: Financeiro | Recursos humanos | Segurança no trabalho (terceirizado) | Administração | Contabilidade (terceirizado)

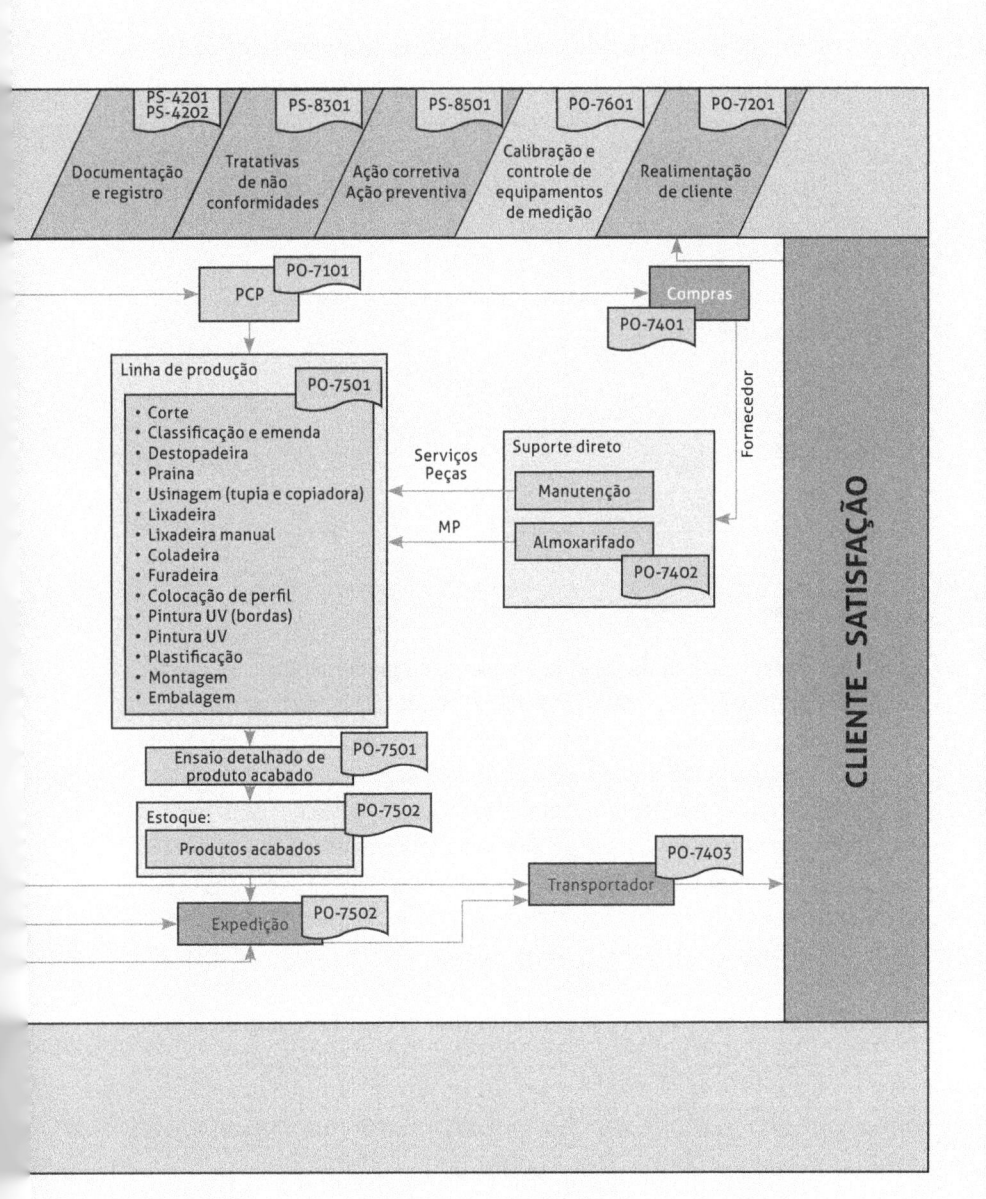

qualidade

Normas de gestão

PS-4201 / PS-4202	PS-8301	PS-8501	PO-7601	PO-7201
Documentação e registro	Tratativas de não conformidades	Ação corretiva / Ação preventiva	Calibração e controle de equipamentos de medição	Realimentação de cliente

PCP — PO-7101

PO-7501

Linha de produção
- Corte
- Classificação e emenda
- Destopadeira
- Praina
- Usinagem (tupia e copiadora)
- Lixadeira
- Lixadeira manual
- Coladeira
- Furadeira
- Colocação de perfil
- Pintura UV (bordas)
- Pintura UV
- Plastificação
- Montagem
- Embalagem

Serviços / Peças

MP

Suporte direto
- Manutenção
- Almoxarifado

PO-7402

Compras

PO-7401

Fornecedor

Ensaio detalhado de produto acabado — PO-7501

Estoque: Produtos acabados — PO-7502

Expedição — PO-7502

Transportador — PO-7403

CLIENTE – SATISFAÇÃO

Desenvolveu-se, posteriormente, o **modelo padrão de documentação**, o qual estabeleceu o tipo de documento (sistêmico, operacional, instruções e registros), o título do documento, sua codificação no sistema de gestão da qualidade, o número de revisões, o período de abrangência e os responsáveis pela elaboração e pela aprovação do documento, conforme ilustrado no Quadro 4.1, a seguir.

Quadro 4.1 – Estrutura de cabeçalho para modelo padrão de documentação

Nome da empresa	Data: 00/00/0000	Documento tipo: Título	Anexos: 00	Página: 00
	Revisão: 00		Código: xx.xxx.xxx	
Elaboração:				
Aprovação:				

A documentação do sistema de qualidade foi classificada em quatro tipos de documentos. O primeiro tipo engloba os Procedimentos Sistêmicos, os quais estabelecem os processos com amplitude sistêmica, ou seja, têm interligações com todos os demais processos do SGQ; o segundo tipo engloba os Procedimentos Operacionais, que estabelecem os processos com amplitude operacional, ou seja, não têm necessariamente relação com todos os processos do SGQ; o terceiro tipo engloba as Instruções de Trabalho, as quais estabelecem os requisitos e os parâmetros para atividades operacionais específicas; e o quarto e último tipo refere-se aos Registros da Qualidade, documentos que comprovam que o SGQ está implementado e funcionando corretamente. Para a identificação e o controle dos documentos, foi adotada uma padronização da codificação.

Posteriormente, realizou-se a elaboração dos itens de verificação da norma ABNT NBR ISO 9001:2008, citados como compulsórios na Portaria n. 361 do Inmetro, conforme apresentado no Quadro 4.2, a seguir.

Quadro 4.2 – Itens de verificação da norma ABNT NBR ISO 9001

REQUISITOS DO SGQ	ABNT NBR ISO 9001
Controle de documentos	4.2.3
Controle de registros	4.2.4
Comunicação com o cliente	7.2.3
Processo de aquisição	7.4.1
Verificação do produto adquirido	7.4.3
Controle de produção e prestação de serviço	7.5.1
Identificação e rastreabilidade	7.5.3
Preservação do produto	7.5.5
Controle de equipamento de monitoramento e medição	7.6
Satisfação do cliente	8.2.1
Monitoramento e medição de produto	8.2.4
Controle de produto não conforme	8.3
Ação corretiva	8.5.2
Ação preventiva	8.5.3

Fonte: Brasil, 2011b, p. 13.

Para atender aos requisitos da SGQ, foram elaborados procedimentos sistêmicos, procedimentos operacionais e instruções de trabalho e registros. Além disso, estabeleceu-se um padrão para a estrutura documental dos procedimentos sistêmicos e operacionais, conforme apontado no Quadro 4.3.

Quadro 4.3 – Estrutura documental dos procedimentos sistêmicos e procedimentos operacionais

Título	Descrição
Objetivo	Apresenta a qual tópico da norma ABNT NBR ISO 9001:2008 o documento faz referência e descreve a finalidade do documento.
Aplicação	Descreve onde o documento será aplicado.
Generalidades	Apresenta os termos, as definições e os registros utilizados na elaboração do documento.
Responsabilidades	Apresentado em forma de quadro, elenca as atribuições a serem realizadas para cada cargo que está envolvido no documento.
Procedimento	Explica a aplicação do documento (o que fazer, como fazer e quando fazer).
Tratativa aos registros da qualidade	Informa quais registros são gerados de acordo com o documento.
Histórico das revisões	Informa quantas revisões o documento sofreu, a data das alterações e o que foi alterado.

Também houve a necessidade de elaborar as instruções de trabalho – um documento de nível operacional que objetiva auxiliar o trabalho dos colaboradores, bem como um padrão de estrutura documental de tais instruções, conforme apresentado no Quadro 4.4.

Quadro 4.4 – Estrutura documental das instruções de trabalho

Título	Descrição
Conhecendo a máquina e suas funções	Apresenta uma foto global da máquina e descreve seus itens e suas funções.
Painel de controle	Apresenta uma foto do painel de controle e descreve a função de cada botão.
Regulagens manuais	Apresenta fotos de cada componente da máquina que é necessário regular e como deve ser feita essa regulagem.
Regulagens automáticas	Apresenta fotos das telas que devem ser reguladas e como devem ser reguladas para o pleno funcionamento da máquina em questão.
Colocando a máquina em funcionamento	Apresenta as sequências de ações a serem verificadas para colocar a máquina em pleno funcionamento.
Generalidades	Informa o que o operador não deve fazer na máquina e os cuidados que deve ter: ficar atento aos ruídos, fazer a inspeção das peças e a limpeza da máquina.

Posteriormente, definiu-se a forma dos registros: documentos que comprovam que o SGQ está implementado e funcionando corretamente. Tais registros apresentam os resultados obtidos ou fornecem evidências de atividades realizadas, servindo de fonte de dados para análises, deliberações e melhorias. Devem permanecer legíveis, prontamente identificáveis e recuperáveis.

De acordo com os requisitos compulsórios, foram estabelecidos apenas cinco registros para auxiliar na medição, avaliação e melhoria dos processos da empresa, entre eles: RSG-8301-01 – Relatório de produto não conforme; RSG-8501-01 – Relatório de ação corretiva e preventiva; RSG-7401-03 – Planilha de avaliação de fornecedores; RSG-7403-02 – Planilha de avaliação de transportadores de cargas; e RSG-7201-02 – Pesquisa de satisfação de clientes.

Por fim, foram elaborados os métodos de verificação, aprovação e revisão.

7. Considerações finais

A implantação da ISO na empresa do setor moveleiro não foi voluntária, mas ocorreu pela exigência regulamentada por meio de lei, pois o produto da empresa – no caso, os berços infantis –, precisava de adequação. Tal obrigatoriedade impactou na efetividade do SGQ, pois, inicialmente, a falta de comprometimento da alta direção gerou descaso nos outros colaboradores, o que acarretou em uma difícil troca de informações para dar plena continuidade ao SGQ.

No entanto, por mais que a implantação não atendesse a todos os princípios de qualidade, ela possibilitou maior interação entre os processos e as atividades, por meio do mapeamento dos processos de gestão, realização e suporte da indústria, o que auxiliou na elaboração do SGQ. Após a identificação dos requisitos compulsórios e a confrontação com os processos e atividades encontrados no mapeamento de processos, tornou-se

Normas de gestão

possível a elaboração e, posteriormente, a implementação do SGQ – uma consequência deste estudo de caso.

No fim, pode-se concluir que o comprometimento e a participação da alta direção são de fundamental importância para a implantação do SGQ, pois a preparação da organização requer essa obrigação para implantar o sistema. O entendimento da importância, por todos da organização, leva ao sucesso do objetivo, bem como à compreensão, por parte dos colaboradores, de saber o dever de cada um para com o desenvolvimento e a melhoria da organização. Treinamentos são de grande importância na fase de implantação, pois são eles que auxiliam no cumprimento dos procedimentos, das instruções, bem como no preenchimento correto dos registros. Treinar os colaboradores assegura a uniformidade de entendimento, consistência de ação e continuidade de melhoria quando ocorrer uma mudança. O correto preenchimento dos registros fornece evidência de atividades realizadas e dos resultados obtidos, permitindo controle das ações executadas. À empresa cabe assegurar a garantia da disponibilidade de recursos, além de comunicar a importância em se atender a essa adequação.

Fonte: Adaptado de Ferreira, 2012.

Síntese

Neste capítulo, salientamos que, para implantar um sistema de gestão em uma empresa, é preciso que ela se organize. Para isso, deve estabelecer os princípios norteadores de suas práticas de melhoria. Um princípio de gestão permite que a alta direção descubra meios para alcançar os resultados desejados, possibilitando o foco na tomada de decisão e na condução de preceitos, para que determine melhores práticas de educação e treinamento aos funcionários.

Também esclarecemos que uma organização pode adotar um único modelo de gestão ou mesmo integrar vários deles, devendo, para tanto, alinhar os objetivos de cada modelo e revisar as normas, de modo a enxergar a sinergia existente entre elas. Para cada modelo de gestão, é possível perceber sua natureza de formação. Como o cumprimento das normas é de extrema importância para o sucesso de uma organização, propomos, no Quadro 4.5, a seguir, um resumo dos objetivos dos modelos abordados neste capítulo.

Quadro 4.5 – Resumo dos objetivos dos sistemas de gestão

Modelo de gestão – Norma	Objetivo do sistema
Sistema de gestão da qualidade – ISO 9001	Controlar os processos de modo a atender às necessidades dos clientes. Visa aplicar os requisitos de qualidade com vistas a exceder a necessidade do cliente, satisfazendo-o continuamente.
Sistema de gestão ambiental – ISO 14001	Controlar os impactos ambientais por meio de aspectos ambientais ocasionados na produção de produtos/serviços relacionados ao meio ambiente, tendo em vista a melhoria do desempenho ambiental.
Sistema de gestão de segurança e saúde ocupacional – OHSAS 18001	Controlar os riscos de segurança e saúde ocupacional, bem como melhorar continuamente as condições de SSO.

Questões para revisão

1 Com relação aos requisitos da ISO 9001:2008, o que eles descrevem? Discorra sobre eles.

2 Quais são os benefícios potenciais da integração dos sistemas de gestão?

3 Com relação às normas ISO 9001, ISO 14001 e OHSAS 18001, assinale (V) se a alternativa for verdadeira e (F) caso ela seja falsa:

( ) O principal objetivo da ISO 9001 é auxiliar empresas a atingirem a satisfação do cliente por meio da normalização, com requisitos de melhoria contínua que permitem documentar os elementos necessários para manter um sistema de qualidade eficiente e eficaz.

( ) O sistema integrado de gestão analisa as compatibilidades dos elementos dos sistemas de modo a avaliar e coordenar os processos genéricos do sistema de gestão e desenvolver uma cultura de aprendizagem e melhoria contínua, por meio do alinhamento de suas estruturas de sistema.

( ) A ISO 14001 tem como objetivo principal implementar meios para desenvolver produtos sustentáveis de baixo custo e alta qualidade.

( ) As normas de gestão foram elaboradas com características específicas que atendam às necessidades de melhorias, principalmente para as grandes organizações.

( ) O sistema de gestão de segurança e saúde ocupacional tem por objetivo conduzir a prática do controle de riscos inerentes ao ambiente de trabalho. Com sua implantação, a empresa demonstra preocupação com seus funcionários, além de representar ser politicamente correta.

Agora, indique a alternativa que apresenta a sequência correta:

a V, V, F, F, V.

b V, F, F, F, V.

c V, V, F, V, F.

d F, V, V, F, F.

e F, V, V, F, V.

4 A família de normas ISO deixa em evidência a importância da utilização do ciclo PDCA para conduzir os processos da organização. Relacionado ao PDCA, indique se as afirmações a seguir são verdadeiras:

I A fase *Plan*, do planejamento, estabelece os objetivos e os processos necessários para gerar resultados de acordo com os requisitos do cliente e com as políticas da organização.

II A fase *Plan*, do planejamento, nem sempre é necessária para a implantação de um sistema de gestão, uma vez que isso já é evidente para a organização.

III A fase *Do*, de execução, está relacionada à implementação dos processos.

IV A fase *Do*, de execução, está diretamente relacionada à implementação de modelos de coleta de dados, para evidenciar o cumprimento das ações planejadas.

V *O Check*, de verificação, representa a ação de monitorar e medir processos e produtos em relação às políticas, aos objetivos e aos requisitos para o produto, bem como ao ato de relatar os resultados.

VI *O Act*, de ação, representa o empreendimento de ações para melhorar continuamente o desempenho dos processos.

Agora, assinale a alternativa que corresponda corretamente à sequência obtida:

a I, II, III, IV.

b II, III, IV, VI.

c II, III, IV, V.

d I, III, V, VI.

e Todas as afirmações são verdadeiras.

5 Assinale a alternativa que identifica corretamente o significado de OHSAS 18001.

a Norma que atende aos requisitos dos clientes e apresenta premissas de um sistema de gestão da qualidade.

b Organização voltada para promover padrões internacionais de qualidade.

c Certificação que auxilia a implementação de um sistema de gestão ambiental.

d Série de valorização da saúde e segurança ocupacional.

e Série de avaliação da responsabilidade social para empresas fornecedoras e vendedoras, baseada em convenções da Organização Internacional do Trabalho e em outras convenções das Nações Unidas.

Questões para reflexão

1 Você já pensou sobre as responsabilidades e sobre a necessidade de um planejamento para implementar um sistema de gestão? Se na empresa onde você ou alguém que você conheça trabalha existe um modelo de gestão, converse com seus colegas sobre as ações exercidas em todos os níveis hierárquicos da empresa.

2 Você acredita que a norma OHSAS realmente permite uma maior valorização da saúde e da segurança do trabalhador? Por quê?

5

Uma abordagem sobre os órgãos responsáveis pelas normas de gestão e sobre a prática da auditoria da qualidade

Conteúdos do capítulo:

- Certificação e órgãos legisladores, reguladores, normativos e fiscalizadores das normas.
- Auditoria da qualidade.

Após o estudo deste capítulo, você será capaz de:

1. indicar os organismos legisladores, reguladores, normativos e fiscalizadores das normas de gestão;
2. avaliar a importância da auditoria da qualidade;
3. dominar noções preliminares sobre normas de auditoria;
4. compreender o método de implantação de auditorias;
5. desenvolver mecanismos de aplicação de auditorias em organismos de negócios.

qualidade

Uma abordagem sobre os órgãos responsáveis pelas normas de gestão e sobre a prática da auditoria da qualidade

As certificações de qualidade, meio ambiente, responsabilidade social e segurança e saúde ocupacional possibilitam às empresas que as possuem maior competitividade no mercado e trazem grande preocupação aos concorrentes, uma vez que tais certificações garantem a confiabilidade em padrões internacionais.

Muitas empresas desejam obter essas certificações por vontade própria, mas às vezes as obtêm por imposição do cliente ou mesmo por regulamentos governamentais.

É importante lembrarmos que a ISO apenas desenvolve as normas internacionais, porém não está envolvida na certificação das empresas (ou seja, não emite certificados), a qual é realizada por organismos de certificação que regularmente avaliam, por meio de auditorias, se a empresa atende aos requisitos impostos pela norma de gestão.

Desse modo, neste capítulo, vamos discutir tanto esses organismos de certificação quanto as técnicas de auditorias utilizadas.

5.1 Certificação e órgãos legisladores, reguladores, normativos e fiscalizadores das normas

A International Organization for Standardization (ISO) é uma organização independente, não governamental, composta por membros de organismos nacionais de normalização de 162 países-membros (ISO, 2016) e conta com 20 conselhos internacionais que trabalham na maioria das questões administrativas. A ISO não exerce ação coercitiva, assim, a decisão de seguir ou não suas recomendações compete a cada país ou empresa.

Cada país-membro da ISO é representado por uma entidade. Para seu conhecimento, a seguir citamos representantes de alguns países-membros, a saber: na Inglaterra, o órgão fiscalizador é o British Standards Institute (BSI); nos Estados Unidos, o American National Standards Institute (ANSI); na Alemanha, a Deutsches Institut für Normung (DIN). No Brasil, o órgão fiscalizador é o Instituto Nacional de Metrologia, Normalização e Qualidade Industrial (Inmetro), o qual credencia organismos brasileiros de sistemas de certificação. A Associação Brasileira de Normas Técnicas (ABNT) é responsável por traduzir e editar a família de normas ISO. O outro organismo brasileiro de destaque é a Fundação Carlos Alberto Vanzolini (FCAV).

Muitas empresas que utilizam modelos próprios de gestão, por mais que garantam atender a todos os requisitos inseridos nas normas (como qualidade, meio ambiente e segurança) ou que mantêm auditorias internas, nem sempre conseguem se mostrar ao cliente com credibilidade. Isso ocorre porque, por mais que uma organização se certifique da conformidade de seus sistemas, apenas isso não garantirá sua força no mundo das empresas certificadas.

Para ser válida a certificação da empresa que tem o sistema de gestão, esta deverá receber o certificado de um organismo de certificação independente, bem como ser credenciada após a conclusão de uma avaliação com base em critérios específicos documentados.

É possível ser certificado por um organismo de certificação não credenciado; porém, existem dúvidas quanto à conformidade desses certificados, ou seja, por que eles não têm o apoio de um organismo de acreditação?

Segundo o Inmetro (Brasil, 2016b), a certificação de produtos ou serviços, bem como de sistemas de gestão e pessoas, é, por definição, realizada pela terceira parte, isto é, por uma organização independente acreditada para executar essa modalidade de avaliação da conformidade. Sendo assim, a certificação é a declaração formal de "ser verdade", emitida por quem tenha credibilidade e autoridade legal ou moral. Ela deve ser formal, isto

Uma abordagem sobre os órgãos responsáveis pelas normas de gestão e sobre a prática da auditoria da qualidade

é, ser feita seguindo um ritual e ser corporificada em um documento no âmbito da metrologia legal.

Essas organizações independentes possuem renome e foram avaliadas em suas competências pelos organismos de certificação.

Esse reconhecimento de acreditação é definido na norma internacional ISO/IEC FDIS 17011, a qual descreve: "É pelo reconhecimento de terceira parte que um organismo de alta avaliação da conformidade atende requisitos especificados e é competente para desenvolver tarefas específicas de avaliação de conformidade" (ISO, 1996, tradução nossa).

Segundo o Inmetro (Brasil, 2016b), a acreditação é "O reconhecimento formal, concedido por um organismo autorizado, de que uma entidade tem competência técnica para realizar serviços específicos".

O Inmetro conta com o Sistema Brasileiro de Certificação (SBC), que tem por intuito o estabelecimento de uma estrutura de certificação de conformidade adequada às necessidades do país.

No Brasil, o Inmetro é responsável por realizar a avaliação das empresas que desejam conquistar a acreditação, a qual é regulamentada pelo Decreto n. 4.630/2003 – revogado pelo Decreto n. 5.842/2006 – e executada pela Coordenação Geral de Credenciamento do Inmetro (CGCRE). Desse modo, as entidades credenciadas pelo Inmetro conduzem atividades de certificação de conformidade e de treinamento de pessoas.

Para realizar a acreditação, o Inmetro fez uma divisão para avaliar os organismo de certificação e de credenciamento de laboratórios. A Divisão de Acreditação de Organismos de Certificação (Dicor) realiza as atividades para reconhecer a competência técnica dos organismos de avaliação da conformidade que executam certificações de produtos, sistemas de gestão, pessoas, processos ou serviços. Para isso, utiliza programas de acreditação estabelecidos em normas, cujos requisitos devem ser atendidos plenamente pelos solicitantes. Essa acreditação engloba as seguintes modalidades: produtos, pessoas e sistemas de gestão. Já a Divisão de Credenciamento de Laboratórios (Dicla) realiza as atividades relacionadas à concessão e à manutenção da acreditação, de acordo com os requisitos da norma ABNT NBR ISO/IEC 17025 (ABNT, 2005). Ambas as divisões estão vinculadas à CGCRE.

É importante destacar que, após as organizações serem avaliadas e aprovadas para ter a acreditação, recebem-na provisoriamente. Contudo, recebem treinamentos e suas competências são avaliadas. Tais treinamentos abrangem fatores relacionados à imparcialidade na avaliação das empresas, evidenciando as funções que um auditor deve realizar, quais sejam: desenvolver o planejamento de auditoria; elaborar listas de verificação; conduzir o trabalho de gestão de tempo; elaborar técnicas de amostragem; organizar provas; elaborar abordagem por processos; organizar métodos estatísticos; compreender as necessidades; escrever resultados; gerar relatórios de auditoria; acompanhar entrevistas pós-auditoria.

Também há a necessidade de os auditores demonstrarem a área em que vão atuar, apresentando suas competências para tal. Isto é, o organismo de acreditação deve garantir que os auditores tenham habilidades e experiências necessárias para atuar em vários campos do conhecimento. Sendo assim, se o auditor tem conhecimentos relacionados apenas à área farmacêutica, provavelmente não tenha competências para avaliar uma fábrica de móveis.

O Inmetro segue regras internacionais para avaliação das empresas acreditadas, as quais são estabelecidas pelo Casco, um comitê da ISO que trabalha com questões relacionadas à avaliação de conformidade, além de desenvolver políticas e publicações de normas referentes a tal avaliação, sem, no entanto, realizar atividades.

Algumas das normas mais conhecidas utilizadas para a avaliação de conformidade são:

- ISO 17021 – Avaliação de Conformidade: Requisitos para organismos de auditoria e certificação de sistemas de gestão.
- ISO 17023 – Avaliação de Conformidade: Diretrizes para determinar a duração de auditorias de certificação do sistema de gestão.

qualidade

Uma abordagem sobre os órgãos responsáveis pelas normas de gestão e sobre a prática da auditoria da qualidade

O Inmetro visa assegurar a confiabilidade de suas atividades, juntamente com a Organização Mundial do Comércio (OMC). Ambos estabelecem acordos com organizações internacionais a fim de garantir melhor cooperação técnica e reconhecimento mútuo com outros organismos internacionais.

Um desses acordos está relacionado ao sistema de acreditação atuado pela CGCRE do Inmetro, órgão ativo nos fóruns internacionais, sendo, inclusive, membro votante. Entre os fóruns, destacam-se:

- Para as certificadoras de sistemas da qualidade, de gestão ambiental e de produtos, há o **Fórum Internacional de Acreditação** (IAF – International Accreditation Forum). Essa é uma associação mundial de organismos de avaliação da conformidade de acreditação e de outros interessados na avaliação da conformidade nas áreas de sistemas de gestão, produtos, serviços, pessoal e demais programas similares de avaliação da conformidade. Sua função principal é desenvolver um programa mundial único de avaliação da conformidade, que reduz o risco para as empresas e seus clientes, assegurando-lhes que os certificados credenciados sejam válidos. A acreditação garante aos usuários competência e imparcialidade do organismo acreditado.

- Para laboratórios e organismos de inspeção, existe a **Cooperação Internacional de Acreditação de Laboratórios** (Ilac – International Laboratory Accreditation Cooperation). Nesse fórum, concentram-se todas as regras e parâmetros específicos para a acreditação de laboratórios, de programas laboratoriais, das práticas de acreditação e, em última análise, de locais onde se realizam e se firmam os acordos bilaterais e/ou multilaterais com vistas à obtenção do reconhecimento internacional das atividades laboratoriais.

- Para certificadora de pessoal, há a **Associação Internacional de Certificação de Pessoal** (Iatca – International Auditor and Training Certification Association). Trata-se de uma instituição que visa facilitar a aceitação da certificação de sistemas da qualidade, em nível internacional, quando realizada por auditores certificados pelos países-membros e, ainda, harmonizar os procedimentos e critérios para a certificação de auditores de gestão da qualidade e de meio ambiente.

Com todos esses cuidados, é possível observar que existe um conjunto de processos e organizações que visam monitorar e garantir que os organismos certificáveis estejam aptos para tal, de modo que um certificado emitido em qualquer lugar do mundo tenha o mesmo nível de confiabilidade.

Para saber mais

Por mais que existam vários organismos certificadores no Brasil – os quais avaliam as empresas para que elas possam obter ou não a certificação de qualidade –, alguns deles têm sede em outros países, apesar de atuarem em território brasileiro. Os principais deles, com seus respectivos *websites* para consulta, são:

American Bureau of Shipping (ABS) – Estados Unidos, sede em São Paulo.

ABS – American Bureau of Shipping. Disponível em: <http://www.abs-qe.com>. Acesso em: 8 fev. 2016.

British Standards Institution (BSI) – Inglaterra, sede em São Paulo.

BSI – British Standards Institution. Disponível em: <http://www.bsigroup.com/pt-BR/>. Acesso em: 8 fev. 2016.

Bureau Veritas Certification (BVQI) – Inglaterra, sede em São Paulo.

BVQI – Bureau Veritas Certification. Disponível em: <http://www.bureauveritascertification.com.br>. Acesso em: 8 fev. 2016.

Det Norske Veritas (DNV) – Noruega, sede em São Paulo.

qualidade

Uma abordagem sobre os órgãos responsáveis pelas normas de gestão e sobre a prática da auditoria da qualidade

DNV GL – Det Norske Veritas. Disponível em: <http://www.dnv.com>. Acesso em: 8 fev. 2016.

TÜV NORD GROUP – Alemanha, sede em São Paulo.

BRTUV – Tüv Nord Group. Disponível em: <http://www.brtuv.com.br>. Acesso em: 8 fev. 2016.

RINA – Itália, sede em São Paulo.

RINA. Disponível em: <http://www.rinabrasil.com.br/>. Acesso em: 8 fev. 2016.

Quality Service – Suíça, sede em São Paulo.

QS – Quality Service. Disponível em: <http://www.certificadoraqs.com.br/>. Acesso em: 8 fev. 2016.

SGS – Suíça, sede em São Paulo.

SGS. Disponível em: <http://www.sgsgroup.com.br/>. Acesso em: 8 fev. 2016.

É necessário tomar alguns cuidados na escolha de um organismo credenciado de certificação. Salientamos que, embora a acreditação não seja obrigatória, ela fornece uma confirmação independente de competência. Dentre os fatores a ter em conta para escolher um organismo de certificação, destacam-se:

- avaliar diversos organismos de certificação;
- verificar se o organismo de certificação utiliza o padrão Casco;
- verificar se o organismo é credenciado. Para isso, basta entrar em contato com o organismo de acreditação nacional (no caso, o Inmetro ou o Fórum Internacional de Acreditação).

5.2 Auditoria da qualidade

Muitos colaboradores, quando ficam sabendo que está acontecendo uma auditoria na empresa em que trabalham, acabam pensando e expressando pessimismo ("vem bomba por aí!"), angústia ("estamos sendo fiscalizados, precisamos tomar cuidado!") ou, até mesmo, descaso e desconhecimento ("isso é uma chatice, nem sei para que serve!").

Na realidade, a auditoria garante às organizações benefícios muito maiores do que um mero certificado de garantia de qualidade que, muitas vezes, fica exposto na parede para que todos o vejam. As auditorias fornecem valor pelo fato de avaliarem de forma sistemática, identificarem pontos de divergência no cumprimento dos requisitos da norma de qualidade e, a partir dos resultados, estabelecer meios para melhoria da organização.

A NBR ISO 19011:2012, que descreve as diretrizes para auditorias de sistema de gestão, define *auditoria* da seguinte maneira: "Processo sistêmico, documentado e independente para obter evidência de auditoria e avaliá-la objetivamente para determinar a extensão em que os critérios de auditoria são atendidos" (ABNT, 2012).

O'Hanlon (2006, p. 38) descreve que "auditoria é um exame formal de contas por meio de referências às testemunhas e aos comprovantes".

Desse modo, esse exame formal permite às pessoas da organização, ao serem entrevistadas, compreenderem a importância de seu papel no cumprimento dos objetivos organizacionais. Por isso, para ocorrer o processo de auditoria, este deverá ser planejado, de modo a permitir maior direcionamento nas ações realizadas, visando alcançar os objetivos propostos, ou seja, foco na melhoria, no atendimento à conformidade, na eficácia, no atendimento à regulamentação, bem como no registro das auditorias (O'Hanlon, 2006).

qualidade

Uma abordagem sobre os órgãos responsáveis pelas normas de gestão e sobre a prática da auditoria da qualidade

Para alcançar tais objetivos, faz-se necessário o exame dos processos, com o intuito de corrigir as falhas inerentes a eles, tendo sempre o foco na melhoria contínua. A auditoria também tem por finalidade o aprimoramento do SGQ (sistema de gestão de qualidade) por meio da análise dos procedimentos que estão sendo utilizados, buscando aumentar a eficiência e a adequação do sistema para os objetivos da empresa. É por esse motivo que tanto a ISO 9001 como outras normas de sistema de gestão semelhantes exigem a inclusão dos resultados das auditorias como parte do processo de revisão da gestão.

Em virtude disso, a auditoria não pode ser encarada como "chata", conforme mencionado por muitos colaboradores. Pelo contrário, trata-se de uma ação que destaca os pontos fortes e fracos da organização, permitindo observar riscos, os quais são pronunciados por meio de oportunidades de melhorias, identificação das não conformidades (algo que esteja errado no processo e que coloque em risco a integridade do sistema de gestão) e do não atendimento às necessidades dos clientes.

Desse modo, a auditoria da qualidade é sempre executada em sistemas documentados. Afinal, é por uma avaliação que é possível saber se a documentação cumpre com o objetivo que define a qualidade da organização, se as atividades realizadas estão em conformidade com o sistema documentado, bem como se o sistema de qualidade é eficaz no que diz respeito à documentação e sua implementação, no cumprimento dos objetivos de qualidade definidos e nos requisitos legais e de segurança.

Portanto, a auditoria é um dos elementos-chave na busca de alcançar os objetivos definidos pela organização, devendo ser realizada para:

1 determinar a conformidade ou não conformidade dos elementos do sistema de qualidade com os requisitos especificados;

2 determinar a eficácia do sistema de qualidade implementado no cumprimento do objetivo de qualidade especificada;

3 identificar oportunidades para melhorar o sistema de qualidade;

4 identificar pontos para tomada de decisão;

5 identificar treinamentos específicos e sua eficácia.

Logo, a auditoria da qualidade é uma ferramenta importante para a melhoria contínua.

O suporte humano é muito importante na realização de uma auditoria. Para tanto, os auditores devem apresentar atributos exigidos especificamente para o exercício da profissão. No campo pessoal, é importante que um auditor seja leal, educado, respeitador, verdadeiro, sem arrogância e pacifista, sabendo evitar polêmicas desnecessárias. Ele deve, também, evitar demonstrações desnecessárias de sapiência, além de apresentar estabilidade emocional e ter boa apresentação pessoal. Já no campo profissional, o auditor deve ser discreto, observador, bom ouvinte, imparcial, independente, organizado, objetivo, crítico e, acima de tudo, competente. Uma boa descrição do auditor é de alguém com perfil emocional condizente com a função a ser exercida, bem treinado para tal função e, especialmente, alguém com sensibilidade intuitiva (ou *feeling*).

Não há necessidade de mudança na personalidade do auditor para que ele desenvolva um bom trabalho. No entanto, não é recomendado haver exageros de intimidade nem total distância com o auditado. No exercício da profissão, o auditor não deve simplesmente provocar mudanças na organização, mas sim melhorias.

Durante uma auditoria, o auditor deve seguir algumas orientações importantes para cumprir os objetivos de sua prática (ABNT, 2012):

1 Não ser tendencioso.

2 Manter a mente aberta.

3 Ser imparcial.

4 Ser paciente.

qualidade

Uma abordagem sobre os órgãos responsáveis pelas normas de gestão e sobre a prática da auditoria da qualidade

5 Lembrar ao participante que a auditoria é importante para a melhoria contínua.

6 Sempre indicar os fatos.

7 Não corrigir a pessoa no local em que ela trabalha.

8 Fazer o relatório com precisão e clareza.

9 Estar familiarizado com o procedimento.

Assim, o auditor deve ter responsabilidade, bom senso, envolvimento técnico com sua equipe e, acima de tudo, ser confidencial.

Para o processo de implementação das normas ISO 9001:2000, muitas vezes as organizações optam por contratar empresas de consultoria especializadas em certificação ISO e com auditores internos já treinados e competentes. Além disso, é comum a prática de contratação de empresas consultoras que, à medida que o processo de certificação avança, promovem treinamentos dos funcionários, para que eles próprios façam o serviço de auditores.

5.2.1 Tipos de auditoria da qualidade

Existem três tipos de auditorias da qualidade, a saber: de primeira, segunda e terceira partes. Em algumas obras, esses tipos são descritos como auditoria interna e externa, conforme detalhados a seguir:

Auditoria de primeira parte (interna) – Ocorre quando os funcionários da empresa realizam uma auditoria sobre o seu próprio sistema de qualidade. Para que esse processo interno seja eficaz, é fundamental o treinamento, para que o auditor interno seja imparcial na avaliação do setor/processo a ser auditado.

Auditoria de segunda parte, ou no fornecedor (externa) – Realizada pela organização cliente sobre a organização fornecedora. Ou seja, o cliente deseja ter certeza de que as práticas executadas pela organização atendem realmente às premissas de qualidade por ele desejadas. Essa auditoria garante maior credibilidade entre os contratos estabelecidos pelas organizações.

> Esse tipo de auditoria pode ser realizado por funcionários treinados pela empresa cliente, ou, quando não houver esse treinamento, deve ocorrer a contratação de um auditor qualificado.

Auditoria de terceira parte, ou de certificação (externa) – Realizada por organismos independentes. Se após a realização da auditoria da qualidade for comprovado o atendimento aos padrões, a certificação é concedida à empresa; caso contrário, ela deve se adequar, precisando, para isso, de um tempo.

Independentemente de qual deve ser o tipo de auditoria realizada, todas são fundamentais para o processo de melhoria contínua. No entanto, as auditorias externas são realizadas em períodos de tempo maiores. Elas são feitas, por exemplo, quando o cliente tem dúvidas no cumprimento de algum requisito para fechar um novo contrato.

Já a auditoria interna constitui uma função contínua, completa e independente, com o intuito de verificar a existência, o cumprimento, a eficácia e a otimização dos controles internos, contribuindo para o cumprimento dos objetivos organizacionais.

Uma abordagem sobre os órgãos responsáveis pelas normas de gestão e sobre a prática da auditoria da qualidade

5.2.2 Processo de planejamento de uma auditoria interna

A norma ISO 9001 (ABNT, 2008) deixa muito explícita a necessidade de executar auditorias internas em intervalos planejados para determinar se o sistema de gestão da qualidade atende às conformidades das disposições planejadas com os requisitos da norma e do sistema de gestão da qualidade estabelecidos pela organização, bem como para apontar se o sistema está mantido e implementado eficazmente.

A área coberta por cada função de auditoria depende de diversos fatores, entre os quais, destacam-se tanto a maturidade da área de auditoria como o interesse da alta administração pelos benefícios oriundos dos resultados dos trabalhos da auditoria interna.

Por isso, o programa de auditoria deve ser planejado. Segundo a norma ISO 9001 (ABNT, 2008), o planejamento deve considerar tanto a situação e a importância dos processos e das áreas a serem auditadas como os resultados de auditorias anteriores.

Também é preciso definir quais critérios devem ser seguidos pela auditoria, sendo eles: escopo, frequência e método. É possível dizer, de forma concisa, que o processo para a gestão de uma auditoria deve ser monitorado. Tal processo engloba as seguintes ações:

1. iniciar a atividade de auditoria;
2. determinar o foco da auditoria;
3. preparar-se para a auditoria;
4. executar a auditoria;
5. descrever conclusões dos resultados iniciais no relatório;
6. determinar ação corretiva;

7 atualizar as conclusões do relatório com a ação corretiva;

8 realizar a ação corretiva;

9 atualizar as conclusões do relatório quando as ações são concluídas;

10 fazer acompanhamento;

11 terminar a auditoria.

A atividade de auditoria engloba, portanto, um conjunto de etapas executadas por meio de procedimentos geralmente baseados em normas e padrões e com o uso de ferramentas de apoio específicas a cada tipo de trabalho. As etapas de uma auditoria interna podem ser agrupadas em três macroetapas: planejamento; serviço de campo; reporte e acompanhamento. Dessa forma, pode-se perceber uma relação entre o processo de auditoria interna e o ciclo PDCA (*plan, do, check, action*), pois ambos têm como base o planejamento, a execução, a verificação e a atuação corretivamente, a fim de buscar sempre melhorias da qualidade. O Quadro 5.1, a seguir, ilustra a aplicação do ciclo PDCA no processo da gestão de um programa de auditoria, conforme estabelece a norma ABNT NBR ISO 19011:2012.

Quadro 5.1 – Aplicação do Ciclo PDCA no processo da gestão de um programa de auditoria

PLANEJAR	Estabelecimento de objetivos do programa de auditoria
	Estabelecimento do programa de auditoria
	Estabelecimento de papéis e responsabilidades da pessoa que gerencia o programa de auditoria

(continua)

Uma abordagem sobre os órgãos responsáveis pelas normas de gestão e sobre a prática da auditoria da qualidade

(Quadro 5.1 – conclusão)

PLANEJAR	Competência da pessoa que gerencia o programa de auditoria
	Determinação da abrangência de um programa de auditoria
	Identificação e avaliação dos riscos do programa de auditoria
	Identificação de recursos para o programa de auditoria
FAZER	Implementação do programa de auditoria
	Geral
	Definição dos objetivos, do escopo e dos critérios para uma auditoria individual
	Escolha dos métodos de auditoria
	Seleção dos membros da equipe da auditoria
	Atribuição de responsabilidades para uma auditoria individual ao líder da equipe da auditoria
	Gerenciamento de resultados do programa de auditoria
	Gerenciamento e manutenção de registros do programa de auditoria
CHECAR	Monitoração do programa de auditoria
AGIR	Elaboração de análise crítica e melhoria do programa de auditoria

Fonte: Baseado em ABNT, 2012.

De acordo com Gil (1999, p. 70), as auditorias internas da qualidade buscam alcançar oito pontos importantes para a empresa:

1. Implantação de um sistema abrangente de auditorias internas da qualidade, planejadas e documentadas: na implantação de um sistema abrangente de auditorias, deve-se incorporar todas as entidades (ou setores) envolvidas. Com o envolvimento dos setores, é preciso planejar adequadamente a execução da auditoria, documentando os resultados obtidos durante a análise.
2. Operacionalização da verificação/constatação se as atividades organizacionais estão em conformidade com a forma planejada: esse ponto implica a realização de projetos de auditorias da qualidade realizadas por meio de metodologias de auditorias de sistemas da qualidade. Corresponde também à aferição do cumprimento do nível da qualidade desejado e registrado em manuais da qualidade.
3. Verificação da eficácia do sistema da qualidade: a auditoria busca identificar se o modelo do sistema da qualidade implantado está contribuindo para a continuidade operacional, a lucratividade, o nível de satisfação dos clientes, a qualidade de vida profissional, bem como a visualização de mudanças organizacionais por meio de índices de qualidade.
4. Programação da auditoria verificando a situação atual e a importância da atividade: deve-se fazer um plano anual de auditorias que utilize tecnologia de análise de risco para identificar a hierarquia das áreas para auditorias da qualidade prioritárias.
5. Execução de auditorias e ações de acompanhamento conforme os procedimentos documentados: esse ponto refere-se

qualidade

Uma abordagem sobre os órgãos responsáveis pelas normas de gestão e sobre a prática da auditoria da qualidade

ao acompanhamento realizado pela auditoria para testar os procedimentos de controle da qualidade avaliando os resultados dos testes e verificando a sua efetividade quanto à conformidade com os procedimentos do planejamento da qualidade preestabelecidos. Pode ser dividido em: auditoria de posição e auditoria de acompanhamento.

6. Documentação dos resultados da auditoria e prestação de informações aos responsáveis das áreas auditadas: relaciona-se à apresentação das recomendações para melhoria do sistema por meio de relatórios de auditoria da qualidade, plano de ação, ata de reunião de auditor da qualidade ou da área organizacional auditada.

7. Atuação dos responsáveis pelas áreas auditadas, em tempo hábil, ao tomar ações corretivas, em face das eficiências/fraquezas apontadas pela auditoria: os líderes dos setores são responsáveis pela implantação das ações corretivas recomendadas. Deve ser desenvolvido um plano de ação com o cronograma a ser seguido, contendo os recursos a incorrer, a forma de trabalho e o critério de solução.

8. Regularidade, nas análises críticas/avaliação, pela alta administração, dos resultados das auditorias internas da qualidade: a auditoria tem como principal função a identificação dos pontos de controle. Para isso, as auditorias devem ser exercidas em ciclos curtos, tendo como apoio um sistema de monitoração: os índices de qualidade.

Essas oito regras são as diretrizes básicas da qualidade para todos os momentos, pois servem às organizações que buscam a qualidade total. Salienta-se que a principal missão da auditoria interna é assessorar a administração mediante ação integrada de sua equipe e por meio de exames de adequação e eficácia dos controles internos.

A fim de deixar mais claro esse planejamento, apresentamos, na seção seguinte, a metodologia de implantação de uma auditoria interna.

5.2.3 Metodologia de implantação de uma auditoria interna

É sempre bom evidenciar que cada equipe de trabalho deve desenvolver a metodologia que melhor facilitar as ações de seu trabalho na organização, descrevendo os procedimentos que monitorem adequadamente o processo de auditoria interna da qualidade.

O primeiro passo é definir um cronograma de auditoria, o qual deve contemplar os seguintes procedimentos: programação da auditoria; definição de equipe auditora; preparação da auditoria; execução da auditoria; acompanhamento das ações corretivas.

Para a programação da auditoria, é necessário definir qual será seu foco, por exemplo: auditoria interna para certificação ISO 9001. Para tal, define-se que ela ocorra continuamente, ou seja, em curto espaço de tempo (cerca de dois meses entre cada auditoria).

Além disso, é preciso apontar as datas pré-agendadas pelo representante da direção para a realização das auditorias, as quais visam avaliar a implementação e a eficácia das funções do sistema de qualidade definidas no manual da qualidade. Cada auditoria não deve demorar mais que três dias.

Posteriormente, define-se a equipe de auditoria, a qual deve ser composta por no mínimo dois auditores e no máximo cinco. O auditor líder deve ter treinamento específico em sistema da qualidade de acordo com a ABNT NBR ISO 9001:2008. Caso a empresa não tenha pessoal com essa qualificação, deve-se optar por contratar consultores com qualificação técnica.

qualidade

Uma abordagem sobre os órgãos responsáveis pelas normas de gestão e sobre a prática da auditoria da qualidade

As áreas são auditadas com a presença do auditor líder e de auditores escolhidos na própria empresa. Destacamos que os auditores internos, da própria empresa, devem ter independência do setor a ser auditado, ou seja, o responsável do setor não pode auditar o seu próprio setor. Geralmente, tais auditores são representantes da parte técnica do comitê de qualidade da organização.

Sugerimos que as auditorias não tenham um número muito grande de auditores.

Na preparação da auditoria, recomendamos a elaboração de um plano. O representante da direção deve especificar quem são os auditores, bem como qual é o objetivo da auditoria, a qual precisa ser programada e efetuada para evidenciar o cumprimento dos requisitos exigidos na norma da qualidade. O plano de auditoria deve conter os setores a serem auditados, os auditores selecionados e o que deve ser auditado nos setores, conforme ilustrado no Quadro 5.2.

Quadro 5.2 – Exemplo de plano de auditoria interna

Logo da empresa	Plano de auditoria Interna				
Data da auditoria					
Auditor líder					
Ações					
Área ou processo	Horário	Responsável da área	Equipe auditora	Requisitos a auditar	
Data da elaboração do plano da próxima auditoria:					
Comentários:					

Com o intuito de evidenciar o cumprimento dos requisitos, os auditores devem elaborar um guia de auditoria interna, conforme exposto na NBR ISO 9001:2008 (ABNT, 2008), ou uma lista de verificação para averiguar as não conformidades ou conformidades dos setores por meio dos requisitos determinados pela ISO. Nessa lista, definem-se itens a serem cumpridos, os quais vão auxiliar em um passo muito importante após a auditoria: a realização de ações corretivas. O Quadro 5.3, a seguir, apresenta um exemplo de lista de verificação.

Quadro 5.3 – Exemplo de lista de verificação de auditoria interna

Logo da empresa	Lista de verificação de auditoria interna		
REQUISITO	C	NC	EVIDÊNCIA OBJETIVA

Por mais que exista certa formalidade na execução das auditorias, antes de executá-las pode-se realizar uma reunião informal com os auditados para esclarecer possíveis dúvidas que venham a ocorrer nesse processo; somente posteriormente é que se inicia a auditoria propriamente dita.

O papel do auditor é registrar as evidências e, em caso de não conformidade, comunicar o não cumprimento dos requisitos ao auditado, para posterior correção. Após a sua execução, registram-se os resultados, assim como as conformidades e não conformidades da auditoria em relatórios de auditoria interna. Com as não conformidades em mãos, abrem-se formulários de plano de ação corretiva e preventiva, nos quais são apresentadas as falhas encontradas, além de propostas de ações corretivas, definindo os prazos e os responsáveis pela correção.

Com o resultado da execução da auditoria interna, todas as evidências encontradas devem ser descritas em um relatório de auditoria, conforme o exemplo apresentado no Quadro 5.4.

Quadro 5.4 – Exemplo de relatório de auditoria

Logo da empresa	Relatório de auditoria		
Data:	Área ou processo auditado:	Responsável:	Relatório N.:
Conformidade:			
Não conformidade encontrada durante:			
Processo:			
Norma:			
Descrição das provas objetivas:			
Grau da NC	Auditor líder	Auditor	Representante da organização
Análise da causa raiz:			

Com o relatório da auditoria efetuado, assim que forem detectadas as não conformidades deve-se iniciar a análise da causa raiz do problema, de modo a propor ações corretivas. A partir de tais ações, devem ser realizados planos de ação para a eliminação das não conformidades encontradas. No Quadro 5.5, apresentamos um modelo de plano de ação para não conformidade.

Quadro 5.5 – Exemplo de plano de ação corretiva para não conformidade

Logo da empresa	Plano de ação		
Plano de ação preventiva/corretiva	Ação: ( ) Preventiva ( ) Corretiva		
1. Descrição dos documentos envolvidos / não conformidade / reclamação de cliente			
Responsável pela emissão:	Visto:		
2. Análise ou investigação da causa (raiz / potencial)			
3. Ação proposta (corretiva / preventiva), responsável e prazo para a execução			
O QUÊ?	QUEM?	QUANDO?	COMO?
Responsável pela aprovação:	Data:	Visto	
4. Acompanhamento e verificação da efetividade da ação			
Resultado: ( ) Eficaz ( ) Parcialmente eficaz ( ) Ineficaz	Observações e evidência objetiva:		
Responsável pelo fechamento:	Data:	Visto	

Para realizar o acompanhamento das ações corretivas/preventivas, é sempre necessária a análise do plano de ação corretivo para não conformidade, pois o representante da direção deve assegurar a implementação das ações corretivas propostas. Transcorrido o prazo proposto para a execução das ações, faz-se necessário realizar uma auditoria de acompanhamento para verificar a implementação delas.

Uma abordagem sobre os órgãos responsáveis pelas normas de gestão e sobre a prática da auditoria da qualidade

Um ponto importante para o sucesso de uma auditoria interna é o comprometimento da direção e dos funcionários afetados diretamente pela implantação das normas ISO e, consequentemente, pela auditoria interna. Já a falta de comprometimento é um dos fatores relevantes para o insucesso das ações corretivas e preventivas propostas.

Síntese

Neste capítulo, mostramos que, para ser válida a certificação de uma empresa que empregue um sistema de gestão, ela deve apresentar um certificado, emitido por um organismo de certificação independente, e seu credenciamento só pode ocorrer após a conclusão de uma avaliação com base em critérios específicos documentados. Existem vários organismos para certificação, dos quais destacamos a Associação Brasileira de Normas Técnicas (ABNT), órgão responsável por traduzir e editar a família de normas ISO, e o Instituto Nacional de Metrologia, Normalização e Qualidade Industrial (Inmetro), órgão fiscalizador que credencia organismos brasileiros de sistemas de certificação.

Portanto, para obter a certificação, as organizações são auditadas por organismos independentes para executar a modalidade de avaliação da conformidade, ou seja, a certificação é uma declaração formal emitida por quem tenha credibilidade e autoridade legal ou moral. Além disso, ela deve ser elaborada com base em padrões estabelecidos e ser corporificada em um documento no âmbito da metrologia legal.

Ainda, vimos que existem três tipos de auditorias: de primeira, de segunda e de terceira partes, os quais permitem às organizações benefícios muito maiores do que apenas um certificado exposto na parede. As auditorias fornecem valor pelo fato de avaliarem sistematicamente, bem como por identificarem pontos de divergência quanto ao cumprimento dos requisitos da norma de qualidade para, a partir do resultado, estabelecer meios para a melhoria da organização.

Questões para revisão

1 Qual entidade representa o Brasil como país-membro na ISO?

2 Quais são os requisitos necessários para que seja válida a certificação da empresa que tem um sistema de gestão?

3 Existem três tipos de auditorias da qualidade, a saber: de primeira parte (interna), de segunda parte (externa) e de terceira parte (externa). Com base nisso, assinale (V) para as alternativas verdadeiras e (F) para as falsas:

( ) A auditoria de primeira parte ocorre quando os funcionários da empresa realizam uma auditoria sobre seu próprio sistema de qualidade.

( ) A auditoria de segunda parte acontece quando os funcionários da empresa avaliam as necessidades dos clientes para cumprir com os requisitos inseridos em seu modelo de gestão.

( ) A auditoria de terceira parte, ou de certificação, ocorre quando a empresa deseja obter a certificação, e auditores de organismos independentes avaliam se ela é capaz de atender aos padrões estabelecidos pela norma de gestão.

A seguir, indique a alternativa que apresenta a sequência correta:

a F, F, V.

b V, F, F.

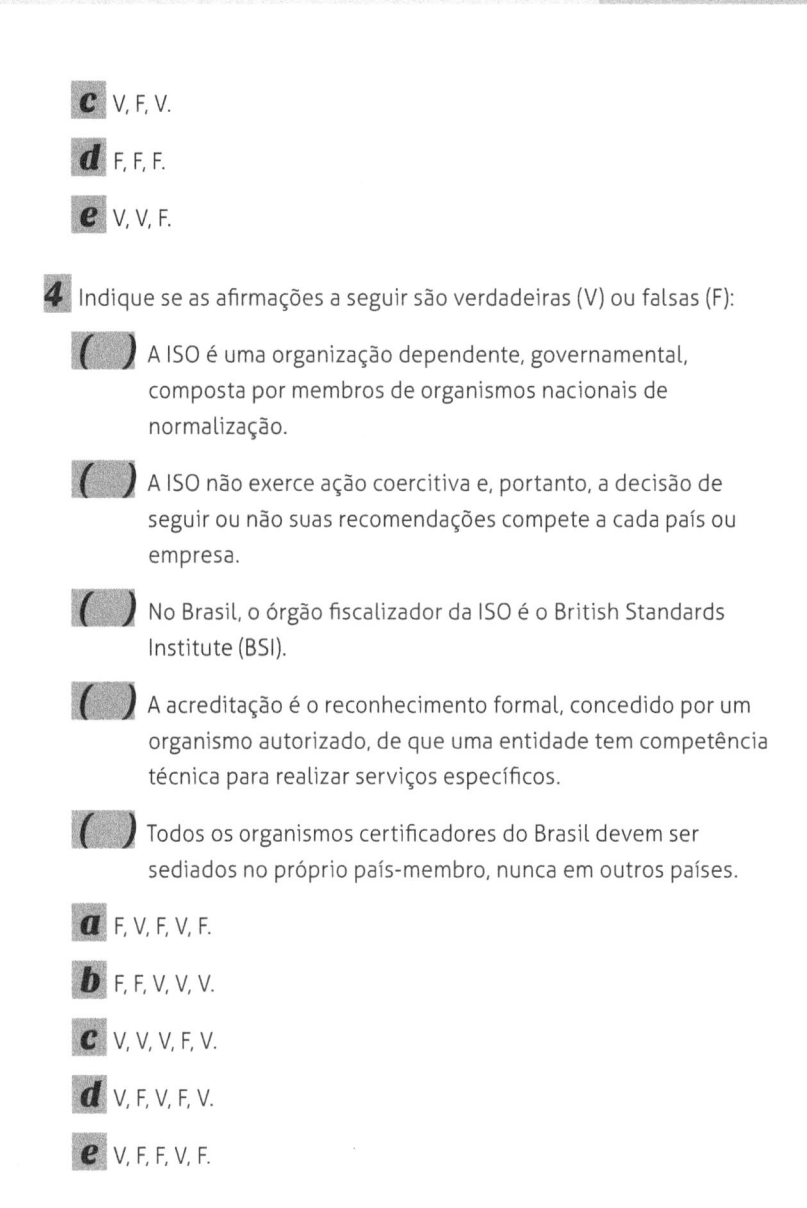

qualidade

Uma abordagem sobre os órgãos responsáveis pelas normas de gestão e sobre a prática da auditoria da qualidade

c V, F, V.

d F, F, F.

e V, V, F.

4 Indique se as afirmações a seguir são verdadeiras (V) ou falsas (F):

( ) A ISO é uma organização dependente, governamental, composta por membros de organismos nacionais de normalização.

( ) A ISO não exerce ação coercitiva e, portanto, a decisão de seguir ou não suas recomendações compete a cada país ou empresa.

( ) No Brasil, o órgão fiscalizador da ISO é o British Standards Institute (BSI).

( ) A acreditação é o reconhecimento formal, concedido por um organismo autorizado, de que uma entidade tem competência técnica para realizar serviços específicos.

( ) Todos os organismos certificadores do Brasil devem ser sediados no próprio país-membro, nunca em outros países.

a F, V, F, V, F.

b F, F, V, V, V.

c V, V, V, F, V.

d V, F, V, F, V.

e V, F, F, V, F.

5 Assinale a alternativa **incorreta** quanto à metodologia de implantação de uma auditoria interna:

a Cada equipe de trabalho desenvolve uma metodologia que facilite as ações de seu trabalho na organização, descrevendo os procedimentos que melhor monitorem o processo de auditoria interna da qualidade.

b O primeiro passo é definir um cronograma de auditoria, o qual deve contemplar os seguintes procedimentos: programação da auditoria; definição de equipe auditora; preparação da auditoria; execução da auditoria; acompanhamento das ações corretivas.

c Para a programação da auditoria, não é necessário definir seu foco.

d É preciso apontar as datas pré-agendadas pelo representante da direção para a realização das auditorias.

e O auditor líder deve ter treinamento específico de acordo com as normas a serem seguidas.

Questões para reflexão

1 As auditorias são de extrema importância para o processo de melhoria contínua em qualquer organização. Então, por que os colaboradores criticam e ficam tão estressados com tais procedimentos?

2 Na empresa onde você trabalha, a certificação é realmente válida? Como você e outros colegas de trabalho souberam dessa validade? Caso não trabalhe, procure se informar sobre a certificação de alguma empresa que você conheça.

6

Sistema de avaliação da qualidade

Conteúdos do capítulo:

- Avaliação da qualidade.
- Planejamento da avaliação da qualidade.
- Técnicas e ferramentas de avaliação da qualidade.

Após o estudo deste capítulo, você será capaz de:

1. compreender a importância da avaliação da qualidade;
2. dominar os conceitos sobre o planejamento de avaliação da qualidade;
3. ampliar o leque de conhecimento sobre as ferramentas de avaliação da qualidade;
4. desenvolver a métrica de avaliação em seu ambiente de trabalho.

Sistema de avaliação da qualidade

Quando uma empresa foca seu sistema de gestão na satisfação das necessidades dos seus clientes, funcionários e sociedade, é fundamental que estabeleça os meios para avaliar tal sistema, pois se existe um modelo de gestão e este não é avaliado, a tendência é que não evolua, pois não são desenvolvidos mecanismos de melhoria.

Portanto, a avaliação envolve o atendimento aos requisitos dos *stakeholders*. Tais requisitos devem ser identificados nas estratégias de negócio da empresa, no desenvolvimento do produto, no processo produtivo, enfim, em toda a integração de recursos físicos e humanos fundamentais.

Como Deming (1992) tanto destacou, é preciso focar no contexto, pois o que não é medido, não pode ser gerenciado. Por isso, faz-se necessário o uso de ferramentas quantitativas que permitam à empresa garantir a qualidade de seus produtos por meio da verificação de todos os seus processos, compreendendo os diferenciais entre eficiência e eficácia e avaliando suas medidas de desempenho.

É nesse sentido que delineamos o presente capítulo, abordando a importância do planejamento da avaliação, seus elementos e suas ferramentas de apoio.

6.1 Avaliando a qualidade

O professor avalia os alunos por meio de provas e trabalhos. Trata-se de uma forma de avaliação muitas vezes subjetiva, pois, por mais que haja todo um planejamento no desenvolvimento de uma prova que venha expressar o conhecimento do aluno em uma folha de papel, nem sempre esta será a melhor forma para o aluno ser avaliado.

Ao corrigir a prova, muitas vezes o professor percebe que aqueles alunos dedicados, que participam e prestam atenção nas aulas, nem sempre obtêm a melhor nota na avaliação. O aluno, ao se sentir avaliado, nem sempre consegue expressar seu conhecimento, impactando negativamente em sua média de desempenho.

Certamente, existem outras formas de avaliar um aluno, o que permite um resultado mais real do que o expresso em um papel. Além disso, há a necessidade de avaliar se o instrumento de avaliação – no caso, a prova – foi desenvolvido de forma clara, permitindo ao aluno expor seu conhecimento. Assim, essa complexidade de questões põe em cheque esse instrumento de medição. No entanto, até que não se desenvolva outro instrumento, a prova continuará sendo o meio mais efetivo de avaliação de alunos.

No contexto dos negócios, a avaliação da qualidade também é complexa e se faz necessária; porém, se for mal conduzida também se torna subjetiva. Como a qualidade é, sem sombra de dúvidas, um conceito de sobrevivência nas organizações, aquelas que possuem mecanismos irreais de avaliação certamente não vão conseguir progredir. É necessário que as empresas conduzam uma boa avaliação da qualidade, pois, assim, suas estratégias de negócios podem ser constantemente melhoradas.

Essa premissa de avaliação está inserida nas normas de gestão, as quais apregoam que em seus requisitos a organização estabeleça e mantenha procedimentos para medir e monitorar periodicamente o desempenho do sistema de gestão. Nesse mesmo contexto, Paladini (2006, p. 20) define que a avaliação da qualidade deve ser "um processo contínuo e permanente".

Nesse processo contínuo, há a necessidade de se estabelecer também um sistema de medição de desempenho no qual se incluem a necessidade de recursos para coletar e propagar os indicadores na organização e processos de gestão claramente definidos, permitindo que os indicadores traduzam o que realmente está acontecendo.

Outro ponto de destaque nas normas é que, como procedimentos de medição, devem ser utilizados métodos e ferramentas estatísticas, pois estes permitem comprovar sua conformidade em relação à política e a outros critérios estabelecidos pela direção.

Sistema de avaliação da qualidade

Alguns modelos de avaliação formais muito conhecidos mundo afora são os que conduzem os prêmios de qualidade em empresas, dos quais se destacam: EFQM Excellence Award, Malcolm Baldrige National Quality Award (MBNQA), o Prêmio Deming e o Prêmio Nacional da Qualidade (PNQ), sendo este último o reconhecimento máximo à excelência da gestão das organizações no Brasil (Saraph; Benson; Schroeder, 1989; Flynn; Schroeder; Sakakibara, 1994; Badri; Davis; Davis, 1995; Ahire; Golhar; Waller, 1996).

A metodologia desses prêmios de qualidade possibilita às empresas conseguirem enxergar em qual patamar de qualidade se encontram em comparação com as organizações que operam sob sua área de influência, ou seja, constitui um ponto de referência comum e com critérios uniformes, favorecendo a identificação de oportunidades de melhorias das empresas.

Nesse sentido, o processo de avaliação da qualidade visa à verificação periódica do grau de qualidade inserido nas práticas de uma organização, sempre considerando a condução da melhoria contínua. A fim de alcançar esse objetivo, é importante o uso do ciclo PDCA ou do Masp – método de análise e solução de problemas – para estruturar a prática de avaliação da qualidade em uma organização.

6.2 Planejando a avaliação da qualidade

O ciclo PDCA permite estruturar o sistema que está sendo avaliado, pois o sistema de avaliação deve ser estabelecido de modo a permitir que ocorram os procedimentos para medir e monitorar periodicamente o desempenho do sistema de gestão. Para que isso aconteça de forma coerente, o corpo gerencial da empresa deve identificar as ações implantadas por meio do seu sistema de gestão, avaliar seus resultados e estabelecer novas metas e objetivos. Tais práticas possibilitam a motivação de todos com a metodologia de gestão utilizada pela empresa, compondo sua autoavaliação e estabelecendo comparação com os concorrentes.

Por sua vez, o ciclo do Masp permite estudar problemas existentes na organização que podem ser avaliados e para os quais é possível encontrar ações de melhorias.

Tanto no PDCA como no Masp, a primeira atividade a ser realizada é o planejamento (P – *Plan*), que abrange a avaliação do método atualmente utilizado ou da área-problema que está sendo estudada. A partir da identificação do foco da pesquisa, o planejamento consiste em identificar quais dados devem ser coletados, os quais permitem obter informações representativas. Com base nesses dados, é possível formular um plano de ação que melhore o desempenho, bem como estabelecer objetivos e processos necessários para gerar resultados de acordo com os requisitos dos clientes e com a política da organização. Com o plano de ação elaborado, é preciso que ele seja aprovado pelos gestores para ser colocado em operação.

A segunda etapa corresponde à fase de execução (D – *Do*). Antes dessa etapa, no entanto, é importante que ocorra treinamento para as pessoas que venham a colocar o plano em prática, pois, para avaliar, é fundamental conhecer o processo, as atividades a este relacionadas, bem como suas atividades-chave, enfim, para poder identificar o que é mais relevante e, com base nesse conhecimento, colocá-lo em prática.

Na terceira etapa, de checagem (C – *Check*), o planejamento já foi implementado. Os processos inclusos são avaliados, monitorados e medidos em relação às políticas, aos objetivos e aos requisitos para o produto ou serviço, com o intuito de verificar se houve melhoramento do desempenho esperado.

Por fim, na última etapa, que se refere à ação (A – *Action*), a mudança é consolidada e, se bem-sucedida, padronizada. Nessa etapa também se executam ações para promover continuamente a melhoria do desempenho

Sistema de avaliação da qualidade

do processo. Se não foi bem-sucedida, as lições tiradas da tentativa devem ser formalizadas antes que o ciclo comece novamente.

Paladini (2006) enfatiza a importância de se avaliar os processos e apresenta um roteiro de três elementos básicos para tal avaliação, conforme segue:

1. Eliminação das perdas – Trata-se do passo inicial quando se encontra um problema, ao se questionar sobre o motivo de tal problema estar ocorrendo e em que, de fato, consiste essa perda. Esse processo inicial tem natureza corretiva, resultados em curto prazo e não agrega valor ao processo.

2. Eliminação das causas das perdas – Refere-se à fase de identificação dos motivos para que tenham ocorrido perdas, bem como de o que deve ser feito para que não voltem a acontecer. Seguindo o Masp, o processo de eliminação das causas está no planejamento, em que há a necessidade da observação, ou seja, identificação das características fundamentais do problema, bem como de análise, em que são encontradas as causas principais. Essa fase é de natureza preventiva, apresenta resultados em médio prazo e também não agrega valor ao processo.

3. Otimização do processo – Visa consolidar as ações realizadas anteriormente e propor melhorias continuamente. A obtenção dos resultados se dá em longo prazo e essa fase agrega valor ao processo, pois, como a prioridade é a potencialidade do processo, tal etapa visa inserir mecanismos de redução de *lead time* da produção, além de novas tecnologias.

Nesse processo, há também o questionamento sobre o que deve ser avaliado ou o que seria mais importante avaliar. Segundo a NBR ISO 9001 (ABNT, 2008), os clientes são a entrada e a saída do processo: como entrada, seus requisitos; como saída, sua satisfação. Sendo assim, o primeiro e fundamental elemento de qualidade a ser avaliado é o cliente, isto é, quem compra, quem consome o produto ou serviço. Além disso, para conseguir satisfazê-lo, há a necessidade de um bom procedimento – por isso a necessidade de avaliá-lo. Também é importante identificar quem executa esse procedimento, bem como de que forma ocorre o atendimento à política da empresa e como é a qualidade do pós-venda, ou seja, qual é a atenção dada ao cliente caso ocorra algum problema. Resumindo, os principais elementos de avaliação são:

- **c**liente;
- **p**rocedimento (manufatura ou serviço);
- **p**essoas (mão de obra);
- **p**olítica da empresa;
- **s**erviço pós-venda.

Para avaliar o desempenho, é fundamental utilizar ferramentas com técnicas eficazes, caso contrário, a avaliação terá sido em vão. Existe uma série dessas ferramentas. As que Shewhart desenvolveu (ciclo PDCA), aliás, são consideradas um marco para a qualidade, pois, como ninguém mais, ele pensou como estruturar e controlar um processo por meio dos gráficos de controle. No entanto, outras técnicas e ferramentas de avaliação e diagnóstico também se mostram eficazes para a identificação de problemas e suas causas. Antes de apresentarmos tais técnicas e ferramentas, vale a pena discutirmos um pouco mais sobre a definição de variabilidade, conceito tão importante nos processos.

Sistema de avaliação da qualidade

6.2.1 Variabilidade nos processos

Em todos os processos existe certa variabilidade, a qual pode ser associada a causas normais ou a causas especiais (atribuíveis) e aleatórias. As causas normais são as que fazem parte do cotidiano da empresa e geralmente ocorrem em grande quantidade; porém, por mais que exista um planejamento para que tais causas sejam eliminadas, elas sempre acontecem. Certamente, com investimento em inovação, tecnologia e qualidade, visa-se essa redução de variabilidade; no entanto, o investimento é alto e deve ser recompensado e avaliado no quesito competitividade. Por exemplo: o envasamento de um produto químico cujo frasco deve ter 500 ml de produto. Algumas vezes, o frasco será envasado com 499,999 ml, e outras, com 500,01 ml. Quando a variação é pouca e não gera prejuízos ao processo, à empresa e aos consumidores, podemos dizer que as causas dessa variabilidade são normais, ou seja, por mais que o processo de produção seja bem planejado, elas sempre existirão. Porém, para Samohyl (2006, p. 12), "é o acúmulo destas causas num certo período de tempo que dá existência à variável aleatória". O uso de controle estatístico de processo nem sempre é o mais apropriado para eliminar esse tipo de causa.

Já as causas especiais (atribuíveis) podem ser evitadas, pois se referem a problemas gerados em máquinas ajustadas ou controladas de maneira inadequada, a erros do operador ou à matéria-prima defeituosa (Montgomery, 2004). Ainda, podem se referir a problemas que produzem grande impacto no processo. Por mais que tais causas possam ser evitadas, muitas vezes são imprevisíveis, pois uma causa especial pode ocorrer, por exemplo, por um apagão que ocasione grande perturbação ao processo. Como são causas que podem ser evitadas, deve-se buscar todos os meios para que as causas aleatórias sejam eliminadas. Caso essa ação seja de natureza muito complexa, o mínimo que se espera é providenciar ações que visem à redução de tais causas.

É importante destacar que o controle estatístico de processo somente deve ser aplicado quando o processo estiver sob controle, ou seja, quando apenas as causas comuns estão atuando sobre ele. Isso significa que a quantidade de variabilidade se mantém em uma faixa estável. Por sua vez, quando o processo está sob atuação de causas especiais, significa que o processo está fora de controle estatístico (Werkema, 1995).

6.3 Técnicas e ferramentas de avaliação da qualidade

Por meio das técnicas e ferramentas de avaliação da qualidade, é possível providenciar análises de fatos e dados, o que contribui para que o tomador de decisões sinta maior confiança de estar tomando as decisões mais adequadas, pois as melhorias nos processos geram estabilidade e previsibilidade. Com isso, suas capacidades são medidas, possibilitando um melhor acompanhamento desses processos. A seguir, apresentamos algumas dessas técnicas e ferramentas.

6.3.1 Estratificação

A estratificação visa identificar os melhores elementos de um processo, de modo a exprimir sua essência, possibilitando, desse modo, melhor direcionamento para analisar dados.

Sistema de avaliação da qualidade

Essa ferramenta se faz necessária principalmente quando se tem uma série de dados, porém registrados de formas diferentes ou obtidos de diversas fontes. Para conduzir uma análise precisa dessas informações de forma que elas realmente estejam corretas, elas são estratificadas visando unir as várias opiniões acerca da ação a ser tomada.

A estratificação é uma ferramenta muito efetiva nas etapas de observação e análise do ciclo PDCA. Por meio dela, é possível enxergar uma situação sob diversos ângulos diferentes, identificando suas diversas partes ou subgrupos dentro de um grupo maior (Souza, 2007).

6.3.2 Folha de verificação

A folha de verificação é um instrumento que permite organizar dados e informações a serem analisadas por meio de uma planilha. Tal instrumento, muitas vezes, é utilizado como ponto de partida da avaliação estatística de um problema dentro da organização, pois a planilha é estruturada de acordo com o objetivo que se deseja alcançar. Por exemplo: caso se deseje saber o número de itens devolvidos por problemas de qualidade e identificar esses problemas, é possível detalhá-los em uma planilha, de modo que, posteriormente, seja muito mais fácil fazer a análise dessas informações.

É importante fazer um planejamento para a utilização desse instrumento, a fim de que seu preenchimento seja correto, bem como definir os elementos a serem avaliados de forma clara e simples, para que não surjam dúvidas a quem o utilizar.

A fim de desenvolver de forma precisa a folha de verificação, sugerimos seguir os seguintes passos:

1. definir o objetivo da coleta de dados;
2. delimitar onde será realizada a coleta de dados;
3. elaborar um modelo que seja adequado a quem irá utilizá-lo;
4. estabelecer uma estrutura de fácil preenchimento;
5. definir a quantidade e o tamanho da amostra, caso esta seja utilizada;
6. definir a frequência da coleta de dados;
7. conduzir um pré-teste antes de defini-la como instrumento de avaliação;
8. aprovar a folha de verificação;
9. inserir logo da empresa, nome do setor, nome do líder, nome do responsável pelo preenchimento, data da aprovação, número para controle da folha de verificação, nome de quem aprovou o instrumento, bem como informações relevantes para a prática do controle de sua utilização;
10. conduzir treinamento a quem for realizar a coleta de dados.

Assim sendo, as folhas de verificação devem ser estruturadas de acordo com as exigências de cada caso a ser estudado, pois não existe um único modelo para tal.

O Quadro 6.1 apresenta um modelo de folha de verificação para identificar o número de reclamações de clientes.

Sistema de avaliação da qualidade

Tabela 6.1 – Folha de verificação para identificar reclamações de clientes

EMPRESA X	FOLHA DE VERIFICAÇÃO PARA NÚMERO DE RECLAMAÇÕES DOS CLIENTES				
Departamento Setor Responsável Produto Período	Comercial Atendimento ao consumidor Colaboradora A Perfis de aço Julho de 2011				
	Período				
Tipo de reclamação	01 – 08	11 – 15	18 – 22	25 – 29	Subtotal (defeito)
Vigas tortas		II	I	III	6
Medidas não conformes	II	IIIII	IIIII	IIIII	17
Número de peças diferente do solicitado	I		II	I	4
Demora na entrega	IIIIII	IIII	IIII	IIIII	19
Peso inferior ao comprado	II	I	I	IIIII	9
Erro do modelo da peça	IIIIII	IIII	IIII	III	17
Amassada	I	I	I	IIIII	8
Subtotal (semana)	18	17	18	27	
TOTAL					80

Nesse modelo estão apresentadas as informações referentes à empresa, os tipos de reclamações que geralmente os clientes fazem, o período a ser avaliado e o local para inserir informações que venham a ser relevantes na análise dos dados.

6.3.3
Gráfico de Pareto

Essa metodologia foi desenvolvida pelo economista italiano Vilfredo Pareto, que a utilizou para classificar a riqueza da nação. Por meio dela, ele observou que 20% da população possui 80% da riqueza do mundo. Tal observação também ficou conhecida como *Lei 80/20*, ou *Princípio de Pareto*, o qual é atualmente utilizado para vários fins, como na gestão da qualidade (adaptado por Juran), na classificação de estoques e em várias outras áreas do conhecimento.

Quando aplicada à gestão da qualidade, tal classificação permite aos tomadores de decisão estabelecer em quais itens devem priorizar as ações de melhorias ou identificar o principal elemento que ocasionou o problema de qualidade.

Esses problemas podem ser classificados em duas categorias: "pouco vitais" e "muito triviais". Os que pertencem à primeira categoria têm representatividade baixa em relação ao número de problemas, mas representam grandes perdas para a empresa. Por sua vez, os que se encaixam na segunda categoria citada têm representatividade maior em relação aos problemas, porém apresentam custo menor para a empresa (Werkema, 1995).

O Gráfico de Pareto é uma distribuição de dados organizados por categoria, permitindo ao observador identificar o tipo de fenômeno (problema) que ocorre mais frequentemente (Montgomery, 2004). Esse gráfico é dotado de dois eixos: um mostra a quantidade de fenômenos de cada categoria; o outro se constitui da porcentagem acumulada de todos os fenômenos.

Segundo Davis, Aquilano e Chase (2001, p. 164), "os diagramas de Pareto são gráficos de barras especializados. A frequência de ocorrência dos itens é organizada em ordem decrescente e, geralmente, adiciona-se uma linha de percentual acumulado, a fim de facilitar a determinação de como as categorias se acumulam". Os autores complementam afirmando que os diagramas de Pareto são utilizados para capacitar os gerentes a agirem quanto aos itens que o gráfico considera críticos.

Para construir um Gráfico de Pareto, os seguintes passos devem ser seguidos:

1 calcula-se o valor acumulado de problemas;

2 dispõem-se os dados em uma tabela, colocando os itens em ordem decrescente de valor acumulado, ou seja, do maior para o menor;

3 faz-se a soma do valor acumulado de consumo;

4 calculam-se os percentuais do valor acumulado de consumo;

5 faz-se a classificação de acordo com as categorias estabelecidas.

Com base nos dados apresentados na Tabela 6.1, é possível identificar as principais não conformidades percebidas pelos clientes. Para que as informações ficassem mais claras para análise, foram organizadas em uma tabela, na qual se considerou o total acumulado das reclamações, o percentual do total de não conformidades e o percentual acumulado para permitir a elaboração do Gráfico de Pareto, conforme indicado na Tabela 6.2.

Tabela 6.2 – Dados coletados por meio da folha de verificação

Tipo de reclamação	Quantidade	Total acumulado	% do total	% acumulado
Demora na entrega	19	19	24,05%	24,05%
Medidas não conformes	17	36	21,52%	45,57%
Erro no modelo da peça	17	53	21,52%	67,09%

(continua)

(Tabela 6.2 – conclusão)

Tipo de reclamação	Quantidade	Total acumulado	% do total	% acumulado
Peso inferior ao pago	9	62	11,39%	78,48%
Perfil amassado	7	69	8,86%	87,34%
Vigas tortas	6	75	7,59%	94,94%
Número de peças diferente do solicitado	4	79	5,06%	100,00%
Total	79		100,00%	

Com os dados apresentados na Tabela 6.2, tornou-se possível a elaboração do Gráfico de Pareto, com as principais reclamações realizadas pelos clientes – Gráfico 6.1.

Gráfico 6.1 – Gráfico de Pareto para número de reclamações

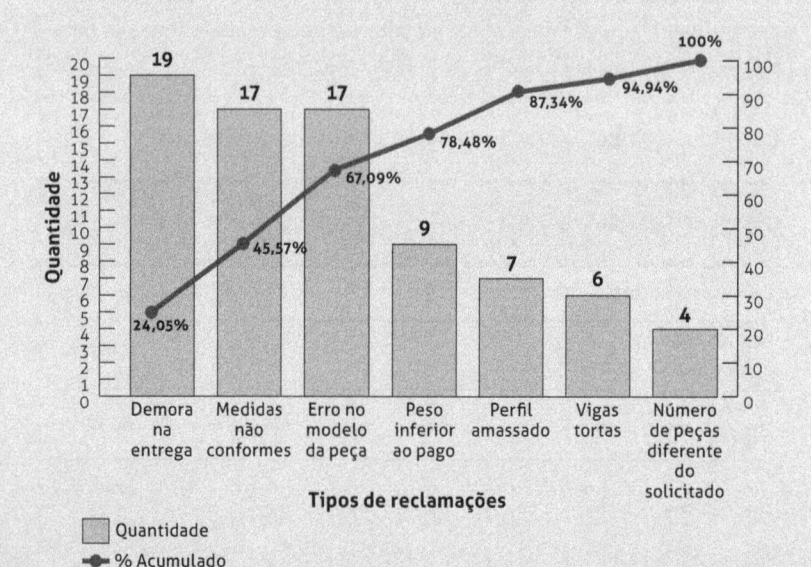

Tipo de reclamação	Quantidade	% Acumulado
Demora na entrega	19	24,05%
Medidas não conformes	17	45,57%
Erro no modelo da peça	17	67,09%
Peso inferior ao pago	9	78,48%
Perfil amassado	7	87,34%
Vigas tortas	6	94,94%
Número de peças diferente do solicitado	4	100%

Sistema de avaliação da qualidade

Com a análise do gráfico, é possível identificar as principais reclamações causadoras de insatisfação dos clientes durante o período avaliado. Podemos perceber que a demora na entrega, medidas não conformes e erro no modelo da peça são os principais fatores geradores de reclamações. Juntos, eles representam 67,09% do total de reclamações do mês. Portanto, esses três pontos de não conformidade são os principais a serem analisados e estudados, com o intuito de que sejam tomadas ações corretivas e/ou preventivas, a fim de diminuir ou, até mesmo, evitar novas incidências.

6.3.4 Diagrama de causa e efeito

Essa ferramenta é também conhecida por *Diagrama de espinha de peixe* ou *Diagrama de Ishikawa* e avalia a causa fundamental de um dado problema (efeito) de forma organizada e de fácil visualização, com o intuito de determinar meios para sua eliminação.

O nome *espinha de peixe* vem de sua forma gráfica, ou seja, o diagrama é representado por um conjunto de linhas e descrições de relação entre um efeito e suas causas. Visa identificar, explorar, ressaltar e mapear fatores que influenciam no problema. Para facilitar sua estruturação, foram definidas seis principais categorias de causas a serem avaliadas, os "6M": matéria-prima, máquina, mão de obra, método, medida e meio ambiente. Alguns autores citam que o uso dos quatro primeiros "M" já permite uma análise precisa. No entanto, outros ressaltam que, para a análise de fatores em áreas administrativas, o uso dos "4P" é mais conveniente, sendo: políticas, procedimento, pessoal e planta (*layout*). A partir da análise das causas primárias, as secundárias e terciárias devem ser identificadas e avaliadas.

Por mais que muitas pessoas utilizem essa ferramenta para causas mais qualitativas, é sempre importante e necessária a quantificação desses fatores de modo a melhor enxergar o fator prioritário do problema.

Continuando o exemplo das reclamações anteriormente apresentadas, segue a ilustração do Diagrama de causa e efeito elaborado para observarmos os possíveis fatores que influenciam na demora na entrega, conforme Figura 6.1.

Figura 6.1 – Exemplo de Diagrama de Ishikawa para identificar as possíveis causas de demora na entrega do produto

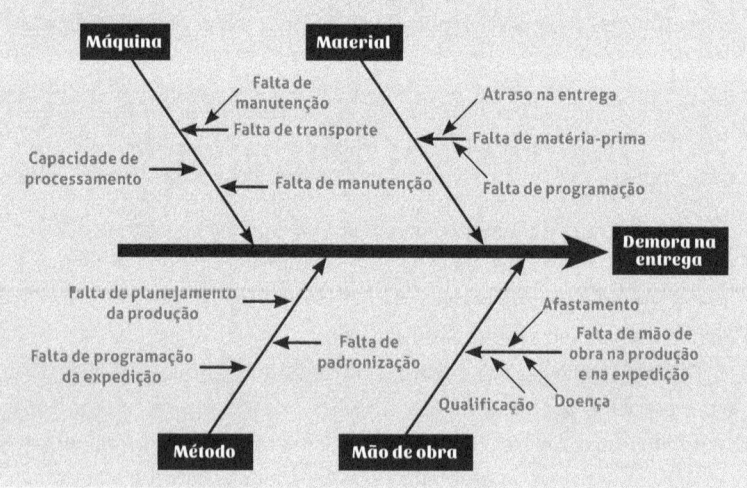

Máquina
- Falta de manutenção
- Falta de transporte
- Capacidade de processamento
- Falta de manutenção

Material
- Atraso na entrega
- Falta de matéria-prima
- Falta de programação

→ **Demora na entrega**

Método
- Falta de planejamento da produção
- Falta de programação da expedição
- Falta de padronização

Mão de obra
- Afastamento
- Falta de mão de obra na produção e na expedição
- Qualificação
- Doença

Como se pode perceber, o diagrama tem a forma de uma espinha de peixe e resulta de diversas causas. O efeito gerado é colocado no lado direito do gráfico e as causas são listadas à esquerda (Werkema, 1995).

6.3.5 Diagrama de processo

Essa ferramenta permite obter maior conhecimento sobre o processo e suas inter-relações, o que assegura maior compreensão do que ocorre na empresa, bem como das atividades-chave do processo.

Sistema de avaliação da qualidade

Trata-se de um resultado gráfico – um fluxograma – de análise por meio do qual é possível visualizar todas as operações de um processo, bem como melhorá-lo, identificando se as necessidades dos clientes estão sendo atendidas. Por fornecer maior visão do que está ocorrendo, é possível incrementar as análises dos processos de maneira mais disciplinada, facilitando, assim, as mudanças. Esse gráfico também permite balancear recursos entre as funções, possibilitando melhor entrosamento entre os colaboradores da empresa.

O mapeamento de processos apresenta muitos propósitos no ponto de vista gerencial, e cabe à cada empresa definir a melhor técnica ou metodologia para o mapeamento. Campos (2004) recomenda o fluxograma baseado na simbologia padrão JIS Z 8206-1982 (Figura 6.2), a qual define as atividades gerais do processo que está sendo estudado. No entanto, há outras técnicas para a realização do mapeamento.

Figura 6.2 – Simbologia JIS Z 8206-1982

SÍMBOLO	DESIGNAÇÃO
○	Trabalho
○ ou ⇒	Transporte
▽	Estocagem Estagnação
D	Estocagem Congestão
□	Inspeção Quantidade
◇	Inspeção Qualidade

Fonte: Adaptado de Campos, 2004, p. 114.

Para documentar todas as atividades realizadas por uma pessoa ou máquina numa estação de trabalho, com o consumidor ou em relação a materiais, padronizou-se agrupar essas atividades em categorias (Pinho et al., 2007). O transporte é representado por uma seta e pode ser manual, por empilhadeira etc; a estocagem de produtos acabados é representada por um triângulo invertido; as operações são simbolizadas por um círculo e incluem todos os tipos de operações, como cortar, dobrar, pesar etc.; esperas/pausas no processamento são representadas por uma meia-lua; e um quadrado representa operações de inspeção (qualidade, quantidade e verificação).

Os símbolos são conectados por linhas chamadas *símbolos auxiliares*, as quais indicam a sequência das atividades. O fluxograma facilita a visualização das diferentes etapas que compõem um determinado processo, permitindo identificar os pontos que merecem atenção especial. Trata-se de uma ferramenta fundamental para o planejamento e aperfeiçoamento do processo. Consiste, basicamente, de três módulos: entrada, processo e saída (Araujo, 2009).

Para melhor compreensão, na Figura 6.3 apresentamos um exemplo de fluxo do ciclo de pedido no setor de produção.

Sistema de avaliação da qualidade

Figura 6.3 – Exemplo de fluxograma do ciclo de pedido no setor de produção

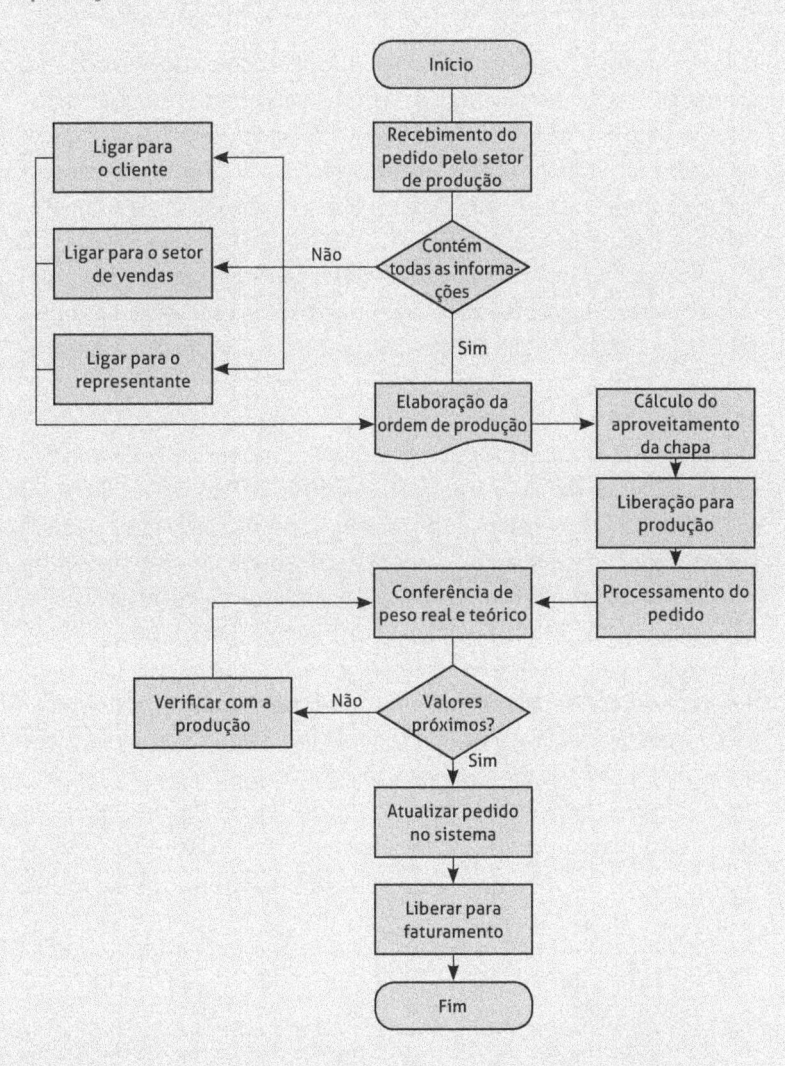

6.3.6 Histograma

Essa ferramenta é largamente utilizada, principalmente quando se deseja consolidar um grande número de dados coletados a partir de uma amostra considerável, pois é facilmente visualizada como um todo. Tais dados são agrupados em um gráfico de barras, o qual revela a quantidade de variação que todo processo traz dentro de si, ou seja, permite identificar a característica da população estudada.

O histograma fornece uma visão das três propriedades que os dados em uma amostra podem apresentar: a forma da distribuição dos dados (simétrica), a tendência central dos dados (na média) e a dispersão dos dados (pequena) (Montgomery, 2004). Tais propriedades fornecem dados que permitem avaliar melhor o processo e identificar problemas que estejam relacionados a ele, ou seja, se o processo está ou não sob controle, pois, na análise de sua distribuição, é possível identificar se atende aos limites de especificação estabelecidos pelas características de qualidade, servindo como excelente instrumento de avaliação de capacidade do processo.

O tamanho da amostra influencia na quantidade de informações que pode ser retirada de uma determinada distribuição (Costa, 2003).

Segundo Vieira (1999), os limites de especificação inferior (LIE) e os limites de especificação superior (LSE) devem ser traçados no histograma. Assim, é possível realizar uma análise de variabilidade dos dados apresentados, conforme pode ser observado na Figura 6.4.

Figura 6.4 – Distribuição de um histograma de acordo com o LIE e LSE

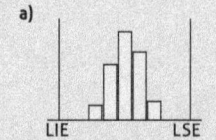

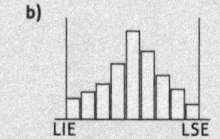

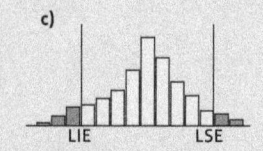

Fonte: Werkema, 1995, p. 128.

De acordo com o item a) da Figura 6.4, a possibilidade de ocorrer um valor fora dos limites é pequena, pois existe espaço entre os limites e o gráfico. Essa é a situação ideal para todos os processos de uma empresa (Werkema, 1995).

Já no item b) da figura, o começo e o fim do histograma estão sobre os limites de especificação. Isso indica que qualquer ação, por menor que seja, pode causar uma variabilidade acima da permitida, o que leva esse processo a ficar fora dos padrões. Assim, essa variabilidade deve ser reduzida, para que se tenha uma margem de segurança.

Por sua vez, o item c) mostra um cenário no qual o processo não é capaz de atingir as especificações devido à elevada variabilidade, pois o histograma ultrapassa os limites em ambos os lados. Devem ser estudadas ações de melhoria para reduzir a variabilidade e diminuir o volume de perdas.

A fim de plotar os dados em um histograma, Werkema (1995) e Montgomery (2004) apresentam os passos que devem ser seguidos para tal, conforme segue:

1 A partir da coleta de dados da amostra (N) a ser analisada, deve-se escolher os intervalos pelos quais tais dados serão analisados.

2 Em seguida, é preciso identificar nos dados coletados quais são o menor valor (MIN) e o maior valor (MAX) da amostra.

3 Depois, calcular a amplitude total dos dados R, ou seja, subtrair o maior do menor valor (R = MAX − MIN).

4 Posteriormente, deve-se calcular o comprimento (h) de cada intervalo, em que:

Amplitude de classe = $h = \frac{R}{k}$.

Importante: deve-se arredondar esse valor para um múltiplo inteiro.

5 Na sequência, calcular os limites de cada intervalo, da seguinte forma:

  a) Primeiro intervalo

   Limite inferior: $LI1 = MIN - h/2$

   Limite superior: $LS1 = LI1 + h$

  b) Segundo intervalo

   Limite inferior: $LI2 = LS1$

   Limite superior: $LS1 = LI1 + h$

  c) I-ésimo intervalo

   Limite inferior: $LIi = LSi - 1$

   Limite superior: $LSi = LIi + h$

  Continuar até que seja obtido um intervalo que contenha o maior valor da amostra (MAX) entre os seus limites.

6 Construir uma tabela de distribuição de frequências, constituída pelas seguintes colunas:

  a) número de ordem de intervalos (i);

  b) limites de cada intervalo;

  c) ponto médio xi dos intervalos: $xi = (LIi + Lsi) / 2$;

  d) tabulação: contagem dos dados pertencentes a cada intervalo.

7 Identificar a frequência: a soma total da frequência deve ser igual ao número de amostras.

8 Após, desenhar o histograma, conforme os seguintes passos:

  a) construir uma escala no eixo horizontal para representar os limites dos intervalos;

b) construir uma escala no eixo vertical para representar as frequências dos intervalos;

c) desenhar um retângulo em cada intervalo, com base igual ao comprimento (h) e altura igual à frequência (Fi) do intervalo.

9 Por fim, registrar as informações importantes que devam constar no gráfico:

a) título;

b) período de coleta de dados;

c) tamanho da amostra.

A fim de melhor escolher o número de classe do histograma, sugerimos que este seja mais ou menos igual à raiz de N, ou seja, número de classes = $\sqrt{N}$, em que N é o número total de observações. Werkema (1995) indica um guia para a determinação do número de intervalos (k) de histogramas, conforme a Tabela 6.3 a seguir.

Tabela 6.3 – Guia para a determinação do número de intervalos (k) de histogramas

Tamanho da amostra (n)	Número de intervalos (k)
< 50	5 – 7
50 – 100	6 – 10
100 – 250	7 – 12
> 250	10 – 20

Fonte: Werkema, 1995, p. 119.

6.3.7 Gráficos de dispersão

Os gráficos de dispersão são úteis para avaliar se existem correlações entre duas variáveis de interesse. Permitem identificar como duas variáveis se relacionam, se esse relacionamento afeta positivamente ou negativamente o processo ou, mesmo, se não possuem nenhum relacionamento.

Alguns estudiosos mencionam que, após o desenvolvimento do Diagrama de causa e efeito, deve-se identificar quantitativamente os relacionamentos entre as variáveis por meio dos gráficos de dispersão, uma vez que eles tornam possível a compreensão dos tipos de ligações existentes entre as variáveis associadas a um processo, contribuindo para melhorar a eficiência dos métodos de controle do processo e facilitando a identificação de problemas para o planejamento das ações de melhoria (Costa, 2003).

Existem três tipos de padrões de correlação entre as variáveis, conforme pode ser observado na Figura 6.5.

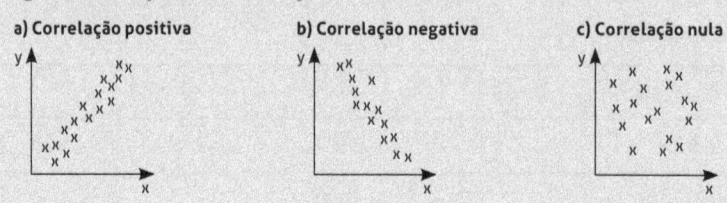

Figura 6.5 – Tipos de correlação

a) Correlação positiva   b) Correlação negativa   c) Correlação nula

Fonte: Werkema, 1995, p. 138.

Correlação positiva: Figura 6.5 a) – Se x e y crescem no mesmo sentido, trata-se de uma correlação positiva entre as variáveis, a qual torna-se maior quanto menor for a dispersão dos pontos.

Sistema de avaliação da qualidade

Correlação negativa: Figura 6.5 b) – Se x e y crescem em sentidos opostos, existe uma correlação negativa entre as variáveis, logo, ela se torna maior quanto menor for a dispersão dos pontos.

Correlação nula: Figura 6.5 c) – Caso x cresça e y varie ao acaso, significa que a correlação entre as variáveis é nula.

Outro fator a ser observado no gráfico de dispersão é se não existem aspectos muito fora do contexto – os *outliers*. Podem se referir a um dado coletado de maneira incorreta ou até ao mau uso de um instrumento de medição. Assim, esses pontos devem ser corrigidos ou retirados da amostra.

Para se elaborar um gráfico de dispersão, deve-se seguir os seguintes passos:

1 Coletar os dados das variáveis de interesse, sendo que ambas devem ter o mesmo número de observações, de modo que haja entre elas uma suposta relação; ou seja, cria-se uma hipótese do problema a ser avaliado.

2 Em seguida, deve-se construir os eixos de modo a tornar muito claros os resultados e a avaliação dos dados.

3 Depois, colocar os dados no diagrama com o intuito de avaliar visualmente a relação entre as variáveis.

4 Na sequência, é preciso calcular o coeficiente de correlação.

5 Por fim, deve-se adicionar informações complementares, como: nome das variáveis, período de coleta, tamanho da amostra, entre outras.

Além da avaliação visual, é importante ter a certeza de que a correlação entre as variáveis realmente é correta. Para tal, é possível calcular o coeficiente de correlação existente entre as variáveis. A Equação 1 apresenta a fórmula de cálculo do coeficiente (n = número de observações).

$$r = \frac{S_{xy}}{\sqrt{S_{xx} \cdot S_{yy}}} \quad (1)$$

Em que:

$$S_{xx} = \sum_{i=1}^{n}(x_i - \bar{x})^2 = \sum_{i=1}^{n}x_i^2 - \frac{1}{n}\left(\sum_{i=1}^{n}x_i\right)^2 \quad (2)$$

$$S_{yy} = \sum_{i=1}^{n}(y_i - \bar{y})^2 = \sum_{i=1}^{n}y_i^2 - \frac{1}{n}\left(\sum_{i=1}^{n}y_i\right)^2 \quad (3)$$

$$S_{xy} = \sum_{i=1}^{n}(x_i - \bar{x})(y_i - \bar{y}) = \sum_{i=1}^{n}x_i y_i - \frac{1}{n}\left(\sum_{i=1}^{n}x_i\right)\left(\sum_{i=1}^{n}y_i\right) \quad (4)$$

O coeficiente é representado pela letra r e varia entre −1 e +1. Esse grau representa que quanto mais próximo ele estiver de 1, mais correlacionadas linearmente estarão as variáveis.

6.3.8 Gráfico de controle (Cartas de controle)

A fim de melhor controlar as práticas exercidas em uma organização e de atender à normalização e às especificações de produtos, o controle estatístico de processo é de fundamental importância, pois visa reduzir a quantidade de peças defeituosas ou que não atendam às especificações dos clientes, bem como diminuir o número de peças a serem inspecionadas, com a definição das técnicas de amostragem. Tais mecanismos trazem vantagens tanto para o produtor como para o consumidor, pois garantem aos fabricantes maior uniformidade de qualidade, permitindo redução de refugos, melhor desenvolvimento dos produtos e redução de custos.

Sistema de avaliação da qualidade

A criação do controle estatístico de processos possibilita embutir o contexto das especificações, que é a tradução dos requisitos dos clientes em características de qualidade mensuráveis, por exemplo: a medida de uma peça com as tolerâncias aceitáveis. Dentro desse contexto se inserem as especificações de fabricação – as quais possibilitam o controle de fabricação – e as especificações de aceitação – que possibilitam inspecionar os produtos, por meio de amostragem, para verificar a conformidade do projeto com as especificações.

As práticas de controle em uma empresa nem sempre são ações fáceis. Pelo contrário, na maioria da vezes, são complexas, pois abrangem todos os setores de uma empresa, tendo por objetivo atingir maiores níveis de qualidade, satisfazendo a todos os *stakeholders*.

Os gráficos de controle visam avaliar se o processo está ou não sob controle. Para fazer essa avaliação, o uso de técnicas de amostragem é fundamental, pois é preciso coletar dados da forma que melhor garanta o que realmente ocorre em um processo. Para conduzir adequadamente a coleta de dados, faz-se necessário definir o tamanho e a frequência da amostragem. Tal processo também é conhecido como *criação de subgrupos racionais*. Com os subgrupos, calcula-se a estatística necessária para identificar o controle do processo, ou seja, a média, a amplitude ou o desvio-padrão.

A forma de identificar os subgrupos nada mais é que a seleção de mais de um grupo de dados, onde se identifique entre os subgrupos a existência ou não de uma variação. Isso significa que não adianta coletar os dados aleatoriamente; é necessário coletar um grupo de dados ao longo de um dia para que a identificação da variabilidade no processo seja mais precisa.

Os gráficos de controle são baseados na distribuição normal, a qual representa o resultado da atuação conjunta de causas aleatórias; os itens de uma distribuição normal (de média μ e desvio-padrão δ) se distribuem em torno da média, apresentando as seguintes proporções: 68% dos valores no intervalo $\mu \pm \delta$, 95% no intervalo $\mu \pm 2\delta$ e 99,7% no intervalo $\mu \pm 3\delta$.

Por conseguinte, as diferenças existentes entre o valor observado x e a média µ, maiores que ± 3δ, são esperadas três vezes em cada mil observações. É nesse contexto que foi definido o intervalo de variabilidade normal do processo: entre µ − 3δ e µ + 3δ.

Para melhor ilustrar esse intervalo, a Figura 6.6 apresenta um esquema dos gráficos de controle.

Figura 6.6 – Esquema de gráfico de controle

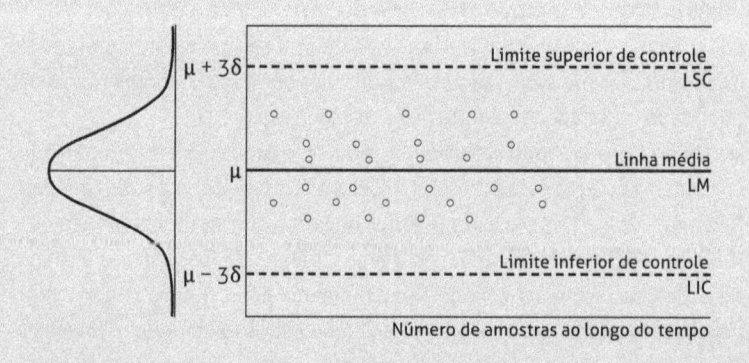

Fonte: Adaptado de Davis; Aquilano e Chase, 2001, p. 190.

Nos gráficos de controle, representa-se uma característica da qualidade (medida ou calculada) de uma amostra de produtos em função do tempo. Cada ponto amostral é inserido no gráfico e, comumente, faz-se a união entre esses pontos por segmentos de reta, de modo a facilitar a visualização da evolução das características da qualidade conforme o avanço do tempo. O gráfico é composto por: uma linha central média (LM), que corresponde ao valor médio da característica da qualidade do processo; um limite inferior de controle (LIC), abaixo da LM; e um limite superior de controle (LIC), acima da LM, os quais representam valores calculados para que todos os pontos amostrais estejam sob essas linhas.

**Sistema de avaliação
da qualidade**

A fim de avaliar se realmente o processo está sob controle, existem algumas regras, pois, do contrário, seria muito fácil, como no caso do esquema apresentado, em que todos os pontos coletados estão dentro dos limites de controle. No entanto, outras características da amostra podem representar que o processo está fora do controle, a saber:

1. um ou mais pontos fora dos limites de controle;
2. dois, de três pontos consecutivos, fora dos limites de alerta (2-sigma);
3. quatro, de cinco pontos consecutivos, além dos limites (1-sigma);
4. uma sequência de oito pontos consecutivos de um mesmo lado da linha central;
5. seis pontos de uma sequência em tendência crescente ou decrescente;
6. quinze pontos em sequência na faixa entre ± 1-sigma;
7. quatorze pontos em sequência alternadamente para cima e para baixo;
8. oito pontos em sequência de ambos os lados da linha central, com nenhum deles acima de 3-sigma;
9. um padrão não usual ou não aleatório nos dados;
10. um ou mais pontos perto dos limites de alerta ou de controle.

Os gráficos de controle podem ser utilizados para avaliar tanto as variáveis do processo como seus atributos.

Já os gráficos de variáveis permitem analisar e controlar um processo por meio de dados contínuos pelas medições. Dessa forma, é possível quantificar as variáveis de qualidade pela média, pela amplitude e pelo desvio-padrão. Assim, existem três tipos de gráficos de controle para variáveis: "$\bar{X} - R$", "$\bar{X} - S$" e "X e R". Para cada tipo constroem-se dois gráficos, conforme apresentado adiante, no Quadro 6.1.

Os gráficos de controle de atributos são utilizados para analisar e controlar um processo com dados discretos, ou seja, obtidos por contagens. Tais gráficos também utilizam médias amostrais, porém, aliadas a fatores que não podem ser mensurados, mas sim identificados. Por exemplo: classificar a presença de um defeito, mas não a intensidade ou o grau do próprio defeito. Existem quatro tipos de gráficos de controle por atributos: "pn", "p", "c" e "u". Os dois primeiros são para peças defeituosas, e os dois últimos para a contagem de defeitos, conforme apresentado no Quadro 6.2.

Para o desenvolvimento do gráfico, faz-se necessário alguns procedimentos matemáticos, os quais utilizam as seguintes equações:

Média aritmética – Trata-se da soma dos dados coletados dividida pela quantidade destes.

$$\bar{x} = \frac{\sum x}{n} \qquad (5)$$

Amplitude – Refere-se à diferença entre o maior e o menor valor coletado.

$$R = x_{maior} - x_{menor} \qquad (6)$$

Sistema de avaliação da qualidade

Desvio-padrão – Indica os desvios das observações em relação ao valor central.

$$S = \sqrt{\frac{\sum x_i - \bar{x}}{n-1}} \qquad (7)$$

A seguir, apresentamos algumas características dos tipos de gráficos de controle, conforme apresentado no Quadro 6.1, destacando o tipo de gráfico, seu uso típico, suas vantagens e desvantagens, o sistema de amostragem e suas fórmulas de cálculo.

A seguinte notação é adotada:

m = número de amostras ou subgrupos racionais;

n = número de itens ou tamanho de cada amostra;

X̄ = medidas individuais da característica de qualidade de cada peça;

X = média aritmética das medidas da amostra.

Quadro 6.1 – Gráficos de controle por variáveis

Tipo de gráfico	Uso típico	Vantagens
$\bar{X} - R$	• Monitora a variação da média e da amplitude. • Processos em que predomina o uso de máquinas.	• É o mais conhecido e usado na prática. • Apresenta facilidade na elaboração dos cálculos. • Representa uma ótima visão da variação estatística de um processo.
$\bar{X} - S$	• Monitora a variação da média e do desvio-padrão.	• Traz uma ótima visão da variação estatística de um processo. • Indica com maior segurança a variabilidade do processo.
$\bar{X}$ e R	• Média individual e amplitude da amostra. • Quando se tem inspeção automatizada 100%. • Apenas uma observação por lote é disponível.	• É mais rápido para se montar. • Mais fácil de ser completado e explicado. • Comparável diretamente à tolerância. • Indicado para casos de medições dispendiosas, demoradas e em testes destrutivos.

(continua)

Sistema de avaliação da qualidade

(Quadro 6.1 – conclusão)

Desvantagens	Sistema de amostragem	LIMITES DE CONTROLE	
		Tipo de carta	Fórmulas[1]
• Indica com menor segurança a variabilidade do processo. • Apresenta relação indireta entre limites de controle e tolerância.	$n < 10$ e constante (Normalmente, entre 4 e 6) $m = 20$ a 25	Carta $\bar{X}$	$LSCX = \bar{\bar{X}} + A_2 \cdot \bar{R}$ $LMCX = \bar{\bar{X}}$ $LSCX = \bar{\bar{X}} - A_2 \cdot \bar{R}$
		Carta R	$LSCR = D_4 \cdot \bar{R}$ $LMCR = \bar{R}$ $LICR = D_3 \cdot \bar{R}$
• Apresenta relação indireta entre limites de controle e tolerância. • Revela mais dificuldade operacional.	$n > 10$ pode ser variável $m = 20$ a 25	Carta $\bar{X}$	$LSCX = \bar{\bar{X}} + A_3 \cdot \bar{R}$ $LMCX = \bar{\bar{X}}$ $LSCX = \bar{\bar{X}} - A_3 \cdot \bar{R}$
		Carta S	$LSCS = B_4 \cdot \bar{S}$ $LMCS = \bar{S}$ $LICS = B_3 \cdot \bar{S}$
• Não é tão sensível à alterações do processo quanto os gráficos X, R e s.	$n = 1$ $m > 20$	Carta X	$LSCX = \bar{X} + 2,600 \cdot \bar{R}$ $LMCX = \bar{X}$ $LSCX = \bar{X} - 2,600 \cdot \bar{R}$
		Carta R	$LSCR = 3,267 \cdot \bar{R}$ $LMCR = \bar{R}$ $LICR = 0$

Fonte: Adaptado de Soares, 2001, p. 49.

---

[1] Sendo que os valores A2, A3, B3, B4, D3 e D4 são obtidos em tabelas adequadas, veja o Anexo ao final deste livro.

Quadro 6.2 – Gráficos de controle por atributos

Tipo de gráfico	Uso típico	Vantagens
p	• Classificação de fração defeituosa – peça perfeita ou com defeito.	• Avalia a característica de qualidade não passível de mensuração. • Revela uma ótima visão da variação de defeitos de um processo. • Apresenta facilidade de uso. • É o mais utilizado.
Np	• Classificação do número médio de defeitos encontrados no conjunto das k amostras. • Equivalente ao p.	• Avalia a característica de qualidade não passível de mensuração. • Revela uma ótima visão da variação de defeitos de um processo. • Apresenta facilidade de uso.
u	• Recomendado quando o produto é composto de várias partes, com muitas características de qualidade a serem inspecionadas. A contagem será realizada para defeitos independentes.	• Avalia a característica de qualidade não passível de mensuração. • Revela uma ótima visão da variação de defeitos de um processo. • Apresenta facilidade de uso. • Avalia produtos de grande porte.
c	• Recomendado por avaliar a uniformidade da qualidade em determinados comprimentos iguais ou em áreas de produtos – peças apresentam-se em rolos, fitas, fios.	• Avalia a característica de qualidade não passível de mensuração. • Apresenta facilidade de uso.

(continua)

Sistema de avaliação da qualidade

(Quadro 6.2 – conclusão)

Desvantagens	Sistema de amostragem	LIMITES DE CONTROLE	
		Tipo de carta	Fórmulas
• Por se tratar de uma inspeção visual, tende a apresentar erros humanos.	$n \approx 10/p$ Amostras de tamanhos iguais de pelo menos $k = 20$	p	$LSCP = \bar{p} + 3\sqrt{\bar{p}(1-\bar{p})/n}$ $LMCP = \bar{p}$ $LICP = \bar{p} - 3\sqrt{\bar{p}(1-\bar{p})/n}$ Em que: $\bar{p} = \dfrac{\sum d = \text{número de peças defeituosas}}{\sum n = \text{número de peças na amostra}}$
• Por se tratar de uma inspeção visual, tende a apresentar erros humanos.	Amostras de tamanho igual a n	Np	$LSCNP = n\bar{p} + 3\sqrt{n\bar{p}(1-\bar{p})}$ $LMCNP = n\bar{p}$ $LSCNP = n\bar{p} - 3\sqrt{n\bar{p}(1-\bar{p})}$
• Por se tratar de uma inspeção visual, tende a apresentar erros humanos.	Amostras de tamanho variável	U	$LSCU = \bar{u} + 3\sqrt{\bar{u}}$ $LMCU = \bar{u}$ $LSCU = \bar{u} - 3\sqrt{\bar{u}}$
• Por se tratar de uma inspeção visual, tende a apresentar erros humanos. • As unidades do produto não são facilmente identificáveis.	Escala absoluta com valores reais N = constante	c	$LSCC = \bar{c} + 3\sqrt{\bar{c}}$ $LMCC = \bar{c}$ $LICC = \bar{c} - 3\sqrt{\bar{c}}$ Em que: $\bar{c} = \dfrac{\sum c = \text{número total de defeitos em todas as amostras}}{m = \text{número de amostras}}$

Fonte: Adaptado de Soares, 2001, p. 65.

Algumas observações a serem feitas:

Os gráficos p e np são para classificar as peças fabricadas em desacordo com as especificações; o gráfico u está orientado para defeitos nas peças, isto é, falta de uniformidade do produto com a especificação de uma característica de qualidade.

Para os gráficos c, se as amostras forem de tamanhos diferentes, deve-se calcular primeiro a média $\bar{u}$ de defeitos por unidade e, posteriormente, a linha média $\bar{u} \cdot n$ e os limites de controle $\bar{u} \cdot n \pm 3\sqrt{\bar{u}n}$ separadamente para cada tamanho n de amostra.

6.3.9 Avaliação por inspeção

A inspeção da qualidade é feita somente quando o produto já está finalizado. Tem como objetivo avaliar se as especificações da aceitação foram ou não atendidas. Caso atenda às especificações, o produto é tido por aprovado; caso contrário, como rejeitado. Tal processo é de extrema importância, pois permite a ação corretiva tanto sobre um lote como em todo processo avaliado.

A inspeção pode ser realizada em sua plenitude (em 100% dos produtos) ou por amostragem. A inspeção 100% não é aconselhável para a maioria dos processos, devido ao custo de inspeção, tempo, número de pessoas envolvidas, entre outros fatores (Carpinetti; Epprecht; Costa, 2004). Logo, a inspeção por amostragem é a mais difundida atualmente.

A inspeção pode ser realizada em vários estágios do processo, não apenas no recebimento de matérias-primas, tampouco na saída do produto acabado. Pode ocorrer inspeção em cada uma das etapas que envolvem um produto.

Sistema de avaliação da qualidade

Há também a classificação em inspeção para aceitação e inspeção retificadora. No primeiro caso, os lotes aprovados podem ser aceitos, contendo, eventualmente, itens defeituosos; no segundo, ocorre o processo de aceitação, no entanto, os lotes rejeitados passam por uma inspeção completa, e todos os itens defeituosos devem ser substituídos por produtos bons, para que o lote seja aceito.

No entanto, para realizar a inspeção por amostragem, é essencial realizar o planejamento, o qual deve conter os critérios de amostragem, com regras predeterminadas, ou seja, características padronizadas, normas, métodos e sistemas de medição calibrados e adequados, o que torna possível obter dados mais próximos da realidade.

Assim como nos gráficos de controle, a inspeção pode se dar tanto por variáveis como por atributos, ou seja, pode ser mensurável ou não. No entanto, na maioria das vezes se utiliza a inspeção por atributos. Para garantir maior segurança na técnica de inspeção, pode-se definir planos de amostragem simples (uma amostra de tamanho n), dupla (duas amostras de tamanhos n_1 e n_2) ou sequencial (uma sequência de amostras).

Paladini (2007) definiu o processo de inspeção da qualidade, no qual os seguintes passos devem ser seguidos:

1 selecionar o produto a inspecionar;

2 determinar as características de qualidade a inspecionar;

3 determinar os padrões especificados para cada característica a ser inspecionada;

4 interpretar as especificações de modo que seja um referencial para a inspeção;

5 determinar a finalidade da inspeção, ou seja, para aceitação ou retificadora;

6 especificar o alcance da inspeção, ou seja, lote completo ou por amostragem;

7 determinar se a inspeção será por variáveis ou atributos;

8 executar a inspeção conforme as decisões anteriores;

9 registrar as informações.

Com o planejamento realizado, e após serem definidas todas as características e os padrões da inspeção, parte-se para o processo de execução. Neste, para os planos por amostragem, utiliza-se a base estatística para garantir a confiabilidade das amostras. Existe também a NBR 5426 (ABNT, 1985), Versão Corrigida: 1989, "Planos de amostragem e procedimentos na inspeção por atributos", que pode ser tida como referencial. Esses procedimentos utilizam a probabilidade para definir o nível de qualidade aceitável (NQA) e o nível de qualidade inaceitável (NQI), referindo-se a níveis de porcentagens de defeitos em um lote.

Para definir um plano de amostragem, é preciso limitar um tamanho de amostra e um critério de decisão para aceitar (ou não) um lote, considerando as seguintes variáveis:

n = tamanho da amostra – quanto maior for a amostra, maior será a representatividade do lote;

d = quantidade de produtos defeituosos na amostra – quanto maior for o "d", pior será o processo;

ac = quantidade máxima de produtos defeituosos aceitável na amostra para se poder aprovar o lote, ou seja, o nível aceitável satisfatório.

É preciso tomar cuidado quanto à avaliação do plano de amostragem. Como se trabalha com amostras, existe o risco de a aleatoriedade favorecer que a inspeção de um lote aconteça somente nas peças boas, porém esse mesmo lote apresentar um número maior de peças defeituosas. Para minimizar esse risco, foi estabelecida a avaliação de desempenho da inspeção, a qual avalia os riscos inerentes ao produtor (risco Δ) e onde se define a probabilidade de que um lote de boa qualidade (P < P1) seja rejeitado, bem como os riscos inerentes ao consumidor (Risco ß), calculando-se a probabilidade de que um lote de má qualidade (P > P2) seja aceito.

Estudo de caso

Avaliação do processo de envase em uma indústria de produtos de higiene e limpeza

Márcio da Silva Barbosa
Daiane Maria de Genaro Chiroli

1. Introdução

Nos últimos anos, a qualidade dos produtos e serviços consumidos tem representado um fator decisivo no mercado competitivo, pois cada vez mais tem sido exigida pelos consumidores. Sendo assim, as empresas buscam incessantemente a garantia da qualidade visando a sua sustentabilidade no mercado, com diferenciais que possibilitem o aumento de sua clientela. Para garantir a qualidade, elas necessitam de ferramentas de controle, as quais permitem que o produto ou serviço atenda às especificações determinadas.

Crosby (citado por Carvalho; Paladini, 2005) define qualidade como sendo a conformidade às especificações. Se a variabilidade é alta e as especificações não são atendidas, a qualidade torna-se um alvo cada vez mais distante. O idealizador do controle de processo foi Shewhart, que em 1924 elaborou conceitos para a avaliação da qualidade de produtos por meio do controle estatístico de processo (CEP).

Sendo assim, o CEP é uma ferramenta que possibilita o monitoramento do processo por meio da determinação de variáveis de controle, as quais, por sua vez, podem ser monitoradas por gráficos de controle que irão demonstrar de forma visual o comportamento do processo. A coleta de dados possibilita obter uma descrição detalhada do comportamento do processo, de forma a identificar as causas de variabilidade que o afetam e proporcionar um controle sobre as variáveis de controle ao longo do tempo, por meio da constante coleta de dados e análise, para que ocorra o bloqueio de possíveis causas especiais, geradoras de instabilidade no processo.

O CEP tem como objetivo avaliar o processo e garantir maior confiabilidade do produto final, possibilitando o melhoramento contínuo, pois, uma vez que se identifique os problemas, são gerados planos de ação utilizando como base o ciclo PDCA como método de solução, visando eliminar ou reduzir causas importantes de variabilidade.

Logo, este estudo de caso tem por objetivo identificar as principais causas de variabilidade em uma linha de envase, por meio do uso do CEP em uma empresa química do ramo de produtos de higiene e limpeza.

Para tal, analisou-se o processo a fim de compreender o comportamento da variável peso do produto alvo, para, assim, definirem-se novos parâmetros de peso com o intuito de reduzir as perdas por excesso de volume. Para a identificação das causas que atuam sobre o processo de envase, foram descritas as etapas deste processo, bem como avaliadas as questões relacionadas à legislação que determina os parâmetros para o produto. Por meio da coleta de dados, foi possível construir gráficos de controle de amplitude média, histograma e Gráfico de Pareto.

2. Desenvolvimento

Em geral, o processo de produção de produtos de limpeza ocorre de forma semelhante em uma produção artesanal ou em uma indústria, tendo como princípio fundamental a mistura de produtos químicos. As variáveis no processo são: as matérias-primas utilizadas – determinadas de acordo com o princípio ativo que se espera que o produto apresente – e o tempo de mistura desses produtos no tanque de preparação – que varia conforme as matérias-primas. No produto estudado para este estudo de caso, esse processo leva em torno de 10 minutos, pois não envolve substância de baixa solubilidade.

Após o processo produtivo, ainda com o produto apresentando PH e viscosidade adequada, segue-se para o processo de envase, o qual, de acordo com a programação da produção, envolve duas etapas para o ajuste da envasadora: 1. Ajustes no painel de controle: para o controle do tempo de envase, bem como do número de frascos que serão envasados por batelada e da velocidade da esteira transportadora; 2. Ajustes na parte física: envolve a troca de borrachas dos bicos, a regulagem da altura da barra que sustenta os bicos de envase e a regulagem dos sensores.

Todo produto dispõe de uma ficha técnica com os tempos de envase para que o operador altere a programação na envasadora. Outra medida que o operador deve tomar antes de iniciar a produção é conferir se o silo já foi carregado com os frascos do produto a ser produzido, bem como se as tampas e caixas de papelão estão localizadas nos devidos lugares.

Feito todo esse procedimento, o operador deve abrir o registro do tanque que está marcado na ordem de produção e iniciar o envase. Esse processo é dividido em sete etapas: alimentação da esteira com os frascos de forma manual; envase e posicionamento da tampa sobre o gargalo; fechamento da tampa por meio de uma rosqueadeira; encaixotamento manual; selagem da caixa por meio de uma seladora; montagem do palete; e encaminhamento para a expedição. Toda a movimentação na envasadora é feita por esteiras transportadoras.

O estudo se concentrou na etapa do processo em que ocorre o envase, de modo a analisar as possíveis causas que estão atuando sobre esse processo e alterando o volume contido nos frascos.

Na empresa em questão, o controle da qualidade é responsável por coletar as amostras, as quais, por sua vez, são adquiridas no mínimo uma vez a cada tanque envasado – neste estudo, a amostra conta com dez produtos. Determinou-se a utilização do método de subgrupos racionais; logo, foi coletada, durante o período de um mês, uma quantia preestabelecida de, aproximadamente, 20 subgrupos racionais com dez amostras cada, totalizando 200 amostras. Esse período de coleta das amostras foi determinado devido ao fato de a linha de envase não produzir somente esse produto – por isso, não teria como coletar a quantidade prevista em um período menor de tempo.

A empresa onde o estudo foi realizado pretende estabelecer parâmetros para o peso do produto, de acordo com a descrição: ter como limite superior de especificação 1100 g e limite inferior de especificação 1070 g (a medida é dada em gramas, pois a densidade do produto estudado é igual à da água – 1 g/ml); a média alvo para esse produto deve ser mais próxima do LIE; o peso do frasco com rótulo e tampa é de aproximadamente 67 g, com desvio de 2 gramas.

Os pesos foram medidos por um auxiliar de controle da qualidade, por meio de uma balança de precisão, gerando, assim, dados confiáveis para as análises. Na Tabela 6.4, a seguir, encontram-se os valores obtidos durante o período de análise juntamente com a média de cada subgrupo e a amplitude. A forma de calcular essas variáveis será apresentada posteriormente à análise dos gráficos de controle.

Sistema de avaliação da qualidade

Tabela 6.4 – Dados das amostras

Amostra	X1	X2	X3	X4	X5	X6	X7	X8	X9	X10	x̄	R
1	1200,18	1171,23	1191,17	1176,25	1182,64	1172,58	1186,72	1186,60	1172,99	1178,83	1181,92	28,95
2	1182,11	1166,84	1183,65	1191,96	1165,17	1173,73	1183,41	1193,35	1191,96	1165,17	1179,74	28,18
3	1176,39	1203,69	1179,31	1173,12	1193,16	1173,02	1162,25	1176,53	1160,31	1165,57	1176,34	43,38
4	1170,35	1175,48	1170,09	1169,02	1166,04	1154,42	1178,05	1194,55	1180,87	1185,34	1174,42	40,13
5	1158,12	1169,73	1155,38	1156,08	1157,80	1178,34	1161,26	1149,00	1142,41	1144,20	1157,23	35,93
6	1144,54	1151,94	1158,76	1155,91	1175,60	1173,08	1151,73	1168,21	1165,77	1137,09	1158,26	38,51
7	1168,88	1159,70	1151,46	1165,36	1167,19	1177,54	1183,41	1183,11	1188,10	1193,62	1173,84	42,16
8	1165,30	1159,47	1153,47	1164,74	1175,80	1175,81	1191,16	1188,94	1188,10	1172,17	1173,50	37,69
9	1189,87	1152,51	1180,85	1174,93	1148,93	1149,90	1159,80	1157,61	1189,88	1158,35	1166,26	40,95
10	1166,25	1164,58	1168,36	1173,95	1183,66	1180,30	1154,81	1168,70	1156,54	1161,23	1167,84	28,85
11	1151,58	1154,81	1149,48	1153,54	1149,42	1145,24	1142,31	1134,27	1125,00	1153,97	1145,96	29,81
12	1161,18	1171,23	1164,49	1159,96	1158,95	1140,81	1178,42	1174,64	1180,81	1178,12	1166,86	40,00
13	1169,09	1142,27	1152,92	1130,44	1163,00	1168,36	1142,70	1155,87	1171,80	1188,62	1158,51	58,18
14	1179,06	1180,62	1155,30	1180,83	1178,82	1176,27	1160,72	1171,20	1164,90	1168,76	1171,65	25,53
15	1192,72	1176,43	1176,82	1189,33	1167,91	1184,32	1183,99	1179,71	1178,96	1174,87	1180,51	24,81
16	1163,51	1170,46	1181,03	1179,59	1174,24	1191,35	1187,82	1158,35	1183,63	1178,05	1176,80	33,00
17	1161,34	1180,40	1175,23	1173,96	1168,97	1173,94	1180,12	1158,35	1170,03	1187,07	1172,94	28,72
18	1156,48	1174,87	1178,09	1160,00	1170,65	1174,45	1178,85	1171,23	1172,42	1172,35	1170,94	22,37
19	1187,81	1183,74	1182,44	1179,15	1171,33	1181,24	1179,10	1181,18	1168,45	1189,66	1180,41	21,21
20	1144,15	1148,17	1131,13	1135,00	1148,46	1123,01	1172,25	1152,49	1155,35	1140,50	1145,05	49,24

Como primeira análise, os dados da amostra coletada foram plotados em um histograma (Gráfico 6.2), para que seja possível observar a distribuição destes e, assim, conhecer algumas das características da amostra.

Gráfico 6.2 – Distribuição das amostras

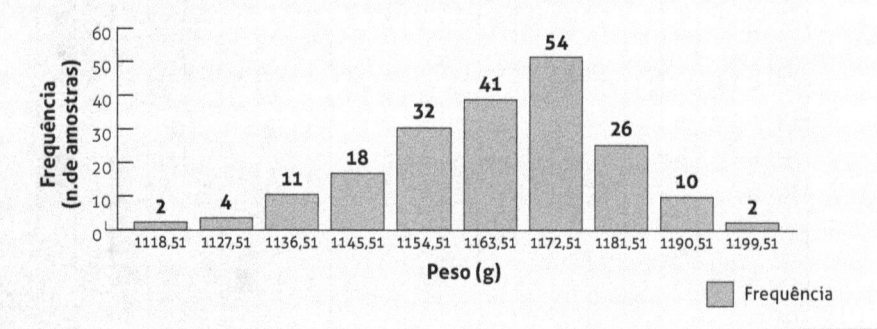

Peso (g)	Frequência (n. de amostras)
1118,51	2
1127,51	4
1136,51	11
1145,51	18
1154,51	32
1163,51	41
1172,51	54
1181,51	26
1190,51	10
1199,51	2

Analisando o Gráfico 6.2, observou-se que se trata de um histograma assimétrico, pois sua média localiza-se fora do centro e a frequência diminui abruptamente em um dos lados. Pode-se observar que a maior frequência de dados ocorre entre o intervalo de 1163,51 e 1172,51, com 54 amostras. Isso demonstra que os dados estão deslocados para a direita, de forma a se afastar dos limites que a empresa pretende atingir.

Também foi possível observar que os dados se apresentam fora dos limites de especificação, mas isso ainda não indica que o processo esteja fora de controle estatístico. Logo, levando em consideração os critérios de amostragem determinados, é verificado o comportamento da média e da variabilidade do processo por meio da utilização dos gráficos de controle da média e da amplitude (R), os quais, segundo Werkema (1995), são os mais apropriados para realizar a análise, de acordo com o número de subgrupos (m) e amostras (n).

Com os dados da Tabela 6.4, pode-se calcular o LSC e o LIC para o gráfico da amplitude e da média, levando em consideração o número de subgrupos – no caso, 20 – e o número de amostras – dez. Para obter os valores dos limites de controle, foi utilizada a metodologia de Montgomery (2004), com os seguintes passos:

- Para o cálculo de controle da média – Cálculo da média do subgrupo; cálculo da média geral; cálculo do limite superior de controle (LSC); cálculo do limite inferior de controle (LIC).

- Para o cálculo de controle da amplitude – Cálculo da amplitude do subgrupo (m); cálculo da amplitude média; cálculo do LSC; cálculo do LIC.

A partir desses cálculos, foram obtidos os seguintes limites para o gráfico de controle da amplitude: LSC = 61,982 g; Média (R) = 34,88 g; LIC = 7,778 g.

As fórmulas utilizadas para o cálculo dos LICs e LSCs levam em consideração a utilização de um desvio-padrão total de 6-sigma, sendo que os limites de controle são fornecidos a três desvios-padrão abaixo da linha central (LIC) e três desvios-padrão acima da linha central (LSC). A linha central está localizada na média.

Com os limites devidamente calculados, foi possível construir o gráfico de controle da amplitude (Gráfico 6.3) e analisar a variabilidade do processo, plotando os dados da amplitude (R).

Gráfico 6.3 – Gráfico de controle da amplitude

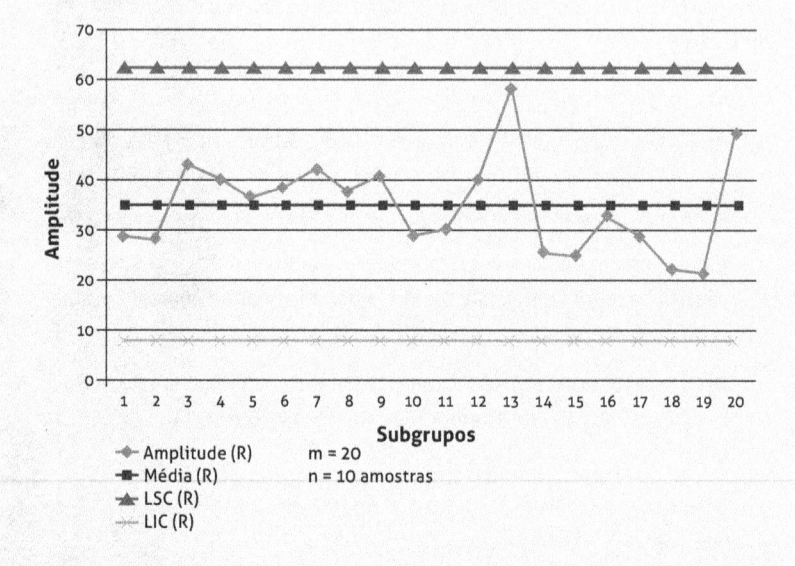

- Amplitude (R)   m = 20
- Média (R)   n = 10 amostras
- LSC (R)
- LIC (R)

Após a verificação pelos critérios, verificou-se que o gráfico da amplitude está sobre controle estatístico de processo. Pode-se fazer uma análise mais detalhada no que diz respeito à variabilidade do processo, pois, por meio do Gráfico 6.2, percebe-se que o processo está fora dos limites de especificação, porém, com os dados plotados no Gráfico 6.3, pode-se avaliar o processo em relação à variabilidade – no caso, se ela está muito distante do que a empresa pretende atingir, que é uma amplitude máxima de 30 g. O Gráfico 6.3, portanto, facilita a análise dos dados sobre a amplitude.

Observando a distribuição dos dados da amplitude, percebe-se que 50% estão próximos da amplitude desejada pela empresa. Levando em conta que atualmente a organização possui todos os frascos com um valor bem acima do especificado, pode-se considerar que uma amplitude de aproximadamente 40 g em alguns subgrupos seria aceitável no início, mas com a condição de que essa amplitude variasse entre 1070 g e 1110 g, pois, caso o peso fique abaixo do limite estipulado por lei, a empresa virá a ser autuada. Considerando essa amplitude de 40 g de início, observa-se que aproximadamente 80% dos dados estarão dentro dos limites estipulados. Logo, o estudo se concentrará em como reduzir o volume para que este se enquadre dentro dos limites de especificação.

Gráfico 6.4 – Distribuição da amplitude de cada subgrupo

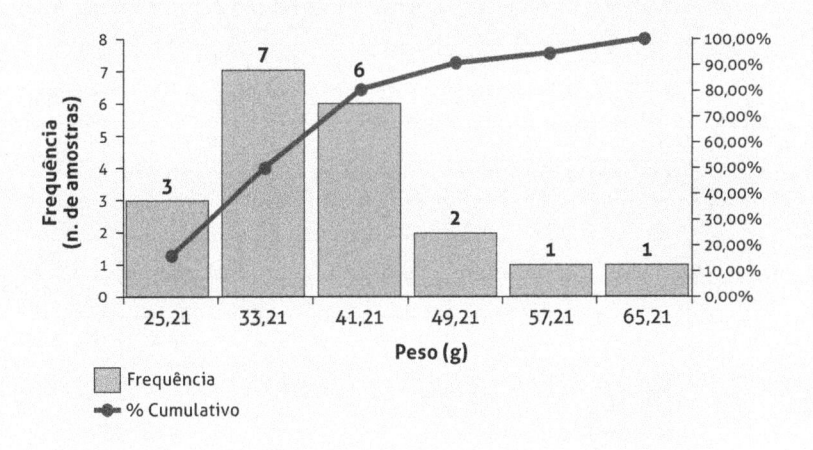

Segundo Montgomery (2004), o gráfico da média só deve ser analisado caso o da amplitude não apresente nenhuma condição fora de controle. Logo, como a análise do gráfico de controle da amplitude não infringiu nenhum dos testes para a identificação de pontos fora de controle, analisou-se o gráfico de controle da média.

Seguindo a metodologia de Montgomery (2004), foram obtidos os seguintes dados como limites de controle para o gráfico da média: LSC 1179,691 g; Média = 1168,948 g; LIC = 1158,205 g.

Com os limites de controle da média calculados, foi possível construir o gráfico de controle da média (Gráfico 6.5) plotando os limites de controle e a média dos subgrupos apresentados na Tabela 6.4.

Gráfico 6.5 – Gráfico de controle da média

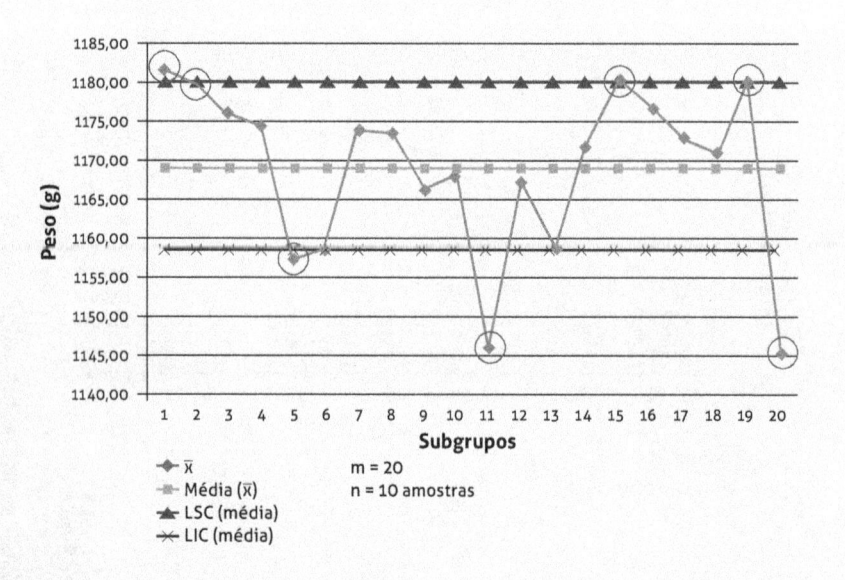

◆ $\bar{x}$
■ Média ($\bar{x}$)
▲ LSC (média)
✕ LIC (média)

m = 20
n = 10 amostras

Considerando os parâmetros de análise do gráfico de controle, é possível perceber que o processo não se encontra sobre controle estatístico, pois possui sete pontos fora dos limites de controle, os quais foram marcados com um círculo de forma a serem identificados.

Como todos os dados coletados se apresentaram fora dos limites de especificação, o gráfico de controle da média não será recalculado, excluindo-se os pontos fora de tais limites, pois estes estão em alta quantidade, mostrando que o processo está sobre influência de várias causas que o afetam diretamente. Portanto, primeiramente, tais causas deverão ser sanadas, para que após esse procedimento seja realizada uma nova coleta de amostras. Porém, o alvo deste estudo é deslocar esses limites de controle de forma que eles estejam dentro dos limites de especificação. Logo, serão investigadas as causas que fazem a média estar tão elevada, bem como o porquê de tantos pontos fora dos limites de controle.

3. Proposta de melhoria

Por meio dos dados analisados, percebe-se que existem causas atuando sobre o processo de forma que este não seja capaz de atingir as especificações que a empresa tem como meta. Dessa forma, foram analisadas as principais causas e, respectivamente, as possíveis soluções para que esses problemas sejam solucionados por completo ou em boa parte, de forma que o processo se torne capaz de atingir as especificações.

Para o levantamento das possíveis causas que atuam sobre o processo, foi utilizado um diagrama de causa e efeito, o qual possibilitou a identificação das causas que atuam sobre o processo. Os dados obtidos para a construção desse diagrama foram determinados por meio de um *brainstorming* entre os integrantes da qualidade, o supervisor da produção e o operador da máquina do produto em questão. Assim, chegou-se às causas ilustradas por meio da Figura 6.7 a seguir.

Figura 6.7 – Diagrama de causa e efeito para o volume

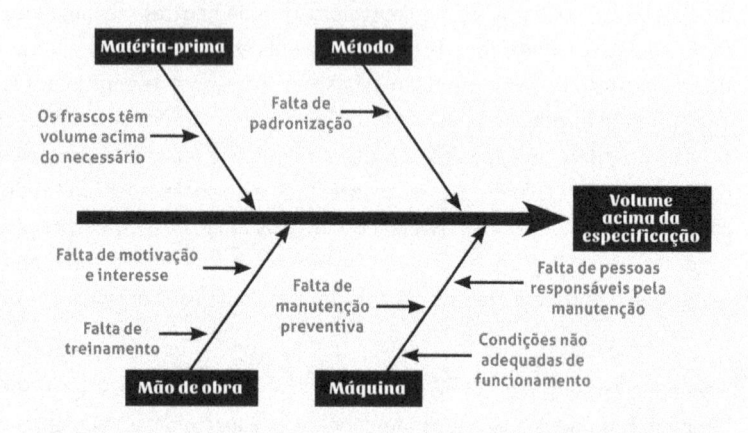

Matéria-prima
- Os frascos têm volume acima do necessário

Método
- Falta de padronização

Mão de obra
- Falta de motivação e interesse
- Falta de treinamento

Máquina
- Falta de manutenção preventiva
- Falta de pessoas responsáveis pela manutenção
- Condições não adequadas de funcionamento

Volume acima da especificação

De acordo com a Figura 6.7, é possível observar quatro causas principais que, de alguma maneira, agem sobre o processo, fazendo-o não estar dentro dos padrões determinados.

O primeiro ponto a ser levado em consideração foi a matéria-prima – no caso, os frascos onde é envasado o produto, pois apresentaram um volume superior ao que a empresa deseja ter como especificação.

O segundo ponto está relacionado ao método, que trata de como as atividades são realizadas no posto de trabalho. Logo, a falta de padronização do trabalho mostrou-se como uma das causas de maior peso em relação ao problema, pois o operador não realiza um procedimento operacional padrão para fazer o *setup* da máquina. Desse modo, ela nunca será configurada da mesma forma para a produção desse produto. O único documento que o operador tem é um *check-list* das configurações de programação da máquina (tempo de envase, velocidade da esteira, número de frascos envasados por batelada etc.).

Sistema de avaliação da qualidade

O terceiro ponto a ser levantado foi a mão de obra. Devido à falta de treinamento nos processos existentes, muitas vezes os responsáveis foram incapazes de solucionar alguns problemas que teoricamente eram de sua responsabilidade. Então, acabavam sendo cobrados por isso, mesmo estando a empresa ciente da falta de treinamento. Isso gera descontentamento entre os funcionários e a falta de zelo pelos produtos que estão produzindo, bem como em relação aos cuidados que deveriam ter com a máquina. Assim, todo o processo acaba sendo prejudicado.

Por fim, o último ponto tem relação com a máquina, pois esta não possui um programa de manutenção preventiva, visto que os produtos envasados são altamente corrosivos. Logo, existem partes da máquina que deveriam ser trocadas com maior periodicidade. Mesmo o desgaste da máquina ocorre de forma acelerada, gerando, assim, a necessidade de se desenvolverem cuidados especiais. Já em relação à manutenção corretiva, devido ao número reduzido de pessoas responsáveis por essa etapa, quando ocorre alguma pausa devido à manutenção, leva-se muito tempo para retomar a produção, pois os problemas acabam se acumulando. Assim, quando a máquina quebra, percebe-se a necessidade de realizar manutenções nas outras partes que antes já apresentavam problemas. A falta de manutenção, portanto, prejudica o processo.

Em relação às condições de funcionamento da máquina, foi observado que seria necessário fazer algumas modificações nas borrachas que controlam a quantidade de produto envasado, pois as que estavam sendo utilizadas no processo eram de espessura maior. Essa pode ser uma das causas para o volume elevado nos frascos.

Na segunda etapa do ciclo PDCA, em que foram avaliados todos os objetivos e as frentes que poderiam ser tomadas para iniciar o trabalho, definiu-se que, inicialmente, o foco seria nos problemas com a máquina. A primeira ação para a correção do volume seria avaliar a compra de novas borrachas para os bicos de envase, devido ao fato de o volume estar relacionado diretamente com a espessura dessas borrachas. Para se chegar à espessura próxima do ideal, realizou-se um teste envolvendo borrachas com metade da espessura da que vinha até então sendo utilizada. Em seguida, verificou-se que com as novas borrachas o volume do frasco ficava dentro da meta da empresa, de 1070 g a 1100 g.

Após a definição da correta espessura para as borrachas, essa informação foi passada para a gerência, para que a nova matéria-prima pudesse ser adquirida. Porém, a gerência informou que estava em trâmite a compra de uma nova máquina de envase para o produto estudado, a qual contava com tecnologia por célula de carga, computadorizada, para controlar individualmente o volume dos bicos de envase. Além disso, a gerência informou que, segundo o fabricante, o desvio-padrão dessa máquina que estava prestes a ser adquirida era de 0,5% em relação ao volume programado. Logo, todas as questões relacionadas à máquina seriam supridas e a empresa atingiria o seu objetivo de ter o produto dentro dos limites de especificação e um processo sobre controle estatístico.

4. Considerações finais

Este estudo de caso teve como foco a identificação das possíveis variáveis que exerciam influência sobre o volume do produto de uma empresa de higiene e produtos de limpeza. Tais variáveis geravam alta variabilidade na linha de produção, bem como perdas por produto em excesso no frasco, tendo como consequência o aumento dos custos de produção.

Foi determinado pelo supervisor de produção e de qualidade que os limites superior e inferior de especificação deveriam ser, respectivamente, 1070 g e 1100 g. Com base nessas características estipuladas, e por meio das características observadas no gráfico de controle de amplitude média – construído a partir da coleta de amostras –, encontrou-se um processo que não estava sobre controle estatístico (apresentava pontos fora dos limites de controle e a média estava deslocada em relação aos limites de

Sistema de avaliação da qualidade

especificação definidos), mas apresentava uma variabilidade aceitável para um primeiro momento, o que determinou, assim, que o estudo se concentrasse no deslocamento da média para dentro dos limites de especificação.

Por meio de um gráfico de causa e efeito, foram identificadas as possíveis causas que atuavam sobre o processo. Logo, chegou-se à causa raiz do problema: as borrachas reguladoras de volume. Em seguida, foram realizados testes com borrachas de diferentes espessuras, até que se determinou a espessura ideal para atingir os objetivos: redução das perdas em processo; redução do volume por meio do deslocamento da média para dentro dos limites de especificação; e redução dos custos de produção e aumento da produtividade. Com a identificação desses fatores, solicitou-se à gerência a compra dessas novas borrachas.

Fonte: Elaborado com base em Barbosa, 2011.

Síntese

Neste capítulo, tratamos sobre a importância da avaliação da qualidade. Apesar de não ser um conhecimento recente, em tempos atuais, tal avaliação cada vez mais vem se fazendo presente nas organizações que prezam pelo atendimento às necessidades do cliente, além de ser necessária para que elas se mantenham competitivas. É fato que as empresas que possuem um sistema de gestão formalizado e seguem algumas normas gerenciais precisam estruturar esse sistema.

Nessa estrutura de avaliação, surge a necessidade de conduzir um planejamento que seja coerente com as políticas da organização, bem como que seja claro a todos que farão uso desse planejamento. É importante, nesse processo, avaliar o próprio método de avaliação para identificar se realmente ele atende aos objetivos da avaliação.

Por fim, concluímos que, para executar o plano de avaliação de modo a permitir sua avaliação eficaz, o uso de técnicas e ferramentas é essencial, pois elas permitem identificar as possíveis variabilidades do processo, oportunizando o controle deste.

Questões para revisão

1 Qual é a importância da avaliação da qualidade?

2 Qual é o roteiro que Paladini (2007) descreve para avaliar a qualidade? Descreva-o.

3 A seguir, são apresentadas as descrições de técnicas e ferramentas de avaliação da qualidade. Relacione as colunas, de acordo com a descrição correta de cada ferramenta e, depois, assinale a alternativa que apresenta a sequência correta:

I   Trata-se de uma ferramenta por meio da qual é possível estudar o processo de modo a identificar suas atividades-chave e suas inter-relações, permitindo maior compreensão do que ocorre na empresa.

II   É um instrumento que permite organizar dados, informações a serem analisadas por meio de uma planilha, podendo ser o ponto de partida da avaliação estatística.

III   Essa ferramenta tem por objetivo organizar e analisar diferentes dados com o intuito de que a informação seja clara, possibilitando oportunidades de melhoria do processo avaliado.

Sistema de avaliação da qualidade

IV Essa ferramenta permite classificar problemas relacionados à qualidade, possibilitando aos tomadores de decisão identificar os itens que devem ser priorizados quanto a ações de melhorias ou o principal elemento que ocasionou o problema de qualidade.

V Trata-se de uma ferramenta por meio da qual é possível enxergar as relações e as causas de um determinado problema, de forma organizada e com fácil visualização.

( ) Estratificação

( ) Folha de verificação

( ) Diagrama de causa e efeito

( ) Diagrama de processo

( ) Gráfico de Pareto

a III, IV, I, II, V.

b III, II, V, I, IV.

c II, III, V, IV, I.

d II, V, III, I, IV.

e II, IV, I, III, V.

4 Com relação ao gráfico de dispersão, ao gráfico de controle e à avaliação por inspeção, assinale (V) para as alternativas verdadeiras e (F) para as falsas. Em seguida, assinale a alternativa que apresenta a sequência correta:

( ) Os gráficos de controle visam avaliar se o processo está ou não sob controle, e utiliza-se de técnicas de amostragem para coletar os dados, garantindo uma análise mais real do processo.

( ) Os gráficos de dispersão avaliam se existem relações entre conformidade e não conformidade em uma variável de interesse de qualidade no processo.

( ) Cabe ao gestor identificar a melhor ferramenta ou técnica (gráfico de dispersão, de controle e da avaliação por inspeção) a ser utilizada no processo de avaliação da qualidade, sabendo que suas funções são as mesmas, o que muda é a forma como os dados são tratados.

( ) Existem vários tipos de gráficos de controle, tanto para avaliar as variáveis do processo como para avaliar seus atributos. A escolha do melhor depende do objetivo do controle.

( ) A inspeção da qualidade se faz quando o produto já está pronto, com o objetivo de avaliar se ele atende ou não às especificações de aceitação.

a V, F, F, V, V.

b V, V, F, F, F.

c V, F, F, V, F.

d F, F, F, V, V.

e V, V, F, F, V.

Sistema de avaliação da qualidade

5 Assinale a alternativa que identifica corretamente o planejamento da avaliação da qualidade:

a O ciclo PDCA permite estruturar o sistema em que a avaliação da qualidade será avaliada.

b Tanto no ciclo PDCA como no Masp, a primeira atividade a ser realizada é a coleta de dados para obter informações sobre a avaliação da qualidade.

c O planejamento da avaliação da qualidade conduz ao uso sistematizado das pessoas envolvidas no processo. No entanto, estas não influenciam na definição dos indicadores de desempenho do processo.

d Como resultado do planejamento da avaliação da qualidade, são obtidas ações de natureza corretiva, com resultados positivos em curto prazo, agregando muito valor ao processo.

e Refere-se essencialmente às várias fases e aos processos realizados que conduzem a ações de longo, médio e curto prazos.

Questões para reflexão

1 A empresa em que você ou algum conhecido seu atua já evidenciou a otimização do processo? Por que é somente a otimização que agrega valor ao processo? Converse com seus colegas a respeito dessa questão.

2 Quais setores de sua empresa são os mais beneficiados com as ações de avaliação da qualidade? Caso não esteja trabalhando, pense em alguma empresa que você conheça ou pesquise sobre ela.

Para saber mais

Para saber mais sobre subgrupos racionais, consulte o seguinte livro:

MONTGOMERY, D. **Introdução ao controle estatístico da qualidade**. Rio de Janeiro: LTC, 2004.

Para concluir...

Neste livro procuramos fazer uma contextualização histórica do sistema de gestão da qualidade, apresentando os principais autores e contribuintes desse tema. Shewhart, Deming, Juran, Feingenbaum e Crosby, entre outros gurus da qualidade, disseminaram pelo mundo dos negócios a importância fundamental da gestão da qualidade, afirmando, no entanto, que não basta querer qualidade: é necessário agir para alcançá-la.

Também abordamos aqui a estrutura de um sistema de gestão da qualidade, a qual permite esquematizar os elementos essenciais para se alcançar a qualidade: estratégia de qualidade, política da qualidade e mecanismos de avaliação de desempenho. Salientamos que essa estrutura é válida não apenas para empresas de manufatura, mas também para o setor de serviços, as empresas e organizações sem fins lucrativos, as empresas tecnológicas, enfim, para todos os segmentos do mercado. O problema é que, para cada um desses setores, o enfoque dado à qualidade pode ser desigual. No entanto, com uma política bem traçada, é possível realizar mudanças que impactam não somente a empresa, mas também a sociedade. Desse modo, os objetivos traçados devem ser claros a todos os níveis da organização, utilizando-se de instrumentos de mudanças que permitam a todos atingirem os melhores resultados possíveis. Em outros termos, é necessário ter foco na meta, no método e na compreensão do sistema da qualidade.

Também discutimos os princípios de gestão e da qualidade para que, por meio deles, ocorra um desenvolvimento do axioma sistêmico, da visão holística, de modo a se compreender a correlação e a relação de todos os elementos da organização e, assim, ser possível obter bons frutos da gestão da qualidade. Essa abordagem está inserida nas normas de gestão com as quais trabalhamos nesta obra: ABNT NBR ISO 9001, NBR ISO 14001 e OHSAS 18001, sem deixarmos de mencionar a integração entre os sistemas de gestão.

Até pouco tempo atrás, havia diferenças consideráveis entre as normas de gestão (qualidade, meio ambiente, segurança e saúde ocupacional). Em livros sobre gestão da qualidade que versavam sobre antigas versões da ISO 9000, apresentava-se a ilustração de uma pirâmide, a qual simbolizava uma organização estável, com uma política clara, procedimentos e instruções a nível estratégico, tático e operacional. Enfim, tratava-se de um modelo de gestão muito burocrático (Barnes, 1998; Huxtable, 1995).

Esse modelo ainda apresentava aspectos relevantes, como a importância do compromisso da gestão de topo, a participação dos trabalhadores, bem como a criação de uma cultura da qualidade. Tais fatores se refletiram diretamente na norma ISO 14001, focada no processo interativo de atividades como política, planejamento, implementação etc., bem como na inovação e na melhoria contínua. Essa compreensão mais dinâmica das organizações favoreceu uma mudança dos padrões, permitindo um modelo de sistema integrado de gestão que inclui todas as áreas de interesse competitivo da organização. Em vez de aumentar o grau de compatibilidade de cada padrão de gestão no sentido de uma estrutura unificada e de conteúdo, um padrão comum poderia ser desenvolvido com base nos mesmos aspectos fundamentais de gestão – política, planejamento, implementação, avaliação etc. Então, principalmente com a atualização da ISO 9000 no ano 2000, foi possível compreender melhor as semelhanças em relação aos aspectos fundamentais de gestão, favorecendo que as empresas conseguissem a integração de tais sistemas. No entanto, isso não é tarefa fácil: a organização precisa compreender muito bem como realizar essa integração, buscando seu diferencial de mercado e apresentando inovações.

Para avaliar a gestão e/ou as normas de gestão, faz-se necessária a utilização de indicadores e de um planejamento. Uma das formas de realizar tal avaliação é por meio de ferramentas da qualidade, pois estas identificam, ajustam e eliminam problemas. As auditorias de primeira, segunda ou terceira parte auxiliam nesse processo de melhoria, pois avaliam com base nos requisitos das normas de gestão. Além disso, as ferramentas da qualidade são fundamentais para a análise dos dados, permitindo, assim, a tomada de decisão factual e a melhoria na prática de controle, pois a identificação da variabilidade fica evidente ao se estudar os processos. Como afirma Campos (2009, p. 126): "a utilização de modelos é muito importante na análise, na síntese, no aprendizado e na comunicação, ou seja, eles são importantes nas organizações". Assim, quanto melhor for a escolha, melhor será o resultado.

Enfim, este livro foi desenvolvido com o intuito de garantir a você uma visão dos pontos mais importantes a serem trabalhados na avaliação de sistemas de qualidade. Como você pôde perceber ao longo desta obra, trabalhar com qualidade é algo complexo; no entanto, tal complexidade permite que se enxergue o todo da empresa, além de possibilitar um estudo mais profundo dos problemas organizacionais, direcionando ações para uma visão cada vez mais próxima da realidade.

Por mais complexa que seja uma organização, a qualidade pode estar presente nela, e um número relevante de pessoas podem ser motivadas a contribuírem para essa finalidade – basta que desejem construir e colaborar para o processo de melhoria contínua. Todo esse envolvimento torna totalmente prazeroso o trabalho com a qualidade, pois, por mais que a rotina favoreça os padrões de qualidade a serem seguidos, sempre existirão elementos que levarão a organização a sair dessa rotina. Por isso, é preciso, todos os dias, compreender e avaliar se realmente a organização está atendendo ao que os clientes desejam. Isso é desafiador!

A fim de que transformações possam ocorrer no ambiente da empresa, é preciso incutir nas pessoas o pensamento de que uma mudança cultural se faz necessária. Não basta que uma organização proponha mudanças gerenciais e o desenvolvimento de vários e ótimos projetos; é preciso, também, garantir a consciência plena de todos os envolvidos.

Outro ponto que merece destaque: busque o desafio a ser enfrentado todos os dias, e ao longo dessa busca, procure se autoavaliar – analise como está o seu planejamento para a qualidade. Não se esqueça:

O planejamento é fundamental para que se atinjam os objetivos traçados! Portanto, planeje constantemente e mensure! Crie métricas de medição e compreenda seu gerenciamento.

Por fim, não desanime, pois problemas sempre existirão, mas sempre haverá caminhos para sair de situações desafiadoras. Porém, para enxergar essa "luz no fim do túnel", deve-se percorrer esse caminho utilizando as ferramentas e as técnicas de avaliação da qualidade. Certamente, esta obra não foi capaz de abordar todas elas; no entanto, cabe a você enxergar quais delas poderão servir melhor ao que você espera. Por isso, compreenda seu processo e enfrente todos os problemas buscando suas causas.

Isso posto, terminamos este livro com a mesma frase com que o apresentamos: **"Quem tem um porquê enfrenta qualquer como!"** (Nietzche, citado por Viktor Frankl).

Pois bem, use o ciclo PDCA e obtenha respostas para a prática da qualidade, bem como para sua vida pessoal. Provavelmente ele o ajudará a enxergar as respostas para todas as suas dúvidas.

Referências

ABNT – Associação Brasileira de Normas técnicas. **NBR ISO 5426**: planos de amostragem e procedimentos na inspeção por atributos. Versão Corrigida: 1989. Rio de Janeiro, 1985.

_____. **NBR ISO 9001**: sistema de gestão de qualidade. Rio de Janeiro, 2008.

_____. **NBR ISO 9004**: sistemas de gestão da qualidade – diretrizes para melhorias de desempenho. Rio de Janeiro, 2012.

_____. **NBR 14001**: sistemas da gestão ambiental – especificação e diretrizes para uso. Rio de Janeiro, 1996a.

_____. **NBR 14001**: sistemas da gestão ambiental – requisitos com orientações para uso. Rio de Janeiro, 2004.

_____. **NBR 14004**: sistemas de gestão ambiental – diretrizes gerais sobre princípios, sistemas e técnicas de apoio. Rio de Janeiro, 1996b.

ABNT – Associação Brasileira de Normas técnicas. **NBR ISO 14010**: diretrizes para auditoria ambiental – princípios gerais. Rio de Janeiro, 1996c.

_____. **NBR ISO 14011**: diretrizes para auditoria ambiental: procedimentos de auditoria – auditoria de sistemas de gestão ambiental. Rio de Janeiro, 1996d.

_____. **NBR ISO 14012**: diretrizes para auditoria ambiental – critérios de qualificação de auditores ambientais. Rio de Janeiro, 1996e.

_____. **NBR ISO 19011**: diretrizes para auditoria de sistemas de gestão. Rio de Janeiro, 2012.

_____. **NBR ISO/IEC 17025**: requisitos gerais para a competência de laboratórios de ensaio e calibração. Rio de Janeiro, 2005.

AGGELOGIANNOPOULOS, D.; DROSINOS, E.; ATHANASOPOULOS, P. Implementation of a Quality Management System (QMS) According to the ISO 9000 Family in a Greek Small-sized Winery: a Case Study. **Food Control**, v. 18, n. 9, p. 1077-1085, 2007.

AHIRE, S. L.; GOLHAR, D. Y.; WALLER, M. A. Development and Validation of TQM Implementation Constructs. **Decision Sciences**, v. 27, n. 1, p. 23-56, 1996.

AIESEC. Disponível em: <http://aiesec.org.br/>. Acesso em: 16 fev. 2016.

AKAO, Y. **Desdobramento das diretrizes para o sucesso do TQM**. Porto Alegre: Artes Médicas, 1997.

ARAUJO, L. C. G. de. **Organização, sistemas e métodos e as tecnologias de gestão organizacional**: arquitetura organizacional, benchmarking, empowerment, gestão de qualidade total, reengenharia. 4. ed. São Paulo: Atlas, 2009. v. 1.

ARCURI FILHO, R. A.; CARVALHO, N. C.; LIMA, G. B. A. (Auto) avaliação do desempenho empresarial da manutenção: o diferencial competitivo na busca da sustentabilidade (aplicação das metodologias do PNQ e da ISO 9000 ao ambiente da manutenção). In: SIMPEP – SIMPÓSIO DE ENGENHARIA DE PRODUÇÃO, 11., 2004, Bauru. **Anais**... São Paulo: Ed. da Unesp, 2004.

ASQ – American Society for Quality. **Benchmarking**. Disponível em: <http://asq.org/service/body-of-knowledge/tools-benchmarking>. Acesso em: 26 mar. 2016.

AULETE digital. **Princípio**. Disponível em: <http://www.aulete.com.br/princ%C3%ADpio>. Acesso em: 27 fev. 2016.

BADRI, M. A.; DAVIS, D.; DAVIS, D. A Study of Measuring the Critical Factors of Quality Management. **International Journal of Quality & Reliability Management**, v. 12, n. 2, p. 36-53, 1995.

BALLESTERO-ALVAREZ, M. E. (Org.). **Administração da qualidade e da produtividade**: abordagens do processo administrativo. São Paulo: Atlas, 2001.

BAPTISTA, N. **Introdução ao estudo de controle estatístico de processo**: CEP. Rio de Janeiro: Qualitymark, 1996.

BARBOSA, M. da S. **Implantação do controle estatístico de processo em uma indústria de produtos de higiene e limpeza**. Trabalho de Conclusão de Curso (Graduação em Engenharia de Produção) – Universidade Estadual de Maringá, Maringá, 2011.

BARNES, F. C. ISO 9000 Myth and Reality: a Reasonable Approach to ISO 9000. **S.A.M. Advanced Management Journal**, Cincinnati, v. 63, n. 2, 1998. Disponível em: <http://www.freepatentsonline.com/article/SAM-Advanced-Management-Journal/20982069.html>. Acesso em: 27 fev. 2016.

BÍBLIA (Velho Testamento). Deuteronômio. Português. **Bíblia português**. cap. 32, vers. 4. Disponível em: <http://bibliaportugues.com/deuteronomy/32-4.htm>. Acesso em: 24 mar. 2016.

BRASIL. Ministério do Desenvolvimento, Indústria e Comércio Exterior. Inmetro – Instituto Nacional de Metrologia, Qualidade e Tecnologia. **Acreditação**. Disponível em: <http://www.inmetro.gov.br/credenciamento/index.asp>. Acesso em: 27 fev. 2016a.

_____. **Avaliação da conformidade**. Disponível em: <http://www.inmetro.gov.br/qualidade/comites/sbc.asp>. Acesso em: 27 fev. 2016b.

BRASIL. Ministério do Desenvolvimento, Indústria e Comércio Exterior. Inmetro – Instituto Nacional de Metrologia, Qualidade e Tecnologia. **Certificações válidas**. Disponível em: <http://www.inmetro.gov.br/gestao9000/Rel_Certificados_Validos.asp?Chamador=INMETROCB25&tipo=INMETROEXT>. Acesso em: 27 fev. 2016c.

BRASIL. Ministério do Desenvolvimento, Indústria e Comércio Exterior. Inmetro – Instituto Nacional de Metrologia, Qualidade e Tecnologia. **Empresas certificadas ISO 9000**. Disponível em: <http://www.inmetro.gov.br/gestao9000/>. Acesso em: 26 mar. 2016d.

_____. Portaria n. 269, de 21 de junho de 2011. **Diário Oficial da União**, Brasília, DF, 24 jun. 2011a. Disponível em: <http://www.inmetro.gov.br/legislacao/rtac/pdf/RTAC001708.pdf>. Acesso em: 23 fev. 2016.

_____. _____. _____. Portaria n. 361, de 6 de setembro de 2011. **Diário Oficial da União**, Brasília, DF, 9 set. 2011b. Disponível em: <http://www.inmetro.gov.br/legislacao/rtac/pdf/RTAC001729.pdf>. Acesso em: 24 fev. 2016.

BRASIL. Ministério do Meio Ambiente. **Conferência das Nações Unidas sobre Meio Ambiente**. Disponível em: <http://www.mma.gov.br/destaques/item/602>. Acesso em: 9 fev. 2016e.

BRASIL. Ministério do Meio Ambiente. Ministério do Trabalho e Emprego. Portaria n. 3.214, de 8 de junho de 1978. **Diário Oficial da União**, Brasília, DF, 6 jul. 1978. Disponível em: <http://www.camara.gov.br/sileg/integras/839945.pdf>. Acesso em: 7 fev. 2016.

BSI – British Standards Institution. **OHSAS 18001**: Occupational Health and Safety Management. Reino Unido, 2007.

_____. **OHSAS 18002**: Occupational Health and Safety Management Systems: Guidelines for the Implementation of OHSAS 18001:2007. Reino Unido, 2008.

CAMPOS, V. F. **O verdadeiro poder**: práticas de gestão que conduzem a resultados revolucionários. Nova Lima: INDG Tecnologia e Serviços Ltda., 2009.

CAMPOS, V. F. **TQC**: controle total da qualidade (no estilo japonês). 4. ed. Belo Horizonte: Fundação Chirstiano Ottoni, 1992.

_____. _____. Belo Horizonte: INDG Tecnologia e Serviços Ltda., 2004.

CARLONI, F. C. **Indicadores de desempenho**: o acompanhamento diário de sua prática em indústria de bebidas. 53 f. Trabalho de Conclusão de Curso (Graduação em Engenharia de Produção) – Universidade Estadual de Maringá, Maringá, 2011.

CARPINETTI, L. C. R. **Gestão da qualidade**: conceitos e técnicas. São Paulo: Atlas, 2010.

CARPINETTI, L. C. R.; EPPRECHT, E. K.; COSTA, A. F. B. **Controle estatístico da qualidade**. São Paulo: Atlas, 2004.

CARPINETTI, L. C. R.; MIGUEL, P. A. C.; GEROLAMO, M. C. **Gestão da qualidade ISO 9001:2000**: princípios e requisitos. São Paulo: Atlas, 2007.

____. **Gestão da qualidade ISO 9001:2008**: princípios e requisitos. 2. ed. São Paulo: Atlas, 2009.

CARVALHO, M. M.; PALADINI, E. P. (Coord.). **Gestão da qualidade**: teoria e casos. Rio de Janeiro: Elsevier, 2005.

CARVALHO, M. M.; RABECHINI JR., R. **Fundamentos em gestão de projetos**: construindo competências para gerenciar projetos. 3. ed. São Paulo: Atlas, 2011.

CERQUEIRA, J. P. **Sistemas de gestão integrados**: ISO 9001, ISO14001, OHSAS 18001, SA 8000, NBR 16001 – conceitos e aplicações. Rio de Janeiro: Qualitymark, 2006.

CHIAVENATO, I. **Administração**: teoria, processo e prática. 4. ed. Rio de Janeiro: Elsevier, 2007.

____. **Gestão de pessoas**: o novo papel dos recursos humanos nas organizações. Rio de Janeiro: Elsevier, 2004.

CHIROLI, D. M. de G. **Gestão e administração de trânsito**. Maringá: Cesumar, 2011. Disponível em: <http://www.ead.cesumar.br/moodle2009/lib/ead/arquivosApostilas/1526.pdf>. Acesso em: 13 jul. 2016.

CHIROLI, D. M. de G.; GIROTO, A. V. O.; PAPPA, M. F. Utilização do ciclo PDCA associado ao diagrama de Ishikawa como ferramentas de gestão em uma organização não governamental. In: SIMPEP – SIMPÓSIO DE ENGENHARIA DE PRODUÇÃO, 18., 2011, Bauru. **Anais**... São Paulo: Ed. da Unesp, 2011. Disponível em: <https://www.researchgate.net/publication/273203511_UTILIZACAO_DO_CICLO_PDCA_ASSOCIADO_AO_DIAGRAMA_DE_ISHIKAWA_COMO_FERRAMENTAS_DE_GESTAO_EM_UMA_ORGANIZACAO_NAO_GOVERNAMENTAL>. Acesso em: 16 fev. 2016.

CHIROLI, D. M. de G.; MEDEIROS FILHO, D. A.; PAPPA, M. F. Análise da ouvidoria para priorizar ações de melhoria no trânsito. In: CONGRESSO LUSO-BRASILEIRO PARA O PLANEJAMENTO URBANO, REGIONAL, INTEGRADO E SUSTENTÁVEL, 5., 2012, Brasília. **Anais**... Brasília: Pluris, 2012.

CNM – Confederação Nacional de Municípios. **Nova administração pública**: gestão municipal e tendências contemporâneas. Gestão 2009-2012. Brasília, 2008.

COLAUTO, R. D.; BEUREN, I. M. Proposta para avaliação da gestão do conhecimento em entidade filantrópica: o caso de uma organização hospitalar. **Revista de Administração Contemporânea**, Curitiba, v. 7, n. 4, out./dez. 2003. Disponível em: <http://www.scielo.br/scielo.php?script=sci_arttext&pid=S1415-65552003000400009&lng=en&nrm=iso>. Acesso em: 25 jun. 2016.

COMISSÃO mundial sobre meio ambiente e desenvolvimento. **Nosso futuro comum**. 2. ed. Rio de Janeiro: FGV, 1991. Disponível em: <http://pt.scribd.com/doc/12906958/Relatorio-Brundtland-Nosso-Futuro-Comum-Em-Portugues#scribd>. Acesso em: 23 fev. 2016.

CORRÊA, H. L.; CORRÊA, C. A. **Administração de produção e operações**: manufatura e serviços – uma abordagem estratégica. 2. ed., 4. reimp. São Paulo: Atlas, 2009.

COSTA, A. A. **Ferramentas de controle da qualidade aplicáveis na cultura do mamão, no município de Pinheiros-ES**. 72 f. Monografia (Graduação em Administração de Empresas) – Faculdade Capixaba de Nova Venécia – Univen, Nova Venécia, 2003.

CROSBY, P. B. **Qualidade é investimento**: a arte de garantir a qualidade. Rio de Janeiro: J. Olympio, 1992.

_____. **Qualidade**: falando sério – perguntas que você sempre quis fazer sobre controle de qualidade. São Paulo: McGraw-Hill, 1990.

_____. **Quality is Free**. New York: Mentor; New American Library, 1979.

DAVIS, M. M.; AQUILANO, N. J.; CHASE, R. B. **Fundamentos da administração da produção**. 3. ed. Porto Alegre: Bookman, 2001.

DEMING, W. E. **Qualidade**: a revolução da administração. Rio de Janeiro: Saraiva, 1990.

_____. _____. São Paulo: Saraiva, 1992.

DENATRAN – Departamento Nacional de Trânsito. 2010. Disponível em: <http://www.denatran.gov.br/>. Acesso em: 25 jun. 2016.

_____. **Manual de procedimentos para o tratamento de polos geradores de tráfego**. Brasília: FGV, 2001.

FEIGENBAUM, A. **Controle da qualidade total**. São Paulo: Makron Books, 1994.

FEIGENBAUM, A.; FEIGENBAUM D. **O poder do capital gerencial**: como utilizar as novas determinantes da inovação, da rentabilidade e do crescimento em uma exigente economia global. São Paulo: Qualitymark, 2003.

FERREIRA, G. D. V. P. **Adequação aos requisitos compulsórios da ABNT NBR ISO 9001:2008 na linha de berços infantis segundo a Portaria n. 361 do Inmetro**: o caso Peternella e Rocha Ltda. Trabalho de Conclusão de Curso (Graduação em Engenharia da Produção) – Universidade Estadual de Maringá, Maringá, 2012.

FLYNN, B. B.; SCHROEDER, R. G.; SAKAKIBARA, S. A Framework for Quality Management Research and Associated Measurement Instrument. **Journal of Operations Management**, Amsterdam, v. 11, n. 4, p. 339-366, 1994.

FRAGA, S. V. **A qualidade na construção civil**: uma breve revisão bibliográfica do tema e a implementação da ISO 9001 em construtoras de Belo Horizonte. 76 f. Monografia (Especialização em Construção Civil) – Universidade Federal de Minas Gerais, Belo Horizonte, 2011.

FRANCISCO, W. de C. E. **Divisão regional brasileira**. Disponível em: <http://brasilescola.uol.com.br/brasil/divisao-regional-brasileira.htm>. Acesso em: 24 mar. 2016.

FRANZ, L. A. S. **Análise crítica de um projeto Seis Sigma em uma indústria petroquímica**. 130 f. Dissertação (Mestrado em Engenharia de Produção) – Universidade Federal do Rio Grande do Sul, Porto Alegre, 2003.

GARVIN, D. A. **Gerenciando a qualidade**: a visão estratégica e competitiva. Rio de Janeiro: Qualitymark, 1992.

_____. **Managing Quality**. New York: The Free Press, 1988.

GIL, A. de L. **Auditoria da qualidade**: auditoria, qualidade e fraudes – novos desafios. 3. ed. São Paulo: Atlas, 1999.

GODOY, A. L. de. **Indicadores de desempenho organizacional**. Disponível em: <http://www.cedet.com.br/index.php?/Tutoriais/Gestao-da-Qualidade/indicadores-de-desempenho-organizacional.html>. Acesso em: 6 fev. 2016.

HUXTABLE, N. **Small Business Total Quality**. London: Chapman & Hall, 1995.

ISHIKAWA, K. **Controle de qualidade total**: à maneira japonesa. Rio de Janeiro: Campus, 1993.

____. **Introduction to Quality Control**. 3. ed. Tokyo: 3A Corporation, 1990.

____. **QC Circle Koryo**: General Principles of the QC Circle. JUSE – Union of Japanese Scientists and Engineers: QC Circle Headquarters, 1990.

ISO – International Organization Standardization. **About ISO**. 2016. Disponível em: <http://www.iso.org/iso/home/about.htm>. Acesso em: 24 mar. 2016.

ISO – International Organization Standardization. **ISO/IEC Guide 2:1996**: Standartization and Relate Activities: General Vocabulary. 29 ago. 1996. Disponível em: <http://www.iso.org/iso/catalogue_detail.htm?csnumber=24887>. Acesso em: 7 fev. 2016.

____. **Why Standards Matter**. 2011. Disponível em: <http://www.iso.org/iso/about/discover-iso_why-standards-matter.htm/>. Acesso em: 24 mar. 2016.

JØRGENSEN, T. H.; SIMONSEN, G. Prospects of a Unified Management System. **Corp. Soc. Responsib. Environ. Mgmt**, v. 9, n. 2, p. 91-98, June 2002.

JURAN, J. M. **A qualidade desde o projeto**. São Paulo: Pioneira, 1992.

____. **A qualidade desde o projeto**: os novos passos para o planejamento da qualidade em produtos e serviços. 3. ed. São Paulo: Pioneira, 1997.

____. ____. São Paulo: Cengage Learning, 2009.

JURAN, J. M.; GRYNA, F. M. **Controle da qualidade**: conceitos, políticas e filosofia da qualidade. São Paulo: Makron Books, 1991. v. 1.

KAPLAN, R.; NORTON, D. **A estratégia em ação**: Balanced Scorecard. Rio de Janeiro: Campus. 1997.

KARDEC, A.; ARCURI, R.; CABRAL, N. **Gestão estratégica e avaliação do desempenho**. Rio de Janeiro: Qualitymark, 2002.

KOTLER, P. **Administração de marketing**: análise, planejamento, implementação e controle. 5. ed. São Paulo: Atlas, 1998.

KUME, H. **Métodos estatísticos para melhoria da qualidade**. São Paulo: Gente, 1993.

LARA JR., N. C. **Planejamento e controle de produção**. São Paulo: Ática, 1990.

LAVILLE, C.; DIONNE, J. **A construção do saber**: manual de metodologia da pesquisa em ciências humanas. Porto Alegre: Artes Médicas; Belo Horizonte: Ed. da UFMG, 1999.

LIMA, A. A. N. et al. Aplicação do controle estatístico de processo na indústria farmacêutica. **Revista de Ciências Farmacêuticas Básica e Aplicada**, v. 27, n. 3, p. 177-187, 2006. Disponível em: <http://serv-bib.fcfar.unesp.br/seer/index.php/Cien_Farm/article/viewFile/380/364>. Acesso em: 27 fev. 2016.

LOURENÇO FILHO, R. de C. B. **Controle estatístico de qualidade**. Rio de Janeiro: Livros Científicos e Técnicos, 1976.

MARANHÃO, M.; MACIEIRA, M. E. B. **O processo nosso de cada dia**: modelagem de processos de trabalho. 2. ed. Rio de Janeiro: Qualitymark, 2010.

MARINGÁ. Prefeitura da cidade de Maringá. **Nossa missão**. Disponível em: <http://www2.maringa.pr.gov.br/site/index.php?sessao=50c8530c241x50&id=16>. Acesso em: 19 fev. 2016.

MARINHO, A.; FAÇANHA, L. O. **Programas sociais**: efetividade, eficiência e eficácia como dimensões operacionais da avaliação. Rio de Janeiro: Ipea, 2001.

MARTINS, C. S.; OLIVEIRA, E. S.; FREITAS, D. O. Um estudo de caso sobre a aplicação do controle estatístico de processo (CEP) como método de controle da qualidade. In: SIMPEP – SIMPÓSIO DE ENGENHARIA DE PRODUÇÃO, 13., 2006, Bauru. **Anais**... São Paulo: Ed. da Unesp, 2006. Disponível em: <http://www.simpep.feb.unesp.br/anais/anais_13/artigos/993.pdf>. Acesso em: 27 fev. 2016.

MELLO, C. H. P. et al. **ISO 9001:2000**: sistema de gestão da qualidade para operações de produção e serviços. São Paulo: Atlas, 2002.

____. **ISO 9001:2008**: sistema de gestão da qualidade para operações de produção e serviços. São Paulo: Atlas, 2009.

MIGUEL, P. A. C. **Qualidade**: enfoques e ferramentas. São Paulo: Artliber, 2001.

MONTGOMERY, D. C. **Introdução ao controle estatístico de qualidade**. Rio de Janeiro: LTC, 2004.

MONTGOMERY, D. C. **Introduction to Statistical Quality Control**. 4. ed. New Jersey: John Wiley and Sons, 2001.

____. ____. 6. ed. New Jersey: John Wiley and Sons, 2007.

MORAIS, G.; MARTINS, I. **Auditoria interna**. Lisboa: Áreas, 1999.

MUCIDAS, J. H. **Aplicação do controle estatístico do processo no envase de leite UHT em uma indústria de laticínios**. 87 f. Monografia (Graduação em Engenharia de Produção) – Universidade Federal de Juiz de Fora, Juiz de Fora, 2010.

NEELY, A. **Measuring Business Performance**. London: The Economist Newspaper and Profile Books, 1998.

____. The Performance Measurement Revolution: Why Now and What Next? **International Journal of Operations & Production Management**, v. 19, n. 2, p. 205-228, 1999.

NEELY, A.; GREGORY, M.; PLATTS, K. Performance Measurement System Design: a Literature Review and Research Agenda. **International Journal of Operations & Production Management**, v. 15, n. 4, p. 80-116, 1995.

O'HANLON, T. **Auditoria da qualidade**: com base na ISO 9001:2000 – conformidade agregando valor. São Paulo: Saraiva, 2006.

OLIVEIRA, O. J. (Org.). **Gestão da qualidade**: tópicos avançados. São Paulo: Pioneira Thomson Learning, 2006.

PALADINI, E. P. **Avaliação estratégica da qualidade**. São Paulo: Atlas, 2002.

_____. **Gestão da qualidade no processo**: a qualidade na produção de bens e serviços. São Paulo: Atlas, 1995.

_____. **Gestão da qualidade**: teoria e prática. São Paulo: Atlas, 2006.

_____. _____. 2. ed. São Paulo: Atlas, 2007.

PALADINI, E. P. **Gestão estratégica da qualidade**: princípios, métodos e processos. 2. ed. São Paulo: Atlas, 2009.

_____. **Qualidade total na prática**: implantação e avaliação de sistemas de qualidade total. São Paulo: Atlas, 1997.

PATTERSON, E. R.; SMITH, R. The Effects of Sarbanes-Oxley on Auditing and Internal Control Strength. **The Accounting Review**, Sarasota, v. 82, n. 2, p. 427-455, 2007.

PAULA, A. T. de. **Avaliação do impacto potencial da versão 2000 das normas ISO 9000 na gestão e certificação da qualidade**: o caso das empresas construtoras. 158 f. Dissertação (Mestrado em Engenharia de Construção Civil e Urbana) – Universidade de São Paulo, São Paulo, 2004.

PAULA, M. G. M. A. **Auditoria interna**: embasamento conceitual e suporte tecnológico. São Paulo: Atlas, 1999.

PINHO, A. F. et al. Combinação entre as técnicas de fluxograma e mapa de processos no mapeamento de um processo produtivo. ENEGEP – ENCONTRO NACIONAL DE ENGENHARIA DE PRODUÇÃO, 27., 2007, Foz do Iguaçu. **Anais**... Foz do Iguaçu: Enegep, 2007. Disponível em: <http://www.abepro.org.br/biblioteca/ENEGEP2007_TR570434_9458.pdf>. Acesso em: 24 mar. 2016.

PINTO, S. H. B. **Tendências dos programas de melhoria da qualidade**: um *survey* em empresas de grande porte no Brasil. 2005. 183 f. Tese (Doutorado em Engenharia de Produção) – Universidade de São Paulo, São Paulo, 2005.

RIBEIRO, S. D. **Modelo de sistema da qualidade na indústria de plásticos flexíveis, baseado nas normas ISO 9000**. Dissertação (Mestrado em Engenharia de Produção) – Universidade Federal de Santa Catarina, Florianópolis, 1996.

ROLT, M. I. P. de. **O uso de indicadores para a melhoria da qualidade em pequenas empresas**. Dissertação (Mestrado em Engenharia de Produção) – Universidade Federal de Santa Catarina, Florianópolis, 1998.

ROSSATO, I. de F. **Uma metodologia para análise e solução de problemas**. Dissertação (Mestrado em Engenharia Mecânica) – Universidade Federal de Santa Catarina, Florianópolis, 1996.

SAMOHYL, R. W. Controle estatístico de processo e ferramentas da qualidade. In: MONTEIRO, M. (Coord.). **Gestão da qualidade**: teoria e casos. Rio de Janeiro: Elsevier Campus, 2006. p. 261-299.

_____. **Controle estatístico de qualidade**. Rio de Janeiro: Elsevier, 2009.

SANTOS, J. P. **Uma contribuição para a excelência em gestão da qualidade na indústria metal mecânica**: estudo de múltiplos casos e survey. 257 f. Tese (Doutorado em Engenharia Mecânica) – Universidade Estadual de Campinas, Campinas, 2010.

SARAPH, J. V.; BENSON, P. G.; SCHROEDER, R. G. An Instrument for Measuring the Critical Factors of Quality Management. **Decision Sciences**, v. 20, n. 4, p. 810-829, 1989.

SHEWHART, W. A.; DEMING, W. E. (Ed.). **Statistical Method from The Viewpoint of Quality Control**. New York: Dover Publications, 1939.

SHINGO, S. **O sistema Toyota de produção**: do ponto de vista da engenharia de produção. 2. ed. Porto Alegre: Bookman. 1996.

SILVA JÚNIOR, J. R. da.; PASSOS, L. A. dos. **O negócio é participar**: a importância do plano diretor para o desenvolvimento municipal. Brasília: CNM; Sebrae, 2006.

SILVA, R. F. da. **Indicadores de eficiência e eficácia**: uma visão prática sobre indicadores de desempenho para avaliar a eficiência e a eficácia dos processos organizacionais. 2007. Disponível em: <http://pt.scribd.com/doc/65414087/Indicadores-de-Eficiencia-e-Eficacia#scribd>. Acesso em: 27 fev. 2016.

SLACK, N.; CHAMBERS, S.; JOHNSTON, R. **Administração da produção**. 2. ed. São Paulo: Atlas, 2002.

SOARES, G. M. V. P. de P. **Aplicação do controle estatístico de processos em indústria de bebidas**: um estudo de caso. 133 f. Dissertação (Mestrado em Engenharia de Produção) – Universidade Federal de Santa Catarina, Florianópolis, 2001.

SOUZA, M. A. de. Adequação de ferramentas de gestão da qualidade às clínicas de saúde. **Revista Ciência da Informação**, Brasília, v. 11, n. 1, 2007.

TEIXEIRA FILHO, J. **Gerenciando conhecimento**: como a empresa pode usar a memória organizacional e a inteligência competitiva no desenvolvimento de negócios. Rio de Janeiro: Senac, 2000.

TEMPLUM consultoria limitada. **Canal da certificação ISO**. Disponível em: <http://certificacaoiso.com.br>. Acesso em: 25 mar. 2016.

THE DEMING INSTITUTE. Disponível em: <https://deming.org/index.php>. Acesso em: 16 fev. 2016.

TOLEDO, J. C. **Qualidade industrial**: conceitos, sistemas e estratégias. São Paulo: Atlas, 1987.

UOL – Universo Online. CONFÚCIO. Disponível em: <http://pensador.uol.com.br/frase/NTIwMzEO/>. Acesso em: 15 fev. 2016.

VERGARA, S. C. **Métodos de pesquisa em administração**. 2. ed. São Paulo: Atlas, 2006.

VIEIRA, S. **Estatística para a qualidade**: como avaliar com precisão a qualidade em produtos e serviços. Rio de Janeiro: Elsevier, 1999.

WERKEMA, M. C. C. **Ferramentas estatísticas básicas para o gerenciamento de processos**. Belo Horizonte: Fundação Christiano Ottoni, 1995.

Anexo

Constantes para a construção de gráficos de controle

Constantes para a construção de gráficos de controle

Observações na amostra, n	Gráficos para médias					Gráficos para desvio-padrão						Gráficos para amplitude					
	Fatores para os limites de controle			Fatores para a linha média		Fatores para os limites de controle				Fatores para a linha média		Fatores para os limites de controle			
	A	A_2	A_3	c_4	$1/c_4$	B_3	B_4	B_5	B_6	d_2	$1/d_2$	d_3	D_1	D_2	D_3	D_4
2	2,121	1,880	2,659	0,7979	1,2533	0	3,267	0	2,606	1,128	0,8865	0,853	0	3,683	0	3,267
3	1,732	1,023	1,954	0,8862	1,1284	0	2,568	0	2,276	1,693	0,5907	0,888	0	4,358	0	2,575
4	1,500	0,729	1,628	0,9213	1,0854	0	2,266	0	2,088	2,059	0,4857	0,880	0	4,698	0	2,282
5	1,342	0,577	1,427	0,9400	1,0638	0	2,089	0	1,964	2,326	0,4299	0,864	0	4,918	0	2,115
6	1,225	0,483	1,287	0,9515	1,0510	0,030	1,970	0,029	1,874	2,534	0,3946	0,848	0	5,078	0	2,004
7	1,134	0,419	1,182	0,9594	1,0423	0,118	1,882	0,113	1,806	2,704	0,3698	0,833	0,204	5,204	0,076	1,924
8	1,061	0,373	1,099	0,9650	1,0363	0,185	1,815	0,179	1,751	2,847	0,3512	0,820	0,388	5,306	0,136	1,864
9	1,000	0,337	1,032	0,9693	1,0317	0,239	1,761	0,232	1,707	2,970	0,3367	0,808	0,547	5,393	0,184	1,816
10	0,949	0,308	0,975	0,9727	1,0281	0,284	1,716	0,276	1,669	3,078	0,3249	0,797	0,687	5,469	0,223	1,777
11	0,905	0,285	0,927	0,9754	1,0252	0,321	1,679	0,313	1,637	3,173	0,3152	0,787	0,811	5,535	0,256	1,744
12	0,866	0,266	0,886	0,9776	1,0229	0,354	1,646	0,346	1,610	3,258	0,3069	0,778	0,922	5,594	0,283	1,717
13	0,832	0,249	0,850	0,9794	1,0210	0,382	1,618	0,374	1,585	3,336	0,2998	0,770	1,025	5,647	0,307	1,693
14	0,802	0,235	0,817	0,9810	1,0194	0,406	1,594	0,399	1,563	3,407	0,2935	0,763	1,118	5,696	0,328	1,672
15	0,775	0,223	0,789	0,9823	1,0180	0,428	1,572	0,421	1,544	3,472	0,2880	0,756	1,203	5,741	0,347	1,653
16	0,750	0,212	0,763	0,9835	1,0168	0,448	1,552	0,440	1,526	3,532	0,2831	0,750	1,282	5,782	0,363	1,637
17	0,728	0,203	0,739	0,9845	1,0157	0,466	1,534	0,458	1,511	3,588	0,2787	0,744	1,356	5,820	0,378	1,622
18	0,707	0,194	0,718	0,9854	1,0148	0,482	1,518	0,475	1,496	3,640	0,2747	0,739	1,424	5,856	0,391	1,608
19	0,688	0,187	0,698	0,9862	1,0140	0,497	1,503	0,490	1,483	3,689	0,2711	0,734	1,487	5,891	0,403	1,597
20	0,671	0,180	0,680	0,9869	1,0133	0,510	1,490	0,504	1,470	3,735	0,2677	0,729	1,549	5,921	0,415	1,585
21	0,655	0,173	0,663	0,9876	1,0126	0,523	1,477	0,516	1,459	3,778	0,2647	0,724	1,605	5,951	0,425	1,575
22	0,640	0,167	0,647	0,9882	1,0119	0,534	1,466	0,528	1,448	3,819	0,2618	0,720	1,659	5,979	0,434	1,566
23	0,626	0,162	0,633	0,9887	1,0114	0,545	1,455	0,539	1,438	3,858	0,2592	0,716	1,710	6,006	0,443	1,557
24	0,612	0,157	0,619	0,9892	1,0109	0,555	1,445	0,549	1,429	3,895	0,2567	0,712	1,759	6,031	0,451	1,548
25	0,600	0,153	0,606	0,9896	1,0105	0,565	1,435	0,559	1,420	3,931	0,2544	0,708	1,806	6,056	0,459	1,541

Fonte: Adaptado de Montgomery, 2007, p. 702.

Respostas[1]

Questões para revisão

Capítulo 1

1. O conceito de qualidade é complexo e abrangente pelo fato de evidenciar todo um contexto histórico da qualidade, que não aconteceu do dia para a noite, mas, sim, foi se tornando, a cada dia, mais importante. Em outras palavras, o conceito de qualidade, ao longo dos anos e a depender das características de cada local, está diretamente relacionado às demandas de mercado e às exigências dos consumidores. Também é possível relacionar essa complexidade e abrangência ao fato de que não existe apenas uma necessidade por qualidade, pois as demandas são diferenciadas. Assim, é necessário compreender todo o contexto em que o produto ou serviço está inserido (mercado/políticas etc.), contextualizando-o e consolidando-o na rotina da empresa.
2. É possível definir *processo* como a transformação, a agregação de valor de um conjunto de entradas (*inputs*) em saídas adequadas (*outputs*), ou uma sequência coordenada de atividades com o objetivo de produzir um dado resultado. É preciso entender o processo para poder exigir a qualidade dos produtos dos fornecedores, as competências dos funcionários, a tecnologia utilizada, a forma como identificar as perdas no processo e as ferramentas para controlá-lo, de modo a obter o melhor produto ou serviço.
3. c
4. d
5. a

Capítulo 2

1. Sim, a gestão estratégica da qualidade apresenta essa

---

[1] Os autores citados nesta seção constam na lista de referências.

mesma premissa. Além de buscar a satisfação total das pessoas, ela tem como principais objetivos trabalhar sob enfoque sistêmico, com valores e princípios, bem como promover uma liderança inovadora e o desenvolvimento organizacional, além da melhoria contínua de seus processos, produtos, serviços e relacionamentos para cumprir as metas definidas.

2. A liderança é de extrema importância para a estruturação de um SGQ, pois permite, além da definição da política e de diretrizes a serem trabalhadas, comunicar e preparar todos os envolvidos no processo de qualidade da organização por meio de educação e treinamentos.

3. Existe uma relação direta entre medição de desempenho e melhoria contínua, pois a medição de desempenho permite avaliar o *status* de como estão as atividades/ os processos dentro da organização, se as metas estão sendo alcançadas, e, com base nos resultados, traçar planos de melhorias. Tais melhorias devem ser contínuas para que uma mudança realmente ocorra nas organizações.

4. d
5. e
6. b

Capítulo 3

1. Um princípio de gestão conduz os meios de operar uma organização, possibilitando o foco na tomada de decisão e na condução de preceitos para que a empresa possa determinar as melhores práticas de educação e treinamento aos funcionários. Tais princípios muitas vezes são apresentados como a própria política da empresa e constituem a base para que ela construa e forme as colunas que sustentem seu negócio.

2. São os cinco princípios definidos por Chiavenato (2007), sendo eles: princípio da especialização; princípio da

definição funcional; princípio da paridade da autoridade e responsabilidade; princípio escalar; princípio das funções de linha e de *staff*.

3. e
4. c
5. c

Capítulo 4

1. Os requisitos da ISO 9001: 2008 descrevem os fatores de qualidade que a empresa deve seguir. Trata-se de um conjunto de cinco requisitos, que desdobrados formam 23 requisitos, sendo eles:
    - Requisitos do Sistema (Seção 4 da norma) – desdobra-se em requisitos gerais e requisito da documentação.
    - Responsabilidades da direção (Seção 5 da norma) – desdobra-se em seis requisitos, a saber: comprometimento da gestão; focalização no cliente; política e objetivos da qualidade; planejamento do sistema de gestão da qualidade; responsabilidade, autoridade e comunicação; revisão pela gestão.
    - Gestão de recursos (Seção 6 da norma) – desdobra-se em quatro requisitos, sendo eles: provisão de recursos; recursos humanos; infraestrutura; ambiente de trabalho.
    - Realização do produto (Seção 7 da norma) – compõe-se de seis requisitos: planejamento da realização do produto; processos relacionados com o cliente; concepção e desenvolvimento; compra; produção e fornecimento do serviço; controle dos dispositivos de monitorização e de medição.
    - Medição, análise e melhoria (Seção 8 da norma) – cinco requisitos são detalhados: generalidades; monitorização e medição; controle do produto não conforme; análise de dados; melhoria.
2. Reduzir os custos de implantação, certificação e manutenção; melhorar a imagem da organização; melhorar a satisfação dos

clientes; evitar duplicação ou triplicação de recursos internos e de infraestrutura; evitar superposição de documentos e reduzir a burocracia; reduzir a complexidade (entendimento, treinamentos etc.); melhorar o desempenho organizacional; melhorar a gestão dos processos, entre outros.
3. a
4. d
5. d

2. Para ser válida a certificação da empresa que tem o sistema de gestão, ela deve apresentar um certificado recebido por um organismo de certificação independente e credenciada após a conclusão de uma avaliação com base em critérios específicos documentados.
3. c
4. a
5. c

Capítulo 5

1. No Brasil, o órgão fiscalizador é o Instituto Nacional de Metrologia, Normalização e Qualidade Industrial (Inmetro), o qual credencia organismos brasileiros de sistemas de certificação. A Associação Brasileira de Normas Técnicas (ABNT) é responsável por traduzir e editar a família de normas ISO. Outro organismo brasileiro de destaque é a Fundação Carlos Alberto Vanzolini (FCAV).

Capítulo 6

1. A avaliação da qualidade garante que os requisitos de gestão da organização sejam mantidos. Sendo assim, há a necessidade de manter procedimentos para medir e monitorar periodicamente o desempenho do sistema de gestão, que deve ser um processo contínuo e permanente, voltado à melhoria contínua.
2. Paladini (2007) apresenta um roteiro de três elementos

básicos para essa avaliação, conforme segue:

1. Eliminação das perdas: passo inicial quando se encontra um problema. Envolve o questionamento do motivo para o problema e qual é, de fato, a perda. Tem natureza corretiva, resultados em curto prazo e não agrega valor ao processo.
2. Eliminação das causas das perdas: etapa de identificação do motivo para a ocorrência das perdas, bem como de o que deve ser feito para que não voltem a acontecer. Segundo o Masp, para eliminar as causas, é preciso planejar (observar), além de compreender as características fundamentais do problema, e analisar, para identificar as causas principais. Tem natureza preventiva, resultados em médio prazo e também não agrega valor ao processo.
3. Otimização do processo: fase de consolidação das ações realizadas anteriormente em busca da melhoria contínua. A obtenção dos resultados é em longo prazo e essa fase agrega valor ao processo, pois, como a prioridade é a potencialidade do processo, visa inserir mecanismos de redução de *lead time* da produção, além de novas tecnologias.

3. b
4. a
5. a

Sobre a autora

Daiane Maria de Genaro Chiroli é graduada em Engenharia de Produção (2004) pela Universidade Estadual de Maringá (UEM); especialista em Engenharia de Produção com ênfase em Logística (2006) pela Faculdade Paranaense (Faccar); mestre em Engenharia Urbana (2011) pela UEM; doutora em Engenharia de Produção (2015) pela Universidade Federal de Santa Catarina (UFSC).

Atua há oito anos como docente do curso de graduação em Engenharia de Produção no Departamento de Engenharia de Produção da UEM. Ministrou nessa instituição as seguintes disciplinas: Engenharia da Qualidade I e II, Planejamento Industrial, Gestão da Tecnologia da Informação, Logística, Gestão de Projetos, Custos Industriais, Projeto de Instalações e Projeto Integrador I e II.

Também atuou como docente no Centro Universitário de Maringá para os seguintes cursos de pós-graduação: Administração e Gestão de Trânsito; Engenharia de Edificações; Comércio e Negócios Internacionais; MBA em Qualidade e Produtividade e Engenharia de Produção. Ministrou nessa instituição as seguintes disciplinas: Projetos Especiais de Segurança e Mobilidade, Administração e Gestão de Trânsito, Gestão da Qualidade, Gestão Integrada de Qualidade e *Lean Construction*.

EDITORA intersaberes

Rua Clara Vendramin, 58 . Mossunguê . CEP 81200-170
Curitiba . PR . Brasil . Fone: (41) 2106-4170
www.intersaberes.com . editora@editoraintersaberes.com.br

Conselho editorial
Dr. Ivo José Both (presidente)
Drª Elena Godoy
Dr. Nelson Luís Dias
Dr. Neri dos Santos
Dr. Ulf Gregor Baranow

Editora-chefe
Lindsay Azambuja

Supervisora editorial
Ariadne Nunes Wenger

Analista editorial
Ariel Martins

Preparação de originais
Gilberto Girardello Filho

Capa
Jéssica D'Azevedo Santos Lima

Projeto gráfico
Stefany Conduta Wrublevski

Diagramação
Conduta Design

Iconografia
Regina Claudia Cruz Prestes

Dados Internacionais de Catalogação na Publicação (CIP)
(Câmara Brasileira do Livro, SP, Brasil)

Chiroli, Daiane Maria de Genaro
 Avaliação de sistemas de qualidade/Daiane Maria de Genaro
Chiroli. Curitiba: InterSaberes, 2016.

 Bibliografia.
 ISBN 978-85-5972-102-7

 1. Controle de qualidade 2. Organizações – Administração
 3. Planejamento 4. Sistema de gestão da qualidade I. Título.

16-04947 CDD-658.4013

Índices para catálogo sistemático:
1. Sistema de gestão da qualidade:
Administração de empresas
658.4013

1ª edição, 2016.
Foi feito o depósito legal.
Informamos que é de inteira responsabilidade da autora a emissão de conceitos.
Nenhuma parte desta publicação poderá ser reproduzida por qualquer meio ou forma sem a prévia autorização da Editora InterSaberes.
A violação dos direitos autorais é crime estabelecido na Lei n. 9.610/1998 e punido pelo art. 184 do Código Penal.

Os papéis utilizados neste livro, certificados por instituições ambientais competentes, são recicláveis, provenientes de fontes renováveis e, portanto, um meio responsável e natural de informação e conhecimento.

FSC
www.fsc.org
MISTO
Papel produzido a partir de fontes responsáveis
FSC® C103535

Impressão: Reproset
Março/2023